U0115358

語言文字叢書

珠三角海洋漁俗文化探微

馮國強　著

目次

第一章
舡民的來源

第一節 嶺南蜑（舡民）族族屬概況

我國蜑人，根據歷史文獻記載分成南北兩支，早期學者視為同族，如羅香林在《蛋家》認為我國歷史上的南北蜑人均為越族傳人。[1]陳序經先生在《疍民的研究》將所有蜑人都視為同族，主張南蜑源自北蜑南徙。[2]到了上世紀五〇年代末，何格恩〈蜑族之研究〉卻認為南蜑與北蜑有別，指出宋代以前，一般所言之「蠻蜑」，多為穴居野處之民族，尚未有水上居民之意。[3]何格恩又云：「由是說來，嶺南的蜑族，未必和《華陽國志》所說的蜑，或《隋書》的巴蜑，有什麼關係。」[4]《華陽國志》、《隋書》所言之蜑就是北蜑，也是指巴蜑。吳永章〈南北蜑人不同族屬新說〉提出南北蜑人不同族群，它們之間並不存在源流關係。吳永章又認為魏晉南北朝時鄂、川、湘、黔邊區的蜑人，應是廩君蠻[5]的後裔，今土家族的先人；至於隋唐以後的嶺南

---

1 羅香林（1905-1978）〈蛋家〉，《民俗》（蛋戶專號）（第七十六期）（1929年）。羅香林認為林邑族就是蜑族源頭，但未直接指出是越族。數年後，再發表〈唐代蜑族考上篇〉，頁4指出林邑蠻即古代越族遺裔。

2 陳序經（1903-1967）：《疍民的研究》（上海：商務印書館，1946年），頁1-44。

3 何格恩（1907-？）：〈蜑族之研究〉，《東方文化》第五卷，第一及二期抽印本（香港：香港大學，1959-1960年），頁2。

4 何格恩：〈唐代的蜑蠻〉，《嶺南學報》第五卷，第二期（廣州：嶺南大學，1936年8月），頁135。

5 〔劉宋〕范曄（西元398-445年）撰；〔唐〕李賢（西元651-684年）等注；〔晉〕司馬彪（西元306年）補志；周天游輯注：《後漢書》（臺北：鼎文書局，1981年）卷86，

蜑人，應是越族後裔。[6]詹堅固〈試論蜑名變遷與蜑民族屬〉進一步把北蜑、南蜑區別出來。年代不以隋唐作分水嶺，詹堅固〈試論蜑名變遷與蜑民族屬〉[7]乃以宋代作區別的分嶺線，這個劃分頗合理。

宋代以前的北蜑，分布於長江中上游，一支是渝東、鄂西、黔東一帶的巴州蜑；一支是湘西武陵地區的荊州蜑，荊州蜑是巴州蜑移民的後代。其族屬是今天土家、瑤、苗等族先民。至於打從宋代開始，歷史文獻上所言之嶺南南蜑，跟北蜑不同族源，嶺南南蜑是古越族後裔，兩者沒有血源關係，[8]這種看法已於何格恩〈蜑族之研究〉[9]說了出來。筆者是認同何格恩及其後的學者吳永章、詹堅固等把南北蜑區別開來，並視作不同族屬的看法。或許區別年代宜以五代十國作分水嶺。五代十國前的歷史文獻上經常看見出現的蜑民，實際是今土家族等先民。

北宋真宗咸平初年樂史《太平寰宇記》卷一五七云：「蜑戶，縣所管，生在江海，居於舟船，隨潮往來，捕魚為業。若居平陸，死亡

列傳76〈南蠻西南夷列傳〉，頁2840：「巴郡南郡蠻，本有五姓：巴氏，樊氏，瞫氏，相氏，鄭氏。皆出於武落鍾離山。其山有赤黑二穴，巴氏之子生於赤穴，四姓之子皆生黑穴。未有君長，俱事鬼神，乃共擲劍於石穴，約能中者，奉以為君。巴氏子務相乃獨中之，眾皆歎。又令各乘土船，約能浮者，當以為君。餘姓悉沈，唯務相獨浮。因共立之，是為廩君。」

6　吳永章（1936-　）：〈古代鄂川湘黔邊區蜒人與嶺南蜒人之比較研究〉，原載《廣西民族研究》（第二期）（南寧：廣西人民出版社1987年），頁81-85。這是吳永章的原題，後改題目為〈南北蜒人不同族屬新說〉。

7　詹堅固（1972-　）：〈試說蜑名變遷與蜑民族屬〉，《民族研究》（第一期）（北京：中國社會科學院民族學與人類學研究所，2012年），頁83。

8　詹堅固：〈試說蜑名變遷與蜑民族屬〉，《民族研究》（第一期）（北京：中國社會科學院民族學與人類學研究所，2012年），頁83。

9　何格恩：〈蜑族之研究〉，《東方文化》第五卷，第一及二期抽印本（香港：香港大學，1959-1960年），頁2。

即多，似江東白水郎。」[10]這是文獻上見到最早的記載關於南蠻人是從事漁業工作，特點跟北蠻不同，就是嶺南的蜑戶是居於舟船。跟著是宋代一部重要的史料筆記，就是陳師道《後山談叢》，卷四其文云：「二廣居山谷間，不隸州縣，謂之瑤人；舟居謂之蜑人；島上謂之黎人。」[11]〔宋〕范成大《桂海虞衡志》云：「蜑，海上水居蠻也，以舟楫為家，採海物為生，且生食之。入水能視，合浦珠池蚌蛤，惟蜑能沒水探取。」[12]〔宋〕周去非《嶺外代答》云：「以舟為室，視水如陸浮生江海者，蜑也。」[13]從以上四部文獻來看，蜑字的意義明確，是一個特稱。又宋元明清之蜑戶為水居的民族，範圍只限於嶺南，觀念的轉變，應該始於宋初。[14]此外，可見嶺南的兩廣蜑人是有舟居特點，跟住在長江流域一帶所稱的蜑民不一樣，北蠻是隨山洞而居。

　　嶺南蜑族（舸民）的族屬問題，應該與越人有關。西漢宗室劉安編著的《淮南子》卷十一〈齊俗訓〉云：「胡人便於馬，越人便於舟。」[15]又《漢書・嚴助傳》載淮南王安上武帝書亦云：「臣聞越非有城郭邑里也，處谿谷之間，篁竹之中，（越人）習於水鬭，便於用舟，地深昧而多水險，中國之人不知其勢阻而入其地，雖百不當其

---

10 〔宋〕樂史（西元730-1007年）撰；王文楚（1933-　）等點校：《太平寰宇記》（北京：中華書局，2007年），卷一五七〈嶺南道一・廣州新會縣〉，頁3021。

11 〔宋〕陳師道（1053-1101）、朱彧（十一世紀到十二世紀）撰；李偉國（1948-　）校點：《後山談叢　萍洲可談》，卷四（上海：上海古籍出版社，1989年），頁61。

12 〔宋〕范成大（1126-1193）撰：《桂海虞衡志》（《欽定四庫全書》）史部十一，地理類八〈志蠻〉，頁39上下。

13 〔宋〕周去非（1135-1189）：《嶺外代答》（《欽定四庫全書》），卷三〈蜑蠻〉，頁7下。

14 何格恩：〈蜑族之研究〉，《東方文化》第五卷，第一及二期抽印本（香港：香港大學，1959-1960年），頁2。

15 〔漢〕劉安（西元前179-前122年）等編著；〔漢〕高誘（西元205-212年）注：《淮南子》（上海：上海古籍出版社據浙江書局本影印，1989年），卷十一〈齊俗訓〉，頁119。

一。得其地，不可郡縣也；攻之，不可暴取也。」[16]從以上文獻來看，嶺南習於水上生活的水居蜑民，與古越族習水便舟特性相合。

桓寬《鹽鐵論》云：「蓋越人美臝蚌而簡太牢」[17]；張華《博物志》卷一載：「東南之人食水產，西北之人食陸畜。食水產者，龜、蛤、螺、蚌以為珍珠，不覺腥臊也。」[18]這是描述嶺南之蜑人採海為生，不怕腥臊，這是古越人的飲食習慣。

蜑人與古越族人的圖騰也有相近的地方。明代鄺露《赤雅》卷上記載：「蜑人神宮，畫蛇以祭，自云龍種，浮家泛宅，或住水滸，或住水欄，捕魚而食，不事耕種，不與土人通婚，能辨水色，知龍所在，自稱龍人，籍稱龍戶，莫登庸其產也。」[19]屈大均《廣東新語》卷十八〈舟語・蛋家艇〉：「諸蛋以艇為家，是曰蛋家……昔時稱為龍戶者，以其入水，輒繡面文身，以象蛟龍之子，行水中三四十里，不遭物害，今止名曰獺家。」[20]顧炎武《天下郡國利病書・廣東八》引《潮州志》：「潮州蜑人有姓麥、濮、吳、蘇，自古以南蠻，為蛇種，觀其蜑家，神宮蛇象可見，世世以舟為居，無土著。」[21]又陸次雲《峒溪纖志》：「蜑人以舟為宅，瀕海而居，其人目皆青碧，皆辨水色

---

16 〔漢〕班固（西元32-92年）撰；〔唐〕顏師古（西元581-645年）注；楊家駱（1912-1991）主編：《漢書》（臺北：鼎文書局，1986年），卷六十四，第三十四上〈嚴助傳〉，頁2778。

17 〔西漢〕桓寬撰（西元前一世紀）；王利器（1912-1998）校注：《鹽鐵論校注》（天津：天津古籍出版社，1983年），卷九〈論菑〉，頁569。

18 〔西晉〕張華撰（西元232-300年）；范寧校證：《博物志校證》（北京：中華書局，1980年1月），卷一〈五方人民〉，頁12。

19 〔明〕鄺露（1604-1650或1651）：《赤雅》（北京：中華書局，1985年），卷上〈蜑人〉，頁14。

20 〔清〕屈大均（1630-1696）：《廣東新語》（北京：北京愛如生數字化技術研究中心據〔清〕康熙庚辰三十九年（1700）水天閣刻本影印，2009年），卷十八〈舟語・蛋家艇〉，頁11上下。

21 〔清〕顧炎武（1613-1682）：《天下郡國利病書》（圖書集成局據光緒二十七年仲秋二林齋藏板鉛印），卷一〇四〈廣東八・雜蠻〉，頁24上下。

知龍所在，引繩入水，採螺蚌以為業。能伏水三日，手持利刀以拒蛟螭。又曰龍戶，又曰崑崙奴，其人皆蛇種，故祭祀皆祭蛇神。」[22]李調元輯《粵風》卷一蛋歌小序云：「蜑有三：蠔蜑、木蜑、魚蜑。寓潯江者乃魚蜑，未詳所始。或曰：蛇種，故祀蛇於神宮也。歌與民相類，第其人浮家泛宅，所賦不離江上耳。廣東廣西皆有之。」[23]嶺南蜑人（舡民）與古越族皆以蛇為圖騰，這是兩者文化所一致。

從上文可知，嶺南蜑跟北蜑有許多不同，是兩個不同的族群，風俗習慣也不同。至於「嶺南蜑」，應寫作「嶺南舡」為宜。

第二節　蜑（舡）名之義

「蜑」字不見記錄於東漢許慎《說文解字》，後之《說文解字》有「蜑」字，是宋初徐鉉於宋太宗雍熙三年（西元986年）奉敕校定，始將「蜑」字收入卷十三新附中，註曰：「南方夷也，从虫，延聲，徒旱切。」[24]「蜑」字的收錄於字書新附中並不是最早一本字書。「蜑」字最早收錄的字書是南朝梁孝緒的《文字集略》，可惜此書已早軼了，但可從唐時何超《晉書音義》知道該書所言之蜑的解釋，其文云：「天門蜑，徒旱切。蠻屬，見《文字集略》。或作蜒。」[25]

《文字集略》稱「蜑」為蠻屬，《說文解字》新附字又稱「蜑」南方夷也，兩者都不是蜑字的原意。「蜑」字實際上是對這些族群的

---

22 〔清〕陸次雲（生卒年均不詳，約清聖祖康熙初前後在世）：《峒溪纖志》（叢書集成本）（上海：商務印書館據問影樓影本排印，1939年），上卷〈蛋人〉，頁9。

23 〔清〕李調元（1734-1803）輯：《粵風》（北京：中華書局，1985年），卷一〈蛋歌〉，頁7-8。

24 〔東漢〕許慎（約西元58-147年）著、〔宋〕徐鉉（西元916-991年）等奉敕校定：《說文解字》（北京：中華書局據平津館叢書本影印，1985年），卷十三上，頁446。

25 〔唐〕何超（八世紀中葉）：《晉書音義》（臺北：迪志文化出版社，2001年），卷九，帝紀第九，頁7b。

一種語譯而已。這股北蜑族群於魏晉南北朝時，長江流域蜑人勢力非常強大，「蜑族廣為人知，蜑便成了通用字，最後列入字書」。[26]蜑字還有不少異寫，如亶、蜒、蛋、賧、蝆、但、㐰等，[27]都是「同音異譯」，是一種「同音或近音異形」而已，羅香林稱這是蜑人對自己的民族一種稱呼。[28]關於這個解釋，筆者十分認同的，但筆者認為只能限於指北蜑的自稱，不能用於南蜑（舡）的解釋，可惜古漢人視蜑為蠻，蜑字就是蠻。當說到這些北蜑也善於水性，因此，也把嶺南的水上人也稱作蜑，這便是強加上去，是一些學者主觀想象而已。

　　蜑字於粵語是讀作「但」[tan^{22}]。蜑字在珠三角許多人口裡經常說成「鄧」[teŋ^{22}]，實在不是「蜑」這個字。teŋ^{22} 的原字是「舡」，也有不少人人讀作「定」[teŋ^{22}]，筆者也曾在香港聽過有人稱舡家人為「定家人」（teŋ^{22} ka^{55} jen^{21}）。[29]肇慶廠排舡民合作人彭慧卿稱肇慶西江流域、高要、肇慶羚羊峽一段水路，那邊的人說起「蜑」就是說成「定」[teŋ^{22}]，而肇慶市鼎湖區廣利鎮水上人（今為街道）梁均生先生（1944-）稱廣利鎮的水上人也是把「蜑」就是說成「定」[teŋ^{22}]，

---

26 詹堅固（1972- ）：〈試說疍名變遷與疍民族屬〉收入：《民族研究》（第一期）（北京：中國社會科學院民族學與人類學研究所，2012年），頁83。

27 〔清〕鈕樹玉（1760-1827）：《說文新附考》（北京：中華書局，1985年），卷六蜑字條云：「蜑，疑亶之俗寫……」，頁284。

28 羅香林（1905-1978）：〈唐代蜑族考上篇〉，《國立中山大學文史研究所月刊》第二卷第三四期合刊（廣州：國立中山大學文史學研究所、中山大學文史學研究所月刊社，1934年），頁41云：「蜑一名詞，初為越裔自稱，中土習其語，循其音聲，繫以漢字，雖字形紛紜雜沓，而音義則未嘗因是盡變也。」羅香林：〈蜑民源流考〉，《百越源流與文化》（臺北：國立編譯館中華叢書編審委員會印行，1978年2月增補再版），頁230。

29 張壽祺：《蛋家人》（香港：〔香港〕中華書局公司，1991年11月），頁57：「廣東東莞市、中山市、珠海市這一大片地段以及北江上游的武江流域，人們口語稱「水上人家」為Ding^6 ga^1（類似於粵語語音『定家』）」，張教授寫得太闊，應寫上該地段的某市某區某鎮較好，方便後人進行跟進。

與壯語[teŋ⁴²]幾乎一致。

　　「舸」，不是漢字，是古壯（壯族人，源流是古越的後裔）方塊字，壯語是小舟、小船之意，壯音是[teŋ⁴²]，从舟，丁聲。[30]所以[teŋ²² ka⁵⁵]或[teŋ²² ka⁵⁵]實在是古越水上人對自己的水上族屬一種稱呼，就是艇家之意，不含侮辱和貶義。舸字粵語讀成「鄧」[teŋ²²]或「定」[teŋ²²]，實際是壯語的保留。可惜五代十國後的古文獻全稱嶺南水上人為蜑，也視其為「蠻」，實含有偏見和歧視，如：「蜑，海上水居蠻也，以舟楫為家，採海物為生，且生食之。入水能視，合浦珠池蚌蛤，惟蜑能沒水探取。」[31]周去非《嶺外代答》云：「以舟為室，視水如陸浮生江海者，蜑也。」周氏此語沒有用上蠻字稱水上人，但其小標題卻寫作〈蜑蠻〉，[32]也是含有偏見。

第三節　珠三角海洋地名「排」的意思[33]

　　在香港西貢一帶有以峒為名的地名，如雞麻峒、觀音峒、黃地峒、南山峒、大峒、鹿湖峒、尖光峒。此外，新界十四鄉的大洞、上水的古洞、粉嶺的萊洞（舊稱黎峒），大埔的沙螺洞、洞梓。洞或峒，是「村」的意思。[34]「地名是一種語言文化遺存，命名地名的語言一般

30　張元生（1931-1999）：〈壯族人民的文化遺產——方塊壯字〉，收入《中國民族古字研究》（北京：中國社會科學院出版社，1980年），頁509、513。

31　〔宋〕范成大（1126-1193）撰：《桂海虞衡志》（《欽定四庫全書》）史部十一，地理類八〈志蠻〉，頁40。

32　〔宋〕周去非（1135-1189）（西元1163年進士）：《嶺外代答》（《欽定四庫全書》），卷三〈蜑蠻〉，頁7下。

33　馮國強：《珠三角水上族群的語言承傳和文化變遷》（臺北：萬卷樓圖書公司，2015年12月），頁21-30，筆者在這兒進行了部分修正。

34　石林：〈侗語地名的得名、結構和漢譯〉，《貴州民族研究》第二期（貴陽：貴州民族研究編輯部，1966年），頁154-164。

是較早在該地活動的族群的語言。地名一經約定，就具有公認性，使用的廣泛性、持久性和穩定性。因此，地名往往反映某一地區早期族群特定的語言、歷史和文化。對於沒有書面文字系統記載其語言、文化和歷史的族群而言，地名作為語言的底層遺留，就具有了『活化石』的價值。」[35]所以地名是能夠顯露該地先民活動過的遺跡，以上幾個地方，是反映了古越族當年曾經在香港活動過。石排灣也是一樣，「排」（海裡的礁石、山丘）是反映香港古舡族族群在此活動和為其命名。

「排」分成石礁、泥礁、船礁三種；也可以以暗礁、明礁、乾礁來分別。後者之分，是學術性的區分，「排」是珠三角漁民的說法。石頭凸起的地方，漁民稱作「石排口」，泥土凸起的地方稱為「泥排口」，沉船沒有被泥土埋平凸起的地方稱為「船排口」。因此，排是海裡的礁石、山丘。[36]石排灣就是指這個「灣頭」海裡有露出水面的礁石的意思；[37]海底之大石不突出水面，則稱作海排，即是暗礁。

有些學者望文生義，表示村民把石磚在此港灣放到大船付運，因

---

35 鄧佑玲（1966- ）：《民族文化傳承的危機與挑戰——土家語瀕危現象研究》（北京：民族出版社，2006年7月），頁88。

李如龍（1936- ）：《地名與語言學論集》（福州：福建省地圖出版社，1983年），曾世英序，頁5-6：「地名是語言中的專有名詞，它和語言中的其他專名（例如人名）有相同的特點，又有不同的特點。地名的構成有一定的語法規律，地名用字的分布和民族語、方言的分布密切相關，地名的書寫和稱說可能存在不同的變體，對歷史地名的考釋必須從字的形、音、義入手……所有的這些都說明了地名的研究和語言學的研究也是密切相關的……李如龍同志多年從事語言學和漢語方言的研究，並較早注意到地名的研究，把語言學的研究方法運用到地名研究中去。」

36 劉南威（1931- ）：〈現行南海諸島地名中的漁民習用地名〉，《中國地名》第四期（瀋陽：中國地名編輯部，1996年），頁27：「對低潮也不出露，淹沒海面下較淺的暗沙，海南島漁民稱之為線排、沙排。」

37 這兒的礁石，築避風塘時已炸去，方便漁船進出。

而命名石排灣。[38]梁炳華博士稱「據說昔日石排灣近海一帶滿布大大小小的石塊，遠看像經過人工排列一般，故此得名。也有一個說法，指這裡是港島經常排滿一排一排的巨石，故此被稱作石排灣。」[39]兩位博士應該去求證，不宜把據說寫出來，否則就是個人也認同了這看法，作為一個學者不宜這樣子處理。這是嚴重錯誤的解讀，是望文生義，產生南轅北轍的結果。

鄧佑玲《民族文化傳承的危機與挑戰　土家語瀕危現象研究》稱：「所有書面文獻中的土家語地名都是用漢字來標記的。用來記錄土家語語音的漢字與土家語語音接近，但不一定十分精確。由於用漢字記音的土家語地名並不表示漢語語義，而用土家語卻可以得到合理的解釋。如「舍」[se⁵⁵]不是指漢語「房屋」、「館舍」之意，也不是指動詞「舍卻」（捨卻）之意，而在土家語中指「猴」的意思。字音雖同，但語義相差甚遠。如果離開了土家語背景，按照漢語字音望文生義，就可能產生南轅北轍的結果。」[40]梁炳華等確確實實是離開了舟族族群「排」字的古越音的考慮，離開了舟族的背景，只按照漢語字音便望文生義，結果便有他們上文的說法。

香港以「排」命名的地方，約有七十三處之多，[41]如：白墩排、鴨蛋排、鴨兜排、崩紗排、炸魚排、扯裡排、火燒排、蝦鬚排、孝子角排、蜆排、殼仔排、紅排、高排、角大排、爛樹排、爛頭排、鸕鷀排、鷓鴣排（北區）、鷓鴣排（西貢區）、老虎吊排、老鼠排、饅頭

38 丁新豹（1948-　）：《香港早期之華人社會1841-1870》（香港大學博士論文，1988年），頁12，註13。

39 梁炳華：《南區風物志》（香港：南區區議會，1996年），頁37。

40 鄧佑玲（1966-　）：《民族文化傳承的危機與挑戰　土家語瀕危現象研究》（北京：民族出版社，2006年7月），頁89。

41 〈地方——香港島嶼〉，網址：http://www.hk-place.com/view.php?id=138，發布日期：2000年4月1日；瀏覽日期：2012年2月1日。

排、龍山排（建有燈塔）、龍船排、孖仔排、媽印排、尾排、牙鷹排、牛頭排、光頭排、龍船排、白馬咀排、白排、螺洲白排、墨洲排、細排、散排、大排、蒲魚排、三排、沙排、深水排、筲箕排、雙排、水浸咀排、水排、高排、龍船排、打蠔排、大排、鐵樹排、吊鐘排、塘口排、咀排、灣仔排、桅夾排、橫排、往灣排、烏排、湖洋洲排、烏蠅排、二浪排、二排、打浪排、荔枝排、光頭排、龍船排、七星排、打浪排、大浪排（暗礁）、鴨腸排、劏人排。

　　「排」字是舡族族群對水裡山體、水中的壩石的一種稱呼，是反映漁家對自然地貌特徵的地名遺存，這點跟廣西壯南壯語有密切關係。水中的山體、水中壩石，漢人則稱作礁石，彼此用字完全不同的。覃鳳余、林亦[42]《壯語地名的語言與文化》稱「今靖西、龍州等南部方言水壩讀pai……南部壯語有的方言有送氣塞音，以『派排』對譯 pʰai 最為相近。」[43]廣東、廣西兩地相隔這麼遠，所指的水中壩石、小山體、礁石，其聲母、韻母、詞義都能一致，那不是偶合的。現在我們知道壯南那邊 pʰai 是陰平；「排」（粵拼是 [pʰai²¹] ）在珠三角是陽平。兩地在這還有少許差異，這是兩地經過漫長歷史，處理少許變異是可以理解的。

　　「排」（粵拼是pʰai²¹）這個地名，在珠三角廣泛應用。《廣東省海域地名志》一書，把珠三角對出的海洋礁石命名為排的，合計有四〇六個。[44]如石排礁、竹排礁、土排礁、石排礁、蓮子排、馬鮫排、大排、紅排礁、澳肚排、大排礁、大排腳、南湖排、牛鼻散排、紅排仔、欄桿排、大排石、大紅排、魚鱗排、排尾、排角排、排仔、紅

---

42 兩位女教授都是廣西壯族人。

43 覃鳳余（1966- ）、林亦（1953- ）：《壯語地名的語言與文化》（南寧：廣西人民出版社，2007年），頁184-187。

44 廣東省地名委員會辦公室編纂：《廣東省海域地名志》（廣州：廣東省地圖出版社，1989年），頁188-381。

排、暗排、馬洋排、木杓排、星排、淺排、東排、紅石排、企鳥排、三到排、二到排、頭到排、西排礁、大網排、金龍排、馬鮫排、烏鴨排、鴨頭排、鴨肚排、鴨屎排、鴨蛋排、紅排、海龜排、下標排仔、南排仔、碗排、三角排、塞口排、青洲排仔、鴨腳排、大南排、猛排、下半排、蓮花排、湖口二排、湖口大排、麻籃排、君子排、新排、門墩大排、門墩二排、虎洲排、大排角、高排、上池排、棺材排、傘子排、浮排、龜外排、大排、灶隙排、陰山排、柴梳排、三點排、飯甄排、鐵砧排、東洋排、內三排、銅鑼排、虎爪排、三角排、門星排、沉水排、牛繩排、橫排、媽印排、甕頭排、百兩銀排、純洲頭排、小紅排、黃魚排、茨莨排、豬兜排、虱麻坳排、鱸鷥排、禾坪排、北排、老虎排、棺木排、當門排、墨魚排、東散排、南散排、茫蕩排、馬排、馬槽排、叢林門排、鵝兜排、揚屋排、鵝屎排、黃泥排、三腳排、新排、刀石洲排、貓洲排、橫沙排、阿婆排、亞孫排、牛牯排、牛牯仔、大鱗排、擔桿排、雞心大排、棺材排、馬鞭散、南塘排、西角咀排、雞爪排、粟排、青鱗排、大碗排、小碗排、圓洲北排、圓洲西排、圓洲南排、光頭排、菱角排、西貢排、燕仔排、芋頭排、西門排、泥灣排、牛結排、浪船排、雙洲排、鱟洲排、大扁排、筆頭排、竹篙排、大產排、燈火排、二排、三排、四排、五排、北扣排、爛排、浦排、鹽船排、橋墩排、三姊排、滑排、爛洲東排、雞排、吊巖排、阿鵲巢排、企巖排、急水排、千魚排、三只排、獨石排、流門排、三家排、外雞心排、外牛牯排、墨斗排、打浪排、花錦排、旗排、紅排、青洲北排、淹排、大產排、鷺鷥排、紅辣排、王母排、北排、大排、南排、排仔、白石排、紅螺排、虎頭排、卡船排、牛骨排、紅排、搭橋排、大排礁、沉排、蟾蜍排、排仔石、砍舵排、三仔爺排、東排、西排、銅鑼排、大沉排、小沉排、三排、大洲排、蝦繒排、虎膽排、金鎖排、黃魚排、西排、東排、黃花排、較杯排、

石排、瀝心排、浪排、黑排礁、拖鮫排、平洲北排、平洲排、平洲南排、細排礁、灣口排、上排礁、二排礁、高排礁、浪排礁、姐妹排、南排石礁、白臘排、百足排、噴水排、北排礁、南排礁、沙鉤排、白瀝小排、白瀝大排、石排礁、小排、小萬大排、千排礁、鴨母排、東澳排、石門排、烏紗排、銅鑼排、西咀暗排、雲排礁、大浪排、大排礁、白鶴排、沉排礁、蚊排礁、石排、龜排、赤魚排、排背礁、排角仔礁、排角礁、長排礁、長排石、開頭排、黃竹大排、散排仔、蠔排、大排石、仔排、襟頭排、檳榔排、三排、神咀排、雙板排、沉排、穿船排、過船排、頭排、麻籃排、南灣排、小排、灣仔排、辣螺排、青欄上排、青欄下排、飛沙排、飛沙大排、浸排、八掛排、同排、管泵排、排仔咀礁、回潮排、東排、浪排、雙排、標坑排、放船隨排、臥排、萬節排、夾尾排、蔘屋排、攔排、平排、墊板排、過門排、江鷗排、墨斗排、陰排、露排、曬谷排、米灣排、米筒排、紅路大排、疊石排、雞排、定家排、咬魚排、參裝排、二洲排、琴沖排、珊瑚排、瀉米排、橫步排、沙咀排、橫山排、紅花排、牛乸排、角咀排、萍洲大排、萍洲小排、黃茅大排、丁老排、紅排、石排、海鰍排、排仔、絞水紅排、牛鼻排、榕樹排、掛榜排、大水塘排、大咀排、大水坑排、北排、黑沙排、草塘排、青螺排、砧板排、三牙排、頭鱸排、下排、擔桿排、棉花排、企人排、深排、赤消排、新排、五狼排、地塘仔排、黑石仔排、紅魚排、鴨乸排、石那排、紅排、四六排、中間排、大排、沙白排、三排、二排、一排、露水排、潭排石、龍蝦排、白排、沙腳排、洲尾排、紅魚排、頭鱸排、七星排、福排巖、磚子排、燈火排、大盆排、小盆排、連鋪排、金鰲排、孖排仔、石龍排、歐墩排、山嬌排、長聯排、高樹排、白石排、大石排、排石、排西石、排公石、排婆石、七連排、大排、排擔礁、排吐礁。

甚至把海洋的的沙、灘也稱作排，共有五個，如：沙排角、鹽嶼

排、虎頭排、排沙、排海（土昌）；此外「排」也擴散到岬角也以排
來命名，這方面有四個，如：紅排角、爛排角、大排咀、排尾角。[45]
不單如此，甚至把島嶼也以「排」命名，如礁排嶼、白鴨排、黑排、
排墩、連排、牛奶排、火燒排、白排島、赤灘排島、三牙排、大牙排
島、山排島、魚排島、大白排島、西大排島、馬鞍排島、草鞋排島、
圓排島、長連排島、白排、大排、火燒排、抒排、青鱗排、銅鼓排、
鵝咀排、銀豆排、排角島、石排、掛錠排、馬鞍排，其有三十一個。
從這兒可以看見珠三角的古疍民把水壩叫「排」擴散到海裡的岬角、
島嶼也稱作「排」。中山市神灣鎮定溪漁民盧添培表示神灣鎮有兩個
地方是帶有排字的，如「竹排」和「大排」都是村子的名字，而這兩
個村子都屬於獨立海島。排上是住人，大排上有山，竹排則無山。因
此，從廣東、廣西沿海的地名「排」字，加上廣西壯區靖西和南部壯
語有的方言有送氣塞音，以「派排」對譯 pʰai 最為相近，兩者合成來
看，可以聯繫到廣東、廣西沿海的古疍族族群，廣西壯族人，都是古
越族後裔。

　　至於廣西方面，以排命名礁石、岬角、島嶼只有十三個，如小紅
排礁、大紅排礁、紅排攔、大排礁、迷排礁、細紅排石、大紅排石、
三排石、四排石、篙竹排島、大排石（防城各族自治縣）、基紅排
石、插排尾石咀、大排石（合浦縣）。[46]至於《福建省海域地名志》、
《遼寧省海域地名錄》卻沒有以排解作礁石的意思。[47]

---

45 廣東省地名委員會辦公室編纂：《廣東省海域地名志》（廣州：廣東地圖出版社，1989
　　年），頁383-447。

46 廣西壯族自治區地名委員會辦公室編：《廣西海域地名志》（南寧：廣西民族出版
　　社，1992年），頁67-129。

47 福建省地名委員會辦公室、福建省地名學研究會編：《福建省海域地名志》（廣州：
　　廣東省地圖出版社，1991年）。遼寧省地名委員會：《遼寧省海域地名錄》（內部資
　　料）（瀋陽：欠出版社資料，1987年）。

表一　圖表一、二的「排」（礁石）的數量和分布[48]

潮州市	1
汕頭市	3
汕尾市	18
惠州市	155
深圳市	26
香　港	73[49]
廣州市	4
中山市	1
珠海市	44
江門市	87
陽江市	20
茂明市	12
湛江市	18

48 數字根據廣東省地名委員會辦公室編纂：《廣東省海域地名志》，香港的數字，《廣東省海域地名志》是不包括的，是筆者加上去的。澳門方面，暫時未找到數據。

49 〈香港島嶼〉，網址http://www.hk-place.com/view.php?id=138，發布日期：2000年4月1日；瀏覽日期：2012年2月1日。

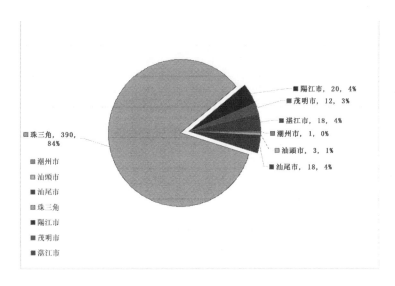

圖表一　廣東沿海「排」（礁石）的分布
（「排」的總數量共四六二個）

（數據來源：主要來自《廣東省海域地名誌》；香港的數據是筆者個人補充的。）

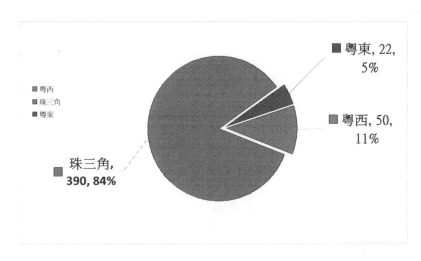

圖表二　粵西、珠三角、粵東中的「排」（礁石）的分布
（廣東沿海「排」的總數量共四六二個）

（數據來源：主要來自《廣東省海域地名誌》；香港的數據是筆者個人補充的。）

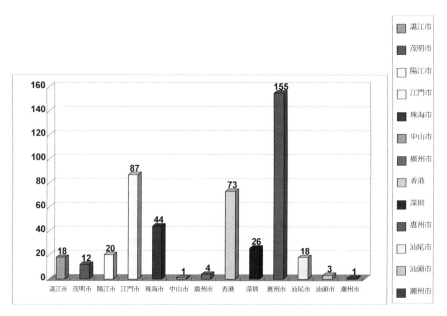

圖表三　廣東沿海城市「排」（礁石）的分布
（「排」的總數量共四六二個）

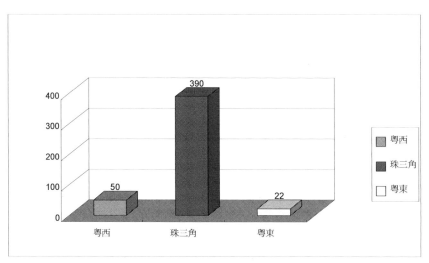

圖表四　粵西、珠三角、粵東中的「排」（礁石）的分布
（「排」的總數量共四六二個）

結語

　　黃新美[50]《珠江口水上居民（疍家）的研究》在〈珠江口水上居民種族現狀的研究〉的小結說：「從一九八三年底至一九八九年七年的時間中，我們對珠江口水上居民即疍家的後代，進行了較長時間的實在調查、觀察、測量和研究，結合參閱有關文獻，從珠江口水上居民目前的生產、生活現狀和現代水上居民的體質特徵分析，我認為，他們是組成廣東漢族的一個群體。也是漢族的一個部分。」[51]

　　張壽祺《蛋家人》稱，他曾與人類學家黃新美教授合作調查廣東珠三角的水上人，對水上人的膚色、毛髮、面形、鼻部、額部、頦部、齒部、頭型、鼻型、腿型、身高進行體質特徵研究，結果認為是非常接近廣東珠江三角洲漢族居民的體質特徵。從人類學角度來看，水上居民不是一個特別的民族，乃是南方漢族的一個支群，[52]筆者也曾認同這兩位學者的看法。後來看到兩位是壯族的廣西大學學者覃鳳余、林亦《壯語地名的語言與文化》一書提及「排」字的壯語之意義，便知道珠三角、廣西沿海地名上的「排」字是指水中的礁石（水中的山體、水中壩石），廣東和廣西舡民所稱的「排」與廣西壯南區壯語有密切關係。現在筆者認為珠三角的古嶺南蠻（舡）族群族屬宜從其獨特的海洋地名命名來觀察，因為地名一經約定，就具有公認性，使用的廣泛性、持久性和穩定性，這是最佳考察的方法。因此筆者現在認為珠三角舡民是古越族的一支族群，不是漢族。[53]

50　從事醫學科學和人體解剖學研究。

51　黃新美（1935-）：《珠江口水上居民（疍家）的研究》（廣州：中山大學出版社，1990年），頁18-19。

52　張壽祺（1919-2003）：《蛋家人》（香港：〔香港〕中華書局公司，1991年11月），頁43-45。

53　李輝（1968-）：〈百越遺傳結構的一元二分跡象〉收入連曉鳴、李永鑫編：《2002年

第四節　從百越民族群體Y染色體數據與海洋地名「排」出現密集的地域，探討原始舡族族群的發源地

　　復旦大學現代人類學教育部重點實驗室主任李輝教授〈東亞人的遺傳系統初識〉[54]稱：「迄今為止的任何理論都承認，人類都有一個共同的遠祖，在漫長的歷史中漸漸分化成不同的族群。這種分化的起因，當然是人口增長之後的群體擴散造成的地理分離。而群體分化的內在表現為遺傳差異，外在表現則為文化特徵。自然，兩種表現除了決定於群體的系統發生關係外，也都會受到群體間交流的影響，使我們看到血統的混雜和文化的融合。科學調查已經證實，自然狀態下遺傳交流比文化交流要慢得多。所以長期以來，民族學和考古學要從文化特徵來研究人群的系統發生關係，總會遇到不可逾越的障礙。更為致命的是，與遺傳特徵不同，文化特徵還會受到地理環境等各種因素的影響，使得文化人類學家們的探索之路坎坷異常。所以要認識人群的系統發生關係，直接研究其遺傳特徵，不啻是條捷徑。長期以來，人們一直了解遺傳現象的本質，更不知道遺傳的物質基礎 DNA 分子。所

紹興越文化國際學術研討會論文》（杭州：浙江古籍出版社，2006年），頁398-406。

李輝：〈東亞人的遺傳系統初識〉，《國立國父紀念館館刊》第10期（臺北：國立國父紀念館，2002年），頁123-136。筆者認為李輝這裡所言與個人所言「排」字的分布相同，都是集中在廣東珠江口，真的不謀而合，看來「原始越」有可能真的發源於廣州附近一帶。曾昭璇：〈從人類地理學看海南島歷史上的幾個問題〉收入廣東省民族研究學會等編：《廣東民族研究論叢》第4輯（廣州：廣東人民出版社，1988年12月）之（六）：〈蜑民的獨特地理分布與珠三角洲起源說〉，頁125：「這片肥沃而廣大的三角洲正是百越人中的一個重要中心。這裡『陸事寡而水事多』，古越人在這種地理環境中，分化出一支蜑人是很有條件的。」

54 李輝：〈東亞人的遺傳系統初識〉，《國立國父紀念館館刊》第十期（臺北：國立國父紀念館，2002年），頁123-136。

以最早對人群遺傳特徵的研究，都停留在外在形態的觀察。體質人類學因此發展起來，科學家們測量了一個個人群的眼、耳、口、鼻、四肢和身軀，用大量數據來比較人群間的差異程度。[55]然而，我們都知道，許多體態會吸收營養狀況的影響，譬如身高、體重等等。還有一些又會受制於特殊生活方式，或氣候環境的影響，譬如膚色等。所以體制形態的分析結果，離人群真實的系統發生關係還是很遠，至今都沒能解決各種指標的成分區分，雖然體質人類學家還在努力著。語言學家白保羅（Paul Benedict）認為侗臺語系和南島語系的語言有很大程度的共性，所以可以合為一個語系，即澳臺語系（Austro-Tai）。事實上，這兩個語系的 NRY 主要 SNP 單倍型基本一致。他們的共同祖先是拓進東亞東南亞的先頭部隊。在印度支那共同生活了很長一段時間後，他們向南向北兩個方向擴張，並在兩廣和馬來亞形成了兩個中心。不知何時，緬甸的南亞語先民也開始了向東南方向擴張，並從澳臺語先民手中接管了印度支那，使得南向和北向的澳臺語先民基本失去聯繫，於是分別形成南島語系馬來語族和侗臺語系先民，即後來的馬來族群和百越族群。百越族群先民最早進入兩廣的現代人類，當地的『柳江人』可能就是屬於這個族群。這支人群在當地又居住了幾萬年，人口緩慢地增長起來。大約在一萬年前，末期冰川消融，於是其中一部分人穿越南嶺進入江西，百越族群開始分成南北兩群。

　　南越和北越分化後，各自產生了新的 SNP 單倍型，使我們今天能看到這約一萬年前發生的事件。北越在江西長期留居的人群在後來的記載中被稱為『干越』……南越部分也在北越離開後一段時間開始東進，到達福建和浙南，形成後來的閩越和東甌。而南寧一帶的南越人被稱為西甌。所以與『駱』為北越代稱相對應，南越的代稱可能是

---

55 如中山大學的黃新美：《珠江口水上居民（疍家）的研究》；張壽祺：《蛋家人》。

『甌』。秦末南越國的主體民族可能就是南越。」[56]

　　李輝稱：「根據現有的百越民族群體 Y 染色體數據，我們應用主成分分析的數理統計方法，把數據中的主要趨勢信息抽提出來，得到了三個主成分（趨勢），按各個群體的對應值把三個主成分按等高線繪製原理作成三張地圖。這三張地圖體現了百越遺傳結構中的三個主要特點。第一主要成分占到信息總量的百分之四十七。從圖三中單一中心、梯度平緩的分布格局明顯看出，所有的百越群體首先是有整體性的，共性是最主要的。因此百越的血統只有一個主要本源。圖中的分

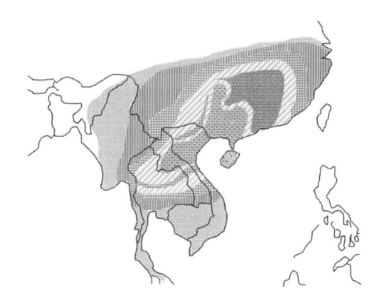

地圖一　百越遺傳結構第一主要成分的地理分布

來源：李輝：〈百越遺傳結構的一元二分跡象〉收入連曉鳴、李永鑫編：《2002年紹興越文化國際學術研討會論文》（杭州：浙江古籍出版社，2006年），頁401；〈百越遺傳結構第一主要成分的地理分布〉。李輝教授的論文則是圖三。

---

56 李輝：〈東亞人的遺傳系統初識〉，《國立國父紀念館館刊》第十期（臺北：國立國父紀念館，2002年），頁123-132。

布中心在廣東一帶，所以廣東最有可能是百越民族血統最早的發源地，而後漸漸向四周擴散。」[57]

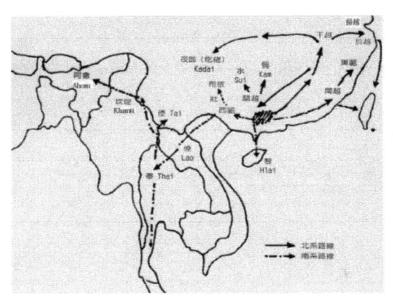

地圖二　百越的遷徙

來源：李輝：〈東亞人的遺傳系統初識〉收入《國立國父紀念館館刊》第十期（臺北：
　　　國立國父紀念館，2002年），頁133。李輝教授的論文則是圖八〈百越的遷徙〉，
　　　李輝教授稱深黑色地帶是珠江口。

　　從地圖一來看，廣東最有可能是百越民族血統最早的發源地；從地圖二來看，黑色部分，就是珠江口一帶，此地圖說明了珠江口一帶是「原始越」的起源和源頭，然後向四面遷徙，後來就成了百越。筆者上面分析「排」的分布位置，正好集中在珠江口，這不是一種偶合，實際說明了舸語族群的起源地就在珠江口一帶，所以舸的族群就是古越族的其中一支，都是從「原始越」而來。

---

57 李輝：〈百越遺傳結構的一元二分跡象〉收入連曉鳴、李永鑫編：《2002年紹興越文
　　化國際學術研討會論文》（杭州：浙江古籍出版社，2006年），頁400-401。

第二章
珠三角疍族族群的海洋漁俗文化

第一節　特色的漁家行業用語和生活用語

　　社會上的一些群體由於工作上、活動上或其他目的上的共同性，在交流時會創造或使用一些不同於其他社會群體的用語，這種基於特定的語言社團的語言變體通稱為「行話」。每個語言社群，都有自己的行話，不僅僅醫生、漁民、科技工作者等特定的行業領域和職業團體有自己的行話，其他如政治軍事組織、宗教團體、幫會團伙、黑社會幫派乃至乞丐群體都有自己的行話。在此，將前一種與社會行業相關的行話稱為「行業用語」。在穩定而特殊的社會群體中，行話才會產生和使用。並且，語言社群的性質會影響著行話的種類和特點。[1]

一　行業用語和生活用語是一種當地自然、人文景觀的共生用語

　　珠三角的漁家，終年在海風呼嘯的南海上航行、捕撈和生活，積累了許多來自實踐的寶貴經驗，因而產生了具有濃厚的漁業氣息和漁區民俗特色的生活用語和行業用語。行業用語就是本行業中的專用用語。

1　王娟著：《社會語言基本理論問題審視及應用》（北京：中國商業出版社，2018年5月），頁70。

二　珠三角漁家行話和生活用語[2]

本文收錄的條目按意義大致分為天文地理、時令時間、漁季、方

2　行業語主要提供者是香港石排灣老漁民黎金喜，採訪時，聚了一班香港仔漁民互助
　　社部分社員在圍觀，他們也提供了不少有用資料。漁會黃伙金主任也曾安排漁會朋
　　友協助筆者作專訪調查；部分材料是珠海市桂山島港澳流動漁民協會辦事處超雄主
　　任提供的；也有一部分是中山市神灣鎮漁民盧添培提供的；一部分是珠海唐家灣後
　　環漁村漁民提供。此外，這一節的部分行業用語也參考了以下材料：
　　專書方面
　　陳福保等著：《珠江水系漁具漁法》（北京：科學出版社，1994年）。
　　饒玖才：《香港地名探索》（香港：天地圖書公司，1998年）。
　　饒玖才：《十九及二十世紀的香港漁農業傳承與轉變》（香港：天地圖書公司，2015
　　　　年4月），上冊漁業。
　　賴水涵主編；廣東省地方史志編纂委員會編：《廣東省志　水產志》（廣州：廣東人
　　　　民出版社，2004年9月）。
　　楊　吝、張旭豐、張鵬等著：《南海區海洋小型漁具漁法》（廣州：廣東科技出版
　　　　社，2007年）。
　　廖廸生、胡詩銘編著；黎帶金嘆唱：《水上嘆歌》（香港：香港科技大學華南研究中
　　　　心，2018年3月）。
　　期刊方面
　　潘家懿（1938-）、羅黎麗：〈海陸豐沿海的疍家人和疍家話〉，《韓山師範學院學報》
　　　　第二期（2013年8月）。
　　學術論文方面
　　郭淑華：《澳門水上人居民話調查報告》（廣州：暨南大學碩士論文，2002年）。
　　吳穎欣：《綜論大澳水上方言的地域性特徵》（香港：香港樹仁大學學位論文，2007
　　　　年）。
　　網頁資料方面（瀏覽於2013年3月8日）
　　香港魚網：《香港魚網》http://www.hk-fish.net/
　　《香港魚網》，發布日期：2001年尾到2002年初（香港漁農自然護理署回覆）。
　　汪小倩編著：《臺州非物質文化遺產通俗讀本》（杭州：浙江工商大學出版社，2016
　　　　年12月）。
　　廣東海上絲綢之路博物館：《陽江木船傳統建造技術與風俗》（廣州：廣東科技出版
　　　　社，2018年11月）。
　　以上材料也見於馮國強：《珠三角水族群的語言承傳和文化變遷》（臺北：萬卷樓圖

向位置、作業、船隻器具等六類。各類條目先行列出行話的說法，並標注國際音標，[3]再列出普通話的相應說法。

（一）天文、地理

漁家的天文地理用語跟漁業、江河、海洋有密切關係。

1. 落許 lok² hei³⁵：下雨。香港新界西貢布袋澳漁民只稱落水、落雨。

2. 打石湖[4]（讀作 fu³³）ta³⁵ ʃɛk² fu³³：打雷。一些人則稱雷公響 [hɔŋ³⁵]。中山神灣鎮定溪則稱響[hɔŋ³⁵]雷公。

3. 天攝 tʰin⁵⁵ ʃit³：閃電。香港新界西貢布袋澳漁諺云：東攝雨重重，南攝長流水，西攝熱頭紅，北攝晚南風。深圳市南山區那邊也稱天攝。

4. 天臭 tʰin⁵⁵ tʃʰɐu³³：天色不佳。

5. 有尾星 jɐu¹³ mei¹³ ʃɐŋ⁵⁵ / jɐu¹³ mei¹³ ʃɛŋ⁵⁵：掃把星、流星。流星是「有尾的星」產生的，而且是當它還仍舊是彗星的時候就產生的。它們拋出很小很硬的微粒，散在它們的軌道上，就在後面留下了一群流星的微塵。jɐu¹³ mei¹³ ʃɐŋ⁵⁵ 是香港石排灣漁民的讀音，至於西貢張明合和珠三角沿海漁民稱作 jɐu¹³ mei¹³ ʃɛŋ⁵⁵。[5]

書公司，2015年12月），頁281-296。這次把舊材料作出部分大幅修正、補充和加入新材料，部分材料會刪除。修改和補充地方最多是天文、地理類和方向、位置類。作業、漁具、漁法類也作過點補充。此外也加插大量照片。

3　材料基本來自香港仔石排灣黎金喜為主，故音標以石排灣舺語作記錄。

4　王永偉：〈族譜中的移民：淺析清中前期客家人在新界的分布〉，《惠州學院學報》（社會科學版）（第四期）（2018年8月），頁58：「香港新界錦田八鄉打石湖的客家人由於在清初時已遷入，是一個被港英政府承認具有原居民資格的客家村，該村村民主要是張姓，也有宋姓村民。該村的張姓族人是清初遷海復界招至過來的。」現在這裡說的打石湖不是地名，是指氣象。

5　珠三角的陸上人和水上人，稱天上的星星，只說 [ʃɛŋ⁵⁵]，不說 [ʃɐŋ⁵⁵]。在香港，陸上人「星」只有一個讀音，就是 [ʃɛŋ⁵⁵]。香港仔石排灣讀作 [ʃɐŋ⁵⁵]，是受陸上人的影響，西貢那邊漁民則與珠三角水上人同樣讀作 [ʃɛŋ⁵⁵]。

6. 難龍水 lan²¹ loŋ²¹ ʃɵy³⁵：水龍捲。中山神灣鎮定溪則稱龍捲風。
   香港大澳稱難龍氣。

7. 散龍風 ʃan³³ loŋ²¹ foŋ⁵⁵：龍捲風。龍捲風是由一種強烈的、小範
   圍的空氣漩渦形成的，大多是在天氣極不穩定、空氣強烈對流運
   動下產生的。在強烈的陽光照射下，由於地表受熱不均勻，引起
   空氣上下強烈對流就會形成龍捲風。如果上升的空氣裡含水汽比
   較多，到高空就會形成強烈的雷雨雲。由於這種雲頂部和底層的
   溫度相差比較懸殊，造成冷空氣急速下降，熱空氣猛烈上升，上
   下層的空氣交替擾動，就會形成許多小漩渦，而這些小漩渦逐漸
   轉動擴大，上下激盪更加猛烈，最終變成了大漩渦。

8. 落流 lɔk² lɐu²¹：水退。香港布袋澳、澳門、珠海唐家灣後環（即
   是後灣，灣字讀作 wan²¹）漁村又稱「水乾」ʃɵy³⁵ kɔn⁵⁵。

9. 水大 ʃɵy³⁵ tai²²：水漲。澳門稱水大滿 ʃɵy³⁵ tai²² mun¹³。

10. 好 han²²風（hou³⁵ han²² foŋ⁵⁵）：很大風，珠海唐家灣後環漁村則
    稱「好 hɐn²²風」。

11. 七宿 tʃʰɐt⁵ ʃok⁵：宿，指星宿。水上人讀書不多，所以讀作「叔」
    （ʃok⁵），應讀作 tʃʰɐt⁵ ʃɐu³³。七宿的時間是每年二月到四月的黃
    昏後，可以在南方天空中看到七粒星連在一起。[6] 所以當看見七
    宿，便是指好天氣。由於這七粒星連在一起，形狀似天九牌裡的
    七宿，因此漁民便稱天氣好做七宿。

12. 晴 tʃʰɛŋ³³：微風、風平浪靜。香港島銅鑼灣避風塘那邊漁民也讀
    作 tʃʰɛŋ³³。

13. 瀝 lek²：狹長的海床峽谷稱瀝，如香港的青洲瀝，番禺有洪奇
    瀝。洪奇瀝，珠江的北江和西江水系下游出海汊流河段。是廣州

6　齊銳、萬昊宜著：《漫步中國星空》（北京：科學普及出版社，2014年4月），頁105。

市番禺區、南沙區與中山市的界河。上接沙灣水道李家沙分流，以下陸續接容桂水道、眉蕉海、泥沙角、大奎瀝、蚝頭瀝和黃沙瀝等西江支流。在義沙圍頭向東分上、下橫瀝兩支出蕉門水道，在瀝心圍頭分一支西利河入中山市南朗鎮橫門。[7]

14. 角 kɔk³：突出的陸地尖端皆稱角，如黃竹角。

15. 排 pʰai²¹：水中礁石。海底之大石不突出水面，也稱作海排 hɔi³⁵ pʰai²¹。海排就是海礁的意思。

16. 石排 ʃɛk² pʰai²¹：是指露出水面的礁石。石排就是石礁，因此，石排灣就是石礁灣的意思。香港和澳門也有石排灣。《廣東省海域地名志》記載廣東省對出海洋的石礁叫作排。

17. 暗排 ɐn³³ pʰai²¹：是不露出水面的礁石，即是暗礁。

18. 排口 pʰai²¹ hɐu³⁵：就是暗礁的俗稱。排分成石礁、泥礁、船礁三種。石礁凸起的地方稱作「石排口」，泥土凸起的地方稱為「泥排口」，沉船沒有被泥土埋平凸起的地方稱為「船排口」。為再造海洋生態，部分地區會將破舊船隻投放在指定地點，這也是「船排口」。

19. 石排口 ʃɛk² pʰai²¹ hɐu³⁵：海上石頭凸起的地方稱作石排口。

20. 泥排口 lɐi²¹ pʰai²¹ hɐu³⁵：海上泥土凸起的地方稱作泥排口。

21. 船排口 ʃin²¹ pʰai²¹ hɐu³⁵：沉船之地，沒有被泥土埋平而凸起的地方稱為船排口。

22. 氹 tʰɐn³⁵：地面上積水的地方，或小池塘，或者海島的小灣。澳門便有氹仔。

23. lɛk²²：海。香港新界布袋澳稱大海為大 lɛk²²；珠海唐家灣後環漁村則稱海之深溝之處為 lɛk²²；中山神灣鎮定溪則稱海為 lɛk²²。

7　廣州市南沙區檔案局、廣州市南沙區地方志辦公室編：《南沙大全》（廣州：嶺南美術出版社，2011年9月），頁62。

24. 欄 lan²¹：一種長形沙帶，形如海邊堤壩，如長沙欄。欄也可以指礁石。

25. 潭 tʰan²¹：指小海域，如香港的青衣潭（今稱青衣島），清廷於島上增設青衣潭汛。

26. 轉 tʃin³⁵：指水流急湍的海角，今天香港的汲水門一帶便有二轉、三轉。

27. 山角 ʃan⁵⁵kɔk³：山崖。

28. 山尖 ʃan⁵⁵tʃin⁵⁵：指山峰，也可以指山頂。

29. 山坑 ʃan⁵haŋ⁵⁵：山谷。

30. 啯支水 kɔ³⁵tʃi⁵⁵ʃøy³⁵：指某一位置的水域範圍。

31. 部口 pou²²hɐu³⁵：目的地。

32. 涌 tʃʰoŋ⁵⁵：小河。

33. 涌頭tʃʰoŋ⁵⁵ tʰɐu²¹：小河源頭處。香港仔香港海洋公園附近有一條小涌，是涌頭所在地，水上人叫該處為涌頭。

34. 涌尾tʃʰoŋ⁵⁵ mei¹³：小河的出口處。船灣淡水湖附近便有一地名叫涌尾。香港仔的香港仔警署對出的小河，昔日叫涌尾。該涌尾，又名士丹頓灣（Staunton Creek），香港仔水上人現在還如此叫的，一般外人是不知所指的。香港九龍的青衣島東北面有地方叫涌尾。

35. 基 kei⁵⁵：河堤。

36. 坑 haŋ⁵：小溪。

37. 風仔爛 foŋ²¹tʃɐi³⁵ lan²²：陣陣強風，時大時小。

38. 大廟口 tai²² miu²²⁻³⁵ hɐu³⁵：一般香港人稱佛堂門的天后廟為大廟。口，指海灣的出口。

39. 媽娘環⁸ma⁵⁵ lɔŋ²¹ wan²¹：即是媽娘灣，指深圳赤灣，灣旁有著名

---

8 這裡可以作個解讀。香港的上環、中環、西環，《漢會眾兄弟宣道行為：耶穌一千八

的赤灣天后廟。

40. 大浪環 tai²² lɔŋ²² wan²¹：即是大浪灣，在香港新界西貢區東部。

41. 南澳環 lan²¹ ou³³ wan²¹：即是南澳灣。

42. 酒中環 tʃɐu³⁵ tʃɔŋ⁵⁵ wan²¹：即是香港的酒灣，在九龍東面。

43. 南邊環 lan²¹ pin⁵⁵ wan²¹：即是南邊灣。

44. 口 hɐu³⁵：指海灣的出口，如大廟口、珠江口、橫門口、蕉門口。

45. 橫 wan²¹：指九洲東面的水域，如九洲橫。

46. 大叻 tai²² lek⁵：指大海。

47. 細叻 ʃɐi³³ lek⁵：指小海域，如指細海灣或避風塘。

48. 丫 a⁵⁵：也會寫作亞、椏、鴉。指開叉的海岸和島嶼，如香港的
南丫島、索罟群島的大、小鴉洲。

49. 門 mun²¹：，就是指兩個山嘴之間的狹窄海面，例如香港新界的
屯門、塔門、佛堂門；九龍的鯉魚；中山市南朗區的橫門。

50. 門仔 mun²¹ tʃɐi³⁵：狹窄的水道，如香港船灣的三門仔。

51. 石 ʃɛk²：漁民將臨近海邊的巨石稱石，如馬友石。

52. 角 kɔk³：漁民將突出海邊的小山叫角，如分流角。

53. 星 ʃɛŋ⁵⁵：昔日船家航行，將水道旁的一些山頭叫作星，目的是
作為航行時的指標。如汲（急）水門島叫作「急星」。此外還有
大星[9]、小星。

百五十一年六月一日，咸豐元年五月初一》（香港：香港大學圖書館影印本，2012
年）（這是一位基督徒華人牧師的帳簿，故缺頁碼）帳簿一時寫上灣、中灣、下灣；
此三地又會一時則寫作上環、中環、下環。灣，香港客家話讀作van¹¹，其音與粵語
「環」[wan²¹]字相近。故此，有人寫作環。上環、中環、下環，都是指海灣。故
「媽娘環」即是「媽娘灣」。香港的土瓜灣、長沙灣，這灣字也是讀作wan²¹。所以
銅鑼灣、土瓜灣、長沙灣、上環、中環、下環讀作wan²¹，表示這幾個地方曾經有客
家人在這裡作過長期居留，所以即使人去後，但其地名讀音還會保留下來。

9　大星即是大星山。星，讀作[ʃɛŋ⁵⁵]。在珠三角一帶，不論是漁民或農民，舉凡指天
上的星星，一定讀作ʃɛŋ⁵⁵。小星即是小星山。大星、小星，都是位於大鵬半島海

54. 爐 lou²¹：漁民將山峰稱作爐。

55. 磡 kan³³：漁民把山坳稱作磡。

56. 破浪綿羊 pɔ³³ lɔŋ²² min²¹ jɔŋ²¹⁻³⁵：指海面下的暗排。

57. 礛 tʃʰan³³：指海床上珊瑚生長而成的礁堆，如香港新界船灣的礛頭角。也寫作劏或鏟，如香港西貢區西貢內海的大、小劏洲。小鏟島，位於深圳西部海域，地處珠江入海口，陸地面積約有〇點一八平方公里，地勢西陡東緩，與大鏟島和南山蛇口隔海相望。

58. 塘 tʰɔŋ²¹：周圍有陸地屏障的海域，如香港新界的東北部有印塘。

59. 串 tʃʰin³³：指水流急速轉動的海道，如香港汲（急）水門南面的大串、二串。

60. 浪 lɔŋ²²：指風浪的海岸，如香港新界大嶼山芝麻灣半島南岸的大浪、二浪。西貢東部也有大浪，即是大浪灣。

61. 水乾 ʃɵy³⁵ kɔn⁵⁵：指退潮。

62. 水乾尾 ʃɵy³⁵ kɔn⁵⁵ mei¹³：指潮水退下到最低點。

63. 流 lɐu²¹：指水流。漁民稱海流為流水。

64. 攪流 kau³⁵ lɐu²¹：水流是因地形阻擋而作旋轉狀流動，也寫作「絞流」。香港吐露港口有絞流灣，因名稱不雅，後改稱高流灣。

65. 風仔懶 foŋ⁵⁵ tʃɐi³⁵ lan¹³：水上話，意思是指風勢不定，時大時小。

（二）時令、時間

漁家有其獨特的時氣和時序，是與其行業有密切關係，因此，漁家的時氣和時序與農業的各不同。

域。據西貢漁民互助會會長張明合（合叔）解釋，大星、小星，不是天空上的星星，它是指惠來縣海濱對開的兩座小山。合叔又稱今日的小星山島，古時是屬於惠陽府治。

1. 朝黃 tʃiu⁵⁵ wɔŋ²¹：黎明前的天亮，但太陽還未出地平線。珠海桂山漁民稱「見光」。

2. 晚黃 man¹³ wɔŋ²¹：太陽剛剛落山，天色剛黑暗起來稱晚黃。

3. 朝紅 tʃiu⁵⁵ hoŋ²¹：黎明前的天亮。

4. 東紅水 toŋ⁵⁵ hoŋ²¹ ʃɵy³⁵：黎明前的天亮。

5. 黑曬頭 hɐt⁵ ʃa³³ tʰɐu²¹：天黑。

6. 大星起 tai²² ʃɛŋ⁵⁵ hei³⁵：指破曉之時。因黎明時，天空上通常出現一顆很大的星，大星升起來，他們便知道天快亮了。香港漁民稱大星起 tai²² ʃɛŋ⁵⁵hei³⁵，珠三角一帶，不論是漁民或農民，舉凡指天上的星星，一定讀作ʃɛŋ⁵⁵，他們現在也懂得把「星」讀作ʃɛŋ⁵⁵，是新中國有了人造衛星方後知道「星」的另一個讀音。所以，大星起，在珠三角一帶的漁民會講成 tai²² ʃɛŋ⁵⁵ hei³⁵ 。

7. 閉墓誕 pɐi³³ mou²² tan³³：又稱墓閉 mou²² pɐi³³。每年清明節後一個月（立夏前一天），俗稱「墓閉」。相傳地府鬼門關自清明節起打開，至墓閉日關門。死者鬼魂在此期可以回家接受拜祭，但必須在墓閉日前返回地府，否則成了游魂野鬼，故當日各家各戶在入夜前設酒食祭祀先人，此稱為墓閉祭。「閉墓誕」內，人間親人可以在這一個月內拜舊山。在這期間，水上人掃墓前一天準備好祭品，掃墓當天，參加掃墓的人便坐在船艇上，然後出發前往墳墓所在地掃墓。一般祭品是燒豬、燒鴨、甘蔗、油炸品、餅食、茶酒等。清明後第三十天，即墓閉前一天，水上人多以炒糖米、水果等祭祖，意為給先人食過糖米後，安享地府。清明節所在的農曆三月，水上人一般不安排婚嫁、新船下水、入伙等喜慶活動。

（三）漁季（季節）

漁家不單要觀看天文，也要觀察海洋流動，海洋流動與漁季是有密切關係的。

1. 水 ʃɵy³⁵：指漁季，如鱲仔水、鱒白水、黃花水。

2. 鱒白水 tʃʰou²¹ pak² ʃɵy³⁵：指農曆四月捕捉鱒白魚漁季。在農曆四月分，是鱒白魚的懷卵期，這個時候的漁汛，行內人稱之為「鱒白水」，鹹魚商人會大量入貨，藉以腌製鹹魚，只有小部分批發到市場中。在海鮮市場，鱒白魚沒有活的，是屬於離水即死魚類。行家從魚體鱗塊的整齊與否，鱗塊完整無缺，外表閃閃生光的，便知道是漁人用「手釣」所捕得的，叫作「釣扁」；鱗塊脫落不全而色澤黯淡的，便知道是漁人用「拖網」所捕得的，稱為「網扁」了。「扁」是喻意這種魚類腹部如刀，其身平扁的意思。

3. 鱲仔水 tʃʰi² tʃɐi³⁵ ʃɵy³⁵：指農曆六至九月捕捉鱲仔魚漁季。

4. 黃花水 wɔŋ²¹ fa⁵⁵ ʃɵy³⁵：指農曆八至十一月捕捉白黃花魚漁季。黃花水期間，集中在大澳對開海面及珠海桂山島一帶，黃花魚魚群在秋冬之間洄游珠江口產卵。它們時常發出「咕咕」的叫聲。捕魚時，漁民伏在船艙，將耳朵貼在船艙底板，以黃花魚群的叫聲來確定它們的位置。[10]

　　《南越筆記》稱「黃花魚惟大澳有之……漁者必伺暮取之。聽其聲稚，則知其未出大澳也。聲老則知將出大澳也。」[11]嘉慶《新安縣志》卷三稱：「黃花魚周身金鱗，頭有石瑩，潔似玉，長尺許，採於大澳，海中自九月至十一月，漁者暮聽其聲，用罟合

10　《中國海洋文化》編委會編：《中國海洋文化 香港卷》（北京：海洋出版社，2016年），頁98。

11　〔清〕李調元輯（1734-1803年）：《南越筆記》（揚州：廣陵出版社，2003年，據清光緒七年〔1881〕重刻本影印），卷十〈魚〉，頁6上下。

圍，以取則曰打黃花。色白者名曰白花，細小者名曰黃花。從其膠甚美。語曰：黃白花味勝南嘉。」[12]光緒《香山縣志》卷五〈興地略〉：「石首魚，黃花與白花皆鱸屬，黃花魚惟大澳海有之。」[13]於此足見香港大澳的黃花魚是最出名，與大澳是黃花魚最理想的漁場有關，[14]所以珠三角的人也愛吃大澳黃花魚，因其味勝過肇慶端州西江河一帶出產的嘉魚（嘉魚之名，最早見於《詩經·小雅·南有嘉魚》）。一直以來，端州民間就有春鯿、秋鯉、夏三鰣、冬嘉魚之說。嘉魚，乃西江著

名的特產。〔唐〕劉恂《嶺表錄異》云：「嘉魚，形如鱒。出梧州戎城縣江水口，甚肥美，眾魚莫可與比。」[15]此後，西江嘉魚成為地方官員進貢朝廷的珍品，因而被譽為皇帝魚。這裡是反映出香港大澳是黃花魚產卵區，大澳是捕撈黃花魚最理想的漁場。

5. 蝦汛期 ha⁵⁵ ʃɐn³⁵ kʰei²¹：指有大量蝦繁殖的時期。如粵東大陸架邊緣漁場，水深在二百至四百米範圍內。在水深二百八至四百米的水域，有豐富的蝦類資源，主要經濟種類有刀額擬海蝦、單刺異腕蝦、東方異腕蝦及長足紅蝦等，蝦汛期為一至五月。而粵東大陸坡漁場，長肢近對蝦、擬鬚蝦、刀額擬海蝦等，蝦汛期為四至五月。[16]拖蝦作業，台山廣海到新會崖門淺海蝦場、高欄近海

12 〔清〕嘉慶二十五年舒懋官修、王崇熙等纂：《新安縣志》（廣州：嶺南美術出版社，2009年，據廣東省立中山圖書館鳳岡書院刻本藏本影印），卷三〈興地二·物產·鱗〉，頁13下。

13 〔清〕光緒五年田明曜（1871-1873）修、陳澧纂：《香山縣志》，上海：上海書店出版社，2013年），卷五〈興地下·物產·魚〉，頁27上。

14 Chu, C.Y. (1960). "The Yellow Croaker Fishery of Hong Kong and Preliminary Notes on Biology of Pseudosciaena Crocea (Richardson)," *Hong Kong University Fisheries Journal*, 3:111-164.

15 〔唐〕劉恂撰；商壁、潘博校補：《嶺表錄異校補》（南寧：廣西民族出版社，1988年5月），卷下〈嘉魚〉，頁140。

16 賴水涵主編；廣東省地方史志編纂委員會編：《廣東省志　水產志》（廣州：廣東人民出版社，2004年9月），頁88。

蝦場蝦汛期是四至十一月；珠江口淺海蝦場，蝦汛期是四至九月；大鵬灣蝦場，蝦汛期是三至十月；大亞灣蝦汛期是五至八月。[17]

6. 漁汛期 ji²¹⁵ ʃen³⁵ kʰei²¹：指有大量魚繁殖的時期。甲子（廣東省汕尾市陸豐市甲子鎮）到平海（平海社區是廣東省惠州市惠東縣平海鎮）沿岸一帶水深四十米是淺水域，海汛期為九月至翌年三月；海門灣附近水深三十米是淺水域，漁汛期為七月到翌年四月；汕頭港至南澳水深三十米是淺水域，漁汛期八月至翌年四月。[18]台山一帶，漁汛期有「大春海」、「小春海」和「秋風頭」的俗稱。大春海（春汛）在每年一至四月；小春海（夏汛）五至七月；秋風頭（秋汛）八至十二月。大春海、小春海是中淺捕撈作業最為活躍季節，以三至四月和六至九月為旺季，魚類產量占全年的百分之八十以上。以刺網、燈光圍網、索罟、擺仔、撐蝦、網門等作業為主。[19]深圳漁場有兩個，一個是西海區的伶仃洋漁場，漁汛期在每年的四至六月為鰽白、馬友和三黎魚汛期，九至十一月為梅童魚、鯪魚、鯔魚、馬鱭及多種蝦類和青蟹等。七〇年代開始，該漁場已退化萎縮，少見汛期出現。另一漁場是東部海區的浮水漁場，每年汛期都在四至八月，旺發漁汛主要有公魚仔、海河、青鱗、小池魚、小魷魚、也有馬鮫魚、黃魚伴隨出現，但比例很少。[20]珠江口漁場。東經一一四度以東，拖網作業，漁汛期是十至十一月；以西之漁汛期是九至十二月。圍網作

---

17 《廣東省志》編纂委員會編：《廣東省志　1979-2009　農業卷》（北京：方志出版社，2014年8月），頁581。

18 賴水涵主編；廣東省地方史志編纂委員會編：《廣東省志　水產志》（廣州：廣東人民出版社，2004年9月），頁88。

19 黃劍雲主編：《台山下川島志》（廣州：廣東人民出版社，1997年9月），頁122。

20 深圳市地方志編纂委員會編：《深圳市志　第十二產業卷》（北京：方志出版社，2008年11月）頁66。

業，蛟州尾至烏豬州，漁汛期是二至三月；刺釣作業，漁汛期是
二至三月；川山群島到萬山群島，全年可作業。[21]

（四）方向、位置

漁家行話裡最大的特點是方向位置有獨特的說法，這是農業行話
所無的。

1. 大邊 tai^{22} pin^{55}：指左邊，珠海唐家灣後環（即後灣）漁船安裝
   拜神的位置在左邊，稱作大邊。

2. 細邊 ʃei^{33} pin^{55}：指右邊。一般大漁船方能分出左右，其廁所便
   安置於右邊。珠海唐家灣後環（即後灣）漁村則稱細邊是拜小鬼
   的位置。

3. 神口位 ʃen^{21} heu^{35} wei^{35}：漁民大多信奉神靈，因為海上的天氣
   難以預測，漁獲也沒有保證，所以他們在船上供奉很多神像，將
   最重要的一尊放在船的「紅火」那邊，即是在左邊。神位一般供
   奉船主信奉的神像或牌位，如祖先、觀音、媽祖，甚至毛澤東。

遠洋釣艇之廁所位置

（來源：筆者攝於二〇〇一年二月十五日）

21　《廣東省志》編纂委員會編：《廣東省志　1979-2009　農業卷》（北京：方志出版
社，2014年8月），頁581。

4. 紅火 hoŋ21 fɔ35：船的向行燈頂部有兩盞燈，分別是紅燈和綠燈，紅燈叫作紅火，是船的海上交通標誌燈顏色，船隻航行時按燈號相互避讓。紅燈是安置在船的左邊。

5. 綠火 lok2 fɔ35：「綠火」其實是船的海上交通標誌燈顏色，船隻航行時燈號相互避讓。這燈是放置在船的右邊，因是綠色稱為「綠火」。

6. 上 ʃɔŋ22：指東方。

7. 開 hɔi55：指南方。

8. 落 lɔk2：指西方

9. 埋 mai21：指北方。

10. 大櫓面 tai22 lou13-55 min21-35：左面。指舊式漁船的帆擺向船尾的左邊。珠海唐家灣後環漁村則稱大櫓邊。

11. 細櫓面 ʃei33 lou13-55 min21-35：右面。指舊式漁船的帆擺向船尾的右邊。珠海唐家灣後環漁村則稱細櫓邊。

12. 漁門 ji21 mun21：漁船上魚之位置，也稱作「海口」。布袋澳漁民強調是在船身中央駕駛艙的左端，即是舊式風帆漁船船頭第二枝樑左邊上魚之地方。

13. 海口 hɔi35 hɐu35：即是漁門，是上漁的地方，婦女是不能跨過的，這是一個大禁忌，因海口對漁民來說，那是神聖的地方，會影響收穫。

(五) 作業、漁具、漁法：

1. 下魚 ha22-35 ji21-35：在大海裡用桿（很多漁民讀不出 kɔn55，會說成 kɔŋ55，部分人不明，就會寫成「鋼」）釣魚。

2. 他魚　$t^hai^{35} ji^{21-35}$：下桿$[kɔŋ^{55}]^{22}$釣魚。

3. 撈箕　$lau^{21} k^hei^{55}$：撈魚的小網兒。箕，要讀送氣。

4. $tʃak^3$風$tʃak^3 foŋ^{55}$：指漁船回灣頭（$wan^{55} t^heu^{21-35}$，即是避風塘、漁港）避風，又稱拋風 $p^hau^{55} foŋ^{55}$。

5. 扯錠$tʃ^hɛ^{35} teŋ^{22}$（或$tɛŋ^{33}$）：起錨。錠就是錨，漁民不稱錨只說錠。錠，《集韻》稱錘舟石也。錠，澳門漁民則讀 $teŋ^{33}$。

6. 拋錠　$p^hau^{55} teŋ^{22}$（或$tɛŋ^{33}$）：把船上的錨拋下海裡，以穩定船身。

7. 扒錠　$p^ha^{21} teŋ^{22}$（或$tɛŋ^{33}$）：指所拋下海的錘不足重量，讓船身出現飄流的危險。

8. 燂船　$t^han^{21} ʃin^{21}$：木船在海上航行，會有微生物附於船殼表面，更有海蠣子附著船殼，不但會對船板造成腐蝕，特別是附著的海蠣子，使原來光滑的船體表面變成凹凸不平，從而增大摩擦阻力，使船的速度快不起來，因此便要燂船。燂，澳門漁民讀作 ham^{21}。至於陽江方面，每年都有燂船節活動。節日沒有固定時間。一般是選在夏秋季節，往往是在淡季休漁轉入旺季出海打魚的前夕，一般會選一個好天。這天一大早，船長用竹籃挑著祭品，如豬肉、雞等，到海神廟（媽娘廟、天后宮）或罟寮（海邊放置漁網的小屋）燒香稟告之後，要舉行相應的儀式活動。當船燂完了，船長捧著三牲拜船頭公，先在船頭貼上「順風得利」、「魚蝦大汛」之類吉利紙條。擺好祭品後，船長便口中念念有詞地祈禱，大概意思是「船頭向東，順風順水；船頭向西，白鯧[23]

---

22 不少漁民讀不出$kɔn^{55}$，會說成$kɔŋ^{55}$，這是說明水上人與不少陸上人一樣，是未能掌握好ɔ的發音部位，往往說成ɑ與ɔ之間，是口部位置張得較大有關。

23 許兆濱編著：《世界海洋生物　魚類篇》（大連：大連海事大學出版社，2011年5月），頁421：「白鯧為鱸形目白鯧科的一種。其體側扁而高，近圓形。吻短，口小，前位，兩頜牙尖銳，呈刷毛狀的寬帶。背鰭前兩棘短小，第三至第五鰭棘延長；胸鰭短，不延長成鐮狀；腹鰭第一鰭條長，背鰭鰭條部和臀鰭基底被細鱗，尾

三鱧；船頭向南，大包大攬；船頭向北，百無禁忌」，祝領完
了，放爆竹，便依次再拜海神廟和罟寮，然後吃飯喝酒。第二天
清早便起航。

船廠

來源：香港仔街坊福利會，
　　　一九七六年攝影比賽
攝影：（記錄不清晰）
提供：香港仔街坊福利會

9. 上排 ʃɔŋ³⁵ pʰai²¹：就是入船塢進行維修船隻。當船進入船塢時，
在指定入口處放置大木排，待船隻駛到大木排上，隨即升起大木
排，將船隻拖入船廠進行維修。這些排是一些浮排，通過放水入
排兩旁的水箱，浮排自然下降，漁船就可以上排。然後通過抽水
機抽空水箱裡的水，浮排上浮。整個過程就成了平時漁民所說的
上排。上了排，漁船便停靠在裡面進行工人修理。

10. 罟 ku⁵⁵：魚網。

11. 罟網 ku⁵⁵ mɔŋ¹³：廣東省的罟網類漁具有大罟、中罟、坑罟、兜
罟、蝦罟，種類較多。罟網是一種長帶形網具，下網處有單囊袋
和多囊袋，多囊袋的又稱百袋罟。由於作業方式不同，用雙船在
主河道進行拖曳的稱為拖罟或大罟；作地拉網作業的稱括罟或罟
仔；在河涌作定置作業的稱定置罟或攔水罟。罟網類作業原在廣

鰭雙凹形。體銀白色，側線弧形。白鯧為暖水性中下層魚類，一般體長八十至一百
五十毫米，喜棲息於近海巖石或珊瑚礁間，游泳速度緩慢，肉食性，以小魚及小型
無脊椎動物為主。分布於印度洋和太平洋的熱帶海域，中國產於南海和東海南部，
為廣東沿海常見的經濟食用魚。以清燉、清蒸和紅燒為主要料理。」

東分布很廣，數量也不少，西江、北江、東江沿岸村莊均有。但
由於該漁具網型太大，結構複雜，成本高，而且作業勞動強度
大，一般都需要八至十個勞工聯合操作，加上其網目小，大小魚
類一起捕捉，不利於水產資源的保護等原因，故在上世紀八○年
代後已逐漸被淘汰。[24]

香港仔造船業
來源：香港仔街坊福利會，
　　　一九七六年攝影比賽
攝影：楊溢榮
提供：香港仔街坊福利會

12. pʰou²¹口　pʰou²¹ hɐu³⁵：魚兒聚集藏身之處。

13. 刺網tʃʰi³³ mɔŋ¹³：刺網是一種長帶狀的網具，敷設在海裡，攔截
魚蝦類通道，利用網眼刺掛或網衣纏絡而達到漁獲目的。刺網作
業是廣東省沿海的傳統作業，種類繁多，有浮刺、底刺、流刺、
定刺四大類。根據漁具分類原則，上述四大類刺網又可細分為漂
流單片刺網、漂流單片無下網刺網、漂流三重刺網、漂流多層刺
網、定置單重刺網、定置單片無下網刺網、定置三重刺網、包圍
單片刺網、拖曳單片刺網等三型、四式、八十五種。各種刺網在
上世紀五○年代是用青麻作為材料，織成網後染以蛋白，五○年
代開始使用白膠絲或尼龍為材料。據一九八三年調查，廣東省沿

---

24 賴水涵主編；廣東省地方史志編纂委員會編：《廣東省志　水產志》（廣州：廣東人
民出版社，2004年9月），頁198。

海有刺網漁船一點六萬艘。[25]

14. 繒仔tʃen⁵⁵ tʃei³⁵：近海、沿岸作業為主。在夜間時，會利用燈光誘集魚群共同作業。操作方法，「燈船」是負責誘魚，而「網船」負責撒網捕魚。

15. 摻繒tʃʰan³³ tʃen⁵⁵：在船舷兩旁設木架上懸掛長網袋伸入水中，捕捉在近水面層棲息的魚類。出海之期只有數天或一星期。

16. 拖網tʰɔ⁵⁵ mɔŋ¹³：一般以兩艘漁船各拉著漁網各一端，然後同時拖著漁網前進，捕撈水中漁類。拖網作業，是一種移動的過濾性漁具，依靠風力或漁船的動力拖曳袋形網具，達到捕撈的目的。拖網是廣東海洋捕撈業的主要作業。沿海一些重點漁業縣（市），如陽江、台山、海豐、電白、海康、湛江、珠海等的機動拖網作業漁船的數量、噸位、馬力在各類作業中比重都較大，而且歷史亦較長。如陽江的閘坡、沙扒的深海拖網作業已有近百年的歷史。[26]

17. 定置網teŋ²² tʃi³³ mɔŋ¹³：定置網漁業是一種「守株待兔」的漁業方式，實際是由張網、建網、插網等種類龐雜、形式不同的漁具構成。它是定置於水域中利用潮水漲落流，迫使或引誘捕撈對象入網的作業方式。因其漁場近陸，甚至就在潮間灘塗上，無須像拖網、圍網類的需要大量動力，所以是省能的漁業，各地又可因地制宜開發各種定置漁業。但也因其漁獲對象中含有大量經濟仔幼魚，故其過量發展，將使資源受到嚴重損害。因此，必須嚴格管控其數量，以確保資源的合理利用和漁業的可持續。[27]

---

25 賴水涵主編；廣東省地方史志編纂委員會編：《廣東省志　水產志》（廣州：廣東人民出版社，2004年9月），頁120。

26 賴水涵主編；廣東省地方史志編纂委員會編：《廣東省志　水產志》（廣州：廣東人民出版社，2004年9月），頁118。

27 張美昭編著：《海洋漁業產業發展現狀與前景研究》（廣州：廣東經濟出版社，2018年7月），頁41。

18. 上東ʃɔŋ³⁵ tɔŋ⁵⁵：指從珠江口往東面的汕頭、臺灣那邊航行捕魚。

19. 落西lɔk² ʃei⁵⁵：指從珠江口往西面的北部灣漁場等進行捕魚。

20. 開身hɔi⁵⁵ ʃen⁵⁵：開船、出海，珠三角部分漁村稱作也稱開頭，但說開身為多。開身也有專指，即是指從珠江口往西沙漁場等，即指往南走。何以叫「身」，是漁民視漁船為其身命，因而以擬人化叫之。再者，也把漁船視作龍體，所以把漁船開動，視作龍體移動。

21. 開頭hɔi⁵⁵ tʰɐu²¹⁻³⁵：就是開身之意。

22. 埋頭mai²¹ tʰɐu²¹：回航。也專指從西沙漁場等返回珠江口，這時漁船是往北走的，故稱漁船回航為埋頭。

23. 返灣fan⁵⁵ wan⁵⁵：漁船返回漁港、灣頭。

24. 織網tʃʰɛk³ mɔŋ¹³：織魚網。織，不讀文讀的 tʃek⁵，白讀也不是讀tʃʰɛk⁵，只讀作tʃʰɛk³，是白讀音，算是一種特殊變讀。

25. 落雪lɔk² ʃit³：買冰塊。漁船開身前，便要到雪廠或雪艇買雪，目的讓魚獲保持新鮮。

26. 機頭魚kei⁵⁵ tʰɐu²¹⁻³⁵ ji²¹⁻³⁵：指有大量魚群在漁船船頭附近出現。

香港仔避風塘出發前上雪

（來源：筆者攝於二〇〇四年八月二日）

捕撈回港

（來源：筆者攝於二〇〇一年二月二十四日）

27. 扒艇pʰa²¹ tʰɛŋ¹³：上世紀五〇年代以前的一種流行的作業，其作業方式是圍網，又稱索罟。一般艇身長約五十至六十英尺，作業時間一般於農曆八至十一月的「黃花水」及農曆十一至三月，八月的「鱲仔水」。五〇年代後，因其設計不宜機動化而被淘汰。

28. 索罟ʃɔk³ ku⁵⁵：就是扒艇。

29. 大尾艇tai²² mei¹³ tʰɛŋ¹³：是一種刺網作業的漁船。艇身長約二十多尺，船尾高大，作業時間主要為黃花水及農曆四月的鱠白水。作業區域，於黃花水期間，集中在大澳對開海面及珠海桂山島一帶；農曆二月開始在大澳南面的三門群島、擔桿群島一帶海面，以流刺網捕捉瓜衫、撻沙、鮫魚及鮑魚等，也會在伶仃島至桂山島一帶海面，捕捉鱠白及鮑魚。黃花魚魚群在秋冬之間洄游珠江口產卵。它們時常發出「咕咕」的叫聲。捕魚時，漁民伏在船艙，將耳朵貼在船艙底板，以黃花魚群的叫聲來確定它們的位置。[28]其後，這種漁船也漸漸衰落。

---

28 《中國海洋文化》編委會編：《中國海洋文化　香港卷》（北京：海洋出版社，2016年），頁98。

30. 罟棚艇ku⁵⁵ pʰaŋ²¹ tʰɛŋ¹³：罟棚艇既是拖網作業，同時也兼刺網作業，故日人 Hiroaki Kani 在其碩士論文裡，[29]把漁船分類時，將罟棚艇既列為拖網漁船，又列為刺網漁船。

31. 中層邊拖網tʃoŋ⁵⁵ tʃɛn⁵⁵ pin⁵⁵ tʰɔ⁵⁵ moŋ¹³：這是摻繒船的作業方式，方法是在船舷兩旁的特設木架，上懸掛長網袋，把木架和網伸入水中，捕捉在近水面層棲息的魚類。早年的摻繒船都很小，在珠江三角洲作業。近代香港摻繒漁船船身龐大，往往超過4米長，轉彎半徑大，無法駛入珠江內，大多集中在屯門、青山灣、汲水門、大澳作業。摻繒是近代珠江口最有特色的漁船，這種船上還設有教室，漁民請老師上船教子女讀書，因此也是最有文化的漁船。[30]澳門也有摻繒作業。

32. 流刺網 leu²¹ tʃʰi³³ moŋ¹³：流刺網是捕撈網漁具中結構最為簡單的一種，它使用均勻的長帶形網衣，其上下綱分別裝配浮子與沉子，二者共同作用可以使得網衣在水中保持垂直張開的狀態，當魚類游來碰撞到網衣時，自身鰭棘或鱗片很容易刺掛在網衣上以達到捕獲目的。刺網漁具根據它是否移動可以分為定置式刺網和漂流式刺網（也稱為流刺網或流網），前者利用插桿、打樁、錨、石、沙土袋等固定於水域中進行作業，後者不使用固定裝置敷設，而是隨潮流漂移進行作業。刺網漁具的規格和結構必須與捕撈對象的行為習性相適應，只有這樣它才能在最大程度上發揮功效。例如根據魚類對某種顏色的逃避或趨向習性，而將網衣做成特定顏色以吸引魚群前來刺掛，或者根據所捕魚類的體形和尺

---

29 Hiroaki Kani (1932-　). *A general survey of the boat people in Hong Kong,* Hong Kong: Southeast Asia Studies Section, New Asia Research Institute, the Chinese University of Hong Kong, 1967.p.7.

30 上海中國航海博物館編：《中國航海文化之地位與使命》（上海：上海書店出版社，2011年2月），頁247。

寸設計一定大小的網目以便被纏繞時不易掙脫。刺網漁船又分流
刺漁船、拖刺網漁船和圍刺網漁船等。[31]中山、澳門一帶水域還
有不少這種小型流刺艇在操作。

流刺艇

（筆者攝於二○○○年八月三日，廣東中山市南朗橫門口漁港）

35. 拖網 t^hɔ^{55} mɔŋ^{13}：拖網，是網漁具的一種。拖曳於漁船之後，迫
    使所經過的水域的魚、蝦、蟹類入網，效率較高。有的有翼網
    （橫於兩船之間的像牆壁一樣的攔網），有的沒有，但都有袋形
    的囊網，以使魚群集中於囊網中捕獲。廣泛應用於海洋和較大的
    淡水水域。種類繁多，可以分為底拖網、浮拖網、變水層拖網、
    單船拖網、多船拖網等。作業的漁船利用兩塊網板張開網口，拖
    引漁網捕撈魚類。[32]

36. 延繩釣 jin^{21} ʃeŋ^{21} tiu^{33}：延繩釣捕撈技藝是漁民運用延繩釣作業的
    一種水產捕撈技藝。由一條主要的幹繩和等間距的支繩所組成，
    支繩上繫上釣鉤，在海上可綿延數公里。按捕撈對象的不同，可
    分為帶魚、黃魚、鰻魚、鱍魚、鯊魚、金槍魚、梭子蟹等延繩釣

---

31 劉元林主編：《人與魚類》（濟南：山東科學技術出版社，2013年10月），頁103-104。
32 王長工編著：《實用釣魚詞典》（上海：上海辭書出版社，2011年6月），頁155。

作業。延繩釣捕撈作業有近五百年歷史。延繩釣是海洋捕撈作業
中一種古老的作業方式。它主要以釣鈎、幹線、支線組成，延繩
釣有定置和隨流漂動兩種作業方式。作業漁船有釣機、大釣、小
釣。按作業漁船組合，可分單船式和母子式兩種作業方式。延繩
釣主要用來捕底層魚類，全年都可以作業。主要的捕撈時間集中
在三至十二月，使用延繩釣的漁船長度一般在十至十二米。小型
的延繩釣漁船一個人就可以操作，但是沒有冷藏和加工的能力。
捕撈上來的魚需要盡快返回岸上售賣。中型的延繩釣海繩釣漁船
具備冷藏的能力，將捕撈上來的魚冷凍起來，可以在海上持續作
業七至十天。大型的延繩釣漁船可以在海上更長時間地作業，船
上除了船長，還有起網人口員、觀察員、掛餌的人和廚師等。[33]

37. 蝦九拖 ha⁵⁵ kɐu³⁵ tʃʰɔ⁵⁵：舊式拖船，這種拖船又稱拖網船或拖風
船。蝦九拖是拖船之一。過去，拖網船完全依靠風力驅動，謂之
風帆船，其中大型的深海拖網船是蝦九拖。在過去，海陸豐傳統
的拖網漁場主要是汕尾漁場，即從惠東平海起至陸豐甲子止沿海
一帶四十至八十米深的海域，主要捕獲底層蝦類，漁汛期是從農
曆七月中旬起至翌年三月底止，以十月至翌年二月最旺。在六〇
年代，香港也有蝦九拖，[34]這些拖艇漁民也會到汕尾漁場捕撈。[35]

38. 三板（舢舨、舢板）ʃan⁵⁵ pan³⁵：是沿海或避風塘裡用槳、篙、櫓
等推進舨木質小船，沒有桅、帆和甲板。一般作為水上運輸的交

33 汪小倩編著：《臺州非物質文化遺產通俗讀本》（杭州：浙江工商大學出版社，2016
年12月）頁306。

34 Hiroaki Kani (1932-　). *A general survey of the boat people in Hong Kong,* Hong Kong:
Southeast Asia Studies Section, New Asia Research Institute, Chinese University of Hong
Kong, 1967.p.9.

35 中國人民政治協商會議汕尾市委員會文史資料工作委員會：《汕尾文史》第一輯（缺
出版資料），頁119。

通工具，為平底的木船，現今機動舢舨俗稱送人艇，多用於往來避風塘間的水上的士、垂釣、街渡等。舢舨是不適合出海捕魚。

漁光春曉	LONELY BOAT
來源：香港仔街坊福利會， 　　　一九七六年 攝影比賽 攝影：梁彩萍 提供：香港仔街坊福利會	來源：香港仔街坊福利會， 　　　一九七六年攝影比賽， 作者：無名氏 提供：香港仔街坊福利會

39. 敲魚 hau⁵⁵ ji²¹⁻³⁵：漁民首先在海上放下魚網，再在艇上以木棍敲打木板，咚咚咚，咚咚咚，咚咚咚，咚咚咚，咚咚咚，咚咚咚，強大的聲波傳到深海裡，把魚群敲暈，浮起來，部分海中的魚類受驚而衝往魚網。浮起來的，漁民們就用網兜撈到船倉裡。

41. 浸魚 tʃɐn³³ ji²¹⁻³⁵：浸魚一般用較大的魚網（網眼在四寸左右），選擇海裡流水湍急的礁石群或近岸的較大的礁石群，下網將礁石包圍，把網撒下，讓游魚自投羅網（一般讓魚網在海上浸泡一夜），翌日早上才收網取魚。此法專捉較大的魚，如赤魚、大鰭魚、鯊魚、大黃花魚。[36]

40. 排釣 pʰai²¹ tiu³³：漁民用垂釣方法捉魚稱作排釣。方法是用一條長魚絲，在魚絲的開頭綁上鉛塊或石頭和浮標，再在魚絲每隔十

---

36 赤溪鎮修志辦公室：《赤溪鎮志》（台山：赤溪鎮修志辦公室，2005年9月），頁402。

五呎的位置鉤上魚鉤及魚餌，將船一面開動，一面放下魚絲，整
條魚絲約有數百至千多個魚鉤。當所有魚絲放下海後，約等半個
小時，將船隻駛往回浮標位置，魚絲慢慢地收回，便有收成。

41. 索罟ʃɔk³ ku⁵⁵：罟，珠三角水上人不讀作ku³⁵，香港有一個地
方稱索罟[ku⁵⁵]灣，是位於香港南丫島東岸的海灣。索罟，屬於
雙船無囊圍網的一種，主要分布深圳寶安之外，也分布在台山、
陽江、電白、吳川等地。作業漁場以淺海為主，全年均可作業。
捕撈對象為海蜇、大黃魚、大蝦、班鰶魚、中華青鱗魚、棘頭梅
童魚、圓腹鯡等，以捕撈海蜇及大黃魚為主。本作業對資源損害
甚小，成本低，經濟效益高，是一種較為理想的淺海漁具。[37]

陽江市索罟漁船。留意上端，是排著電燈

（來源：筆者攝於二〇〇四年八月一日開漁節）

43. 索網ʃɔk³ mɔŋ¹³：又稱照魚。在四、五〇年代，一般的漁船是近
岸作業，一般漁船以圍網方式捕捉魚蝦，通常夜間作業，故漁民
稱照魚或索罟。初時是用火水燈照明，以強光吸引魚群聚集，然
後用圍網捕之。到了五〇年代，開始採用大光燈作業，現在是用
上電燈照明。當魚群在漆黑的海底看見那燈光，便從四周游過
來，漁民馬上趁勢放上魚網，將這批魚捕捉。

---

37 傅尚郁等編：《廣東省海洋漁具漁法調查報告》（缺出版資料），頁80。

44. 照魚 tʃiu³³ ji²¹⁻³⁵：就是索網，照魚是一種淺海捕魚操作方式。每年的春秋月黑時分，照魚小艇便會雲集進行照魚作業。漁燈一亮，那些魷魚仔、鋼針等趨光魚類就集合到小艇周圍，打魚人用網兜就能把它們兜上來。幸運者，一個晚上可以兜到一百至二百斤魚。

45. 圍罟 wɐi²¹ ku⁵⁵：漁民選定合適的位置，便將甲板上的魚網放進海裡，而漁艇一邊放下魚網，一邊慢慢駛著，待魚網放畢後便定下來。這時候，魚網便呈一個大圓形浮在海面，網內的魚兒不斷跳著，漁民便馬上拖到甲板上，每邊站著數人，一起將魚網以人力慢慢收起。這就是圍罟。

46. 索罟拖 ʃɔk³ ku⁵⁵ tʰɔ⁵⁵：拖網作業漁船，流行於上世紀六〇年代以前。

47. 罟棚艇 ku⁵⁵ pʰaŋ²¹ tʰɛŋ¹³：圍網作業漁船，流行於上世紀六〇年代以前。罟棚艇，也稱罟棚船，是漁民常用的漁船。罟棚船船長逾四點三三米，寬二點二七米，一架帆，櫓二枝，槳三枝。有風用帆，無風時用櫓和槳。主要作業方式是集體多條船打大圍罟。

48. 罟仔艇 ku⁵⁵ tʃɐi³⁵ tʰɛŋ¹³：圍網作業漁船，流行於上世紀六〇年代以前。罟仔艇多數捕蝦。

49. 網艇 mɔŋ¹³ tʰɛŋ¹³：索罟作業是多船聯合作業，每船備「網艇」兩隻，當發現魚群後，即放下「網艇」，用大疏網順流包圍魚群。在圍住魚群後，拉起網讓魚露出水面，然後用鈎將赤魚逐條鈎上船。六〇年代末，赤魚資源減少，索罟作業也隨之減少，代之而起的是燈光圍網作業。燈光圍網作業，為單船作業，主要捕撈對象有藍圓海鯵、金色小沙丁、脂眼鯡等浮水性魚類。作業時，在傍時前用探魚儀探測魚群，發現魚群後，開燈誘魚集於漁船周邊，即放網圍捕。圍捕時，船中速前進，船左舵放網，形成半包圍圈，缺口迎流，船接近「網艇」，收上網頭繩，然後緩速後退，邊退邊

收絞括網，迅速起網，撈取漁獲物。一九七八年後，燈光圍作業
方法有所改進，用一小燈架代替「網艇」，使圍網作業更適應風浪
較大的新漁場。由此可知，「網艇」是配合索罟作業時用的。[38]繪
仔作業，以近海、沿岸作業為主。在夜間時，會利用燈光誘集魚
群共同作業。操作方法，「燈船」是負責誘魚，而「網船」負責撒
網捕魚。由此可見，網船（網艇）是配合作業時用的。

50. 釣艇 tiu^{33} t^{h}εŋ^{13}：釣艇與淺海捕蝦專業釣魚的漁船稱釣艇，船體
比拖網船略小，單船作業，漁場多在中淺海。白天於海上下錨定
泊，放舢舨下海派放釣綱。每船備舢舨四至六艘，每艘配置二
人，一搖櫓，一放釣；用麻質網繩掛附餌釣子，每間一至二公尺
設釣一口，以九棍、狗兔等條狀體形魚類為餌；網繩一端縛於船
舷或拖小錨附浮面泡子上，中以浮子（古用水松樹根晾乾，稱輕
木，製成扁平方形游子，加木油抹數遍以用；近代改用玻璃纖維
圓球）間縛於網繩，每隔十五至二十公尺一個，使不下沉；每條
網繩二百公尺以上，長短以舢舨大小而異。放網繩至末端，拖沉
錨子以穩定，其上縛置大浮泡子及附小旗為記號。派放釣完畢，
至海潮回流則起釣收魚。起釣時每一舢舨仍兩人協作，或直接駛
大船收釣網。負責起釣者必備一鋒利大刀，用以對付上了釣舨體
大性兇的門鱔，其體重一般十市斤以上，巨型的四十至六十斤，
嘴尖長，具鋸齒形的不規則鋒利排牙，掙扎力極強，起釣時拉掛
其首於舷旁，操刀對準其頸部一砍，使頸骨斷截而一邊皮肉相連
不能動彈，拉扯置舢舨倉內。另一種船小、倉深的釣艇，不附帶
舢舨，每船四至六個勞動力。至於較大型的釣艇，常於釣魚淡季

---

38 帥立國等主編；北海市地方志編纂委員會編：《北海市志》（南寧：廣西人民出版社，
　2002年6月），頁419。

開展捕蝦作業，一般不轉移漁場，所獲多直運到港澳銷售。[39]

51. 雙拖ʃɔŋ⁵⁵ tʰɔ⁵⁵：雙拖漁船的操作。雙拖是採用拖網，一般近海漁業用雙船作業，它是兩船（放網船或帶網船）輪流作業。船上備有網具和曳網。其漁法分三個步驟：放網、曳網和起網。放網又叫下網。漁船抵達漁場後，先確定拖網方向。一般是採用順風或順流拖網。至於曳網，放網時，兩船開始以低速前進。十至十五分鐘後，逐漸增加拖速，一般以航速的百分之八十至九十為適宜。但也要根據漁獲物的不同而定。拖網時間決定於風、流和漁獲物多少，一般以二至三小時為宜。起網方面，起網前十至十五分鐘，放網船通知帶網船作起網準備，然後兩船逐漸靠攏，保持間距十五至二十米，再平行拖曳四至五分鐘，使魚進入囊網後，帶網船將曳網遞給放網船，放網船將引網捲入捲機滾筒，再通知帶網船打開彈鉤。放鬆曳網離開時，放網船便停車，開始捲揚曳網及網具。當沉子網中部被拖上船艉後，通過引網將身網後部及囊網從艉部拉到前甲板舷邊上，再起吊身網後部囊網，最後從囊

（香港）雙拖進行作業

（來源：筆者攝於二○○二年十二月一日）

---

39 李邁通撰：《中山文史　中山風土人情雜談　第41輯　水鄉風情》（政協廣東省中山市委員會中山文史編輯部，1997年12月），頁98-100。

網中取出漁獲物。[40]香港的雙拖，一般在香港以西水域作業。

52. 單拖　tan⁵⁵ tʰɔ⁵⁵：單拖拖網作業是借助船舶或人力的拖曳，使網
　　具在水中移動撈魚的一種作業方式。拖網按漁具性質可分為船拖
　　網和地曳網；按作業水層可分底層拖網和上層拖網；按網具結構
　　又可分有翼拖網和無翼拖網。[41]操作時只需一艘漁船拖動漁網，
　　是利用兩條繫於船尾的拖纜，拖動一張貼近海床的網，拖纜末端
　　兩塊拖板（珠三角的漁民稱作龜板）控制網口的張開度，所以船
　　尾的拖板及拖架是單拖漁船的特徵。這種捕撈方式是可以捕捉較
　　高價的魚類。

香港仔避風塘之單拖漁船

（來源：筆者攝於二〇〇一年二月十八日）

53. 蝦拖　ha⁵⁵ tʰɔ⁵⁵：蝦拖，又稱蝦艇，使用桁木拖漁網操作，主要用
　　於捕捉蝦類，其特徵是兩船舷均有鐵杆向外引申的叉架，操作時
　　將十三至十八個網從舷外兩旁的叉架垂下海中拖行。小型蝦拖多
　　在香港附近及珠江口的淺水海域作業，較大的蝦拖則通常在海南
　　省一帶作業。

40 那儼之、李銘五編寫：《常用漁具漁法問答》（北京：海洋出版社，1990年10月），
　　頁15-17。
41 林國武主編：《海洋》（福州：海潮攝影藝術出版社，2006年5月），頁72。

香港新界塔門對出之蝦拖漁船

（來源：筆者攝於二〇〇二年七月二十日）

54. 鮮艇　ʃin⁵⁵ tʰɛŋ¹³：是漁船之一，但不捕魚，只是從事跟漁民收購魚獲，一般是在海上進行，讓漁船不必回岸販賣魚獲，可以繼續其打魚工作。

55. 罾棚　tʃɐn⁵⁵ pʰaŋ²¹：指在岸邊以固定的漁網來捕魚的捕漁站，方形的漁網以木柱支撐，四角繫繩纜升降，捕捉游經漁網上方的魚兒。罾棚捕捉到的多是細小的魚類，小魚經曬乾後出售。

56. 攪碇　kau³⁵ teŋ³³：把船碇從海中收起。

57. 楝網　toŋ²² mɔŋ¹³：收起漁網。

58. 拋　pʰau⁵⁵：讓漁船停泊的意思。

59. 拋開　pʰai⁵⁵ hɔi⁵⁵：漁船停泊在離岸較遠的海面。

60. 拋埋　pʰai⁵⁵ mai²¹：漁船停泊在接近岸邊的海面。

61. 艄公　ʃau⁵⁵ koŋ⁵⁵：掌舵的漁民。

62. 枕住　tʃɐn³⁵ tʃi²²：朝著的意思。

63. 壓埋　at³ mai²¹：飄向的意思。

64. 起頭　hei³⁵ tʰɐu²¹：啟程的意思。

65. 拗　au³³：把罾棚的漁網升起，這動作稱作「拗」。

66. 夜帶生流　jɛ²² tai³³ ʃaŋ⁵⁵ lɐu²¹：指晚上海中的急促水流。

67. 西流　ʃɐi⁵⁵ lɐu²¹：指春夏時來自西江的洪水。

68. 箕頭　kei⁵⁵ tʰɐu²¹⁻³⁵：指一群大魚。

69. 纜愣　lan²² lɛŋ⁵⁵：指船隻泊岸時，置於船隻與岸邊之間的防撞物。

70. 風雞　foŋ⁵⁵ kɐi⁵⁵：指風向儀。

71. 發舊　fat³ kɐu²²：指颮颱風。

72. 拋灣　pʰau⁵⁵ wan⁵⁵：漁船停泊岸邊，暫停作業的意思。

73. 耕　kaŋ⁵⁵：指船錨的纜索。

74. 罟肉眼　ku⁵⁵ jok² an¹³：漁民把用舊了的麻網裁剪成洗碗布或抹地布，就稱作罟肉或罟肉眼。

75. 拋碇　pʰau⁵⁵ teŋ³³：把船碇放下海中。

（六）船隻、器具

這兒所收的是風帆操作年代的舊式用語。

1. 頭倉　tʰɐu²¹ tʃʰɔŋ⁵⁵：大倉，位於風帆漁船船頭部分，是寢室。

2. 大倉　tai²² tʃʰɔŋ⁵⁵：即是頭倉。

3. 二倉　ji²² tʃʰɔŋ⁵⁵：也是寢室，接近船頭位置。

4. 尾樓　mei¹³ lɐu²¹⁻³⁵：帆船的船尾地方。

5. 更樓　kaŋ⁵⁵ lɐu²¹⁻³⁵：帆船的船尾船舵的地方。

6. 頭卜　tʰɐu²¹ pok⁵：接近機船船頭的船倉。

7. 二卜　ji²² pok⁵：機船中間部分地方，用作寢室。

8. 櫃面　kɐi²² min¹³：指漁船的船倉。珠三角漁民都是把船倉為櫃。

9. 水櫃　ʃɵy³⁵ kɐi²²：儲水倉。

10. 灶倉　tʃou³³ tʃʰɔŋ⁵⁵：廚房。

11. 櫃陣　kɐi²² tʃɐn²²：船的橫樑。

12. 龍骨　loŋ²¹ kɐt⁵：漁船底部，中山神灣鎮定溪則稱底骨。

13. 底骨　tɐi³⁵ kɐt⁵：即是龍骨。

14. 勒石 lɐt² ʃɛk²：漁船兩旁延伸出水面的工作木架。

15. 檔 tɔŋ³⁵：指分隔船倉之間的木板。

16. 橫柴 waŋ²¹ tʃʰai²¹：指船底的木柱架構。

17. 陣 tʃɐn²²：維修船隻時，支撐固定船隻的木柱。

（七）木船船舶一般術語

1. 裝船 tʃɔŋ⁵⁵ ʃin²¹：造船。

2. 捻料 lin³⁵ liu²²⁻³⁵：攢灰。

3. 掙灰 tʃaŋ⁵⁵ fui⁵⁵：捻縫。

4. 波頭 pɔ⁵⁵ tʰɐu²¹：捻斧。

5. 扎槽 tʃat³ tʃʰou²¹：開工。

6. 進水 tʃɵn³³ ʃɵy³⁵：推水 tʰɵy⁵⁵ ʃɵy³⁵：下水。

7. 舵工 tʰɔ²¹ koŋ⁵⁵：梢工 ʃai⁵⁵ koŋ⁵⁵：司舵舶人。

8. 班首 pan⁵⁵ ʃɐu³⁵：立桅舶人。

9. 駕長 ka³³ tʃɔŋ³⁵：掌篙者。

10. 事頭 ʃi²² tʰɐn²¹⁻³⁵：搖櫓者。

11. 頭工 tʰɐu²¹ koŋ⁵⁵：在船頭舶梢工。

12. 火仔 fɔ³⁵ tʃɐi³⁵：船上做飯舶人。

13. 下海 ha²² hɔi³⁵：出洋。

14. 水大 ʃɵy³⁵ tai²²：漲朝。

15. 水乾 ʃɵy³⁵ kɔn⁵⁵：落朝。

16. 魚櫃 ji²¹ kɐi²²：魚艙。

17. 舦手 tʰai¹³ ʃɐu³⁵：操舵柄。

18. 水錘 ʃɵy³⁵ tʃʰɵy²¹：測深錘。

19. 試水 ʃi³³ ʃɵy³⁵：測量水深。

20. 入伙 jɐt² fɔ³⁵：將造好舶船交給船東。

21. 新船酒 ʃɐn⁵⁵ ʃin²¹ tʃɐu³⁵：交船擺舶酒席。

（八）船體術語

1. 龍骨 lɔŋ²¹ kɐt⁵：主龍骨。

2. 副槽 fu³³ tʃʰou²¹：龍骨翼板。

3. 龍頭 lɔŋ²¹ tʰɐu²¹：首柱下部。

4. 龍鬚頭 lɔŋ²¹ʃou⁵⁵ tʰɐu²¹：首柱上部。

5. 閘門 tʃat² mun²¹：水仙門。

6. 底板 tɐi³⁵ pan³⁵：水下方外板。

7. 櫃壁 kɐi²² pek⁵：艙壁。

8. 冚板 kʰɐn³⁵ pan³⁵：甲板。

9. 榔 lɔŋ²¹：橫樑。

10. 屎坑板 ʃi³⁵ haŋ⁵⁵ pan³⁵ ：七星斗。

11. 桅檣 wɐi²¹ tʃʰɔŋ²¹：主桅上的小段短桅杆。

12. 桅夾板 wɐi²¹ kat³ pan³⁵：桅杆下部凸部如鼻子的木構件。

13. 蓬架池 pʰoŋ²¹ ka³³ tʃʰi²¹：帆架。

14. 蓬架池仔 pʰoŋ²¹ ka³³ tʃʰi²¹ tʃʰɐi³⁵：帆架的豎杆。

15. 起桅 hei³⁵ wɐi²¹：樹桅。

16. 錠 teŋ²²：錨。

17. 舦 tʰai¹³：舵。

18. 舦頭 tʰai¹³ tʰɐu²¹：舵杆。

19. 舦棍 tʰai¹³ kɐn³³：舵夾板。

20. 大車 tai²² tʰɛ⁵⁵：絞車。

第二節　漁家禁忌習俗

　　當人們要表達那些包含著必須陳述但又是忌諱性的文化信息時，用語委婉便成為一種必然的現實需要。禁忌，作為一種文化現象，早在遠古時代已經產生，隨著歷史的延續和積累，言語上的禁忌演化成為社會民俗規約和精神文化的一部分。人們因為相信語言具有某種魔力，認為語言這種能使符號與它所表示的事物之間確乎存在著某種神秘的靈應關係，因此，當某種事物需要避忌時，人們在語言上也就出現了不提及或避免使用某些詞和句，而換用別的詞、句的話語方式替代的現象。這些不被提及或用委婉語替代的詞或句便形成了語言系統中的禁忌語。借代法（如果不宜直接說出那個詞，可以換一個詞）便是禁忌詞語在閱讀中的表現方法。[42]

　　漁民以船為家，足下無塊土，頭上無片瓦，終生漂泊，生活艱難。漁業生產豐歉具有不確定性，這帶給漁民種種疑慮和困惑。在漁諺裡，便有不少關於漁民生產豐歉不確定性問題。[43]從這些漁諺可見

---

42 吳平編：《對外漢語教學中的文化詞語》（北京：世界圖書北京出版公司，2012年10月），頁132。

43 （1）「三月打魚，四月閒，五月推艇上沙灘」（珠江口）
　　這一條漁諺是反映木船年代打魚之苦，只在漁汛期方能進行生產，過了漁汛期就是推艇上沙灘休憩。三月是漁汛期，漁民便要努力打魚賺錢，積穀防飢。魚兒產卵後，雌魚便體瘦，沒有市場價值。過了這個旺汛，海裡便沒有肥美的魚可捕撈，這時一般剛好是四月了，漁民在四月期間把魚網來曬。五月時還是要把艇推上沙灘休憩，因跟著是端午前後一段時間都要下大雨，漲端陽水，水就會混沌，魚眼便看不清，魚就會游到深水處。那個木帆漁船年代，在龍舟水期，不少漁船是出不了大海，因此漁民索性把漁艇推上沙灘休憩。這一條漁諺是反映那個丈八長的小木漁船的打魚年代的生活苦況。
　　（2）「六七月閒漁民閒」（台山下川島）
　　大海的魚，是按著一定時間洄游。每年三、四、五月多數魚洄游淺灘產卵，是盛產魚貨的季節。到了六、七月，由於受西南流水影響，魚浮頭不成群，而幼苗尚未長大，因此，有「六七月閒漁民閒」，做成這兩個月無收入。

（3）「半年辛苦半年閒，照完魚仔船泊灣」（台山縣上川島、珠海）

這條漁諺，珠海漁民稱「半年辛苦半年閒，七月推船上沙灘」。農業生產情況，一般農村農民除了農業生產外，農民家庭一般還從事少量副業，如養雞等，另外，還要抽時間放牛。農民在農閒時還會上山砍柴，自己養牛、割草、養鴨、養豬，還可以做手藝或挑擔做生意，這是寫出有苦有樂的莊稼漢。以上是指北方的一年一熟現象，方出現半年閒，南方會有兩熟甚至三熟。山區的土家族人在入冬之後，就由「管山」而去「趕山」、「攆肉」，漢語稱為「打獵」。但是，漁民是沒有田地，也沒有山頭可讓其打獵，只能照完魚仔後把漁船在灘邊泊灣等待明年的漁汛期的來臨。七月是與鬼節有關，漁民是不敢到海邊照魚，因此七月便開始休息。這條漁諺反映出木帆漁船年代的漁業生產是季節性強的行業，一般工作集中在春汛和夏汛，所以在漁汛期間要努力打魚，要積穀防飢。

（4）「四月初八起東風，今年漁汛就落空」（珠江口）

就是說東風風勢是特大的，即使是魚蝦春汛期，因風大，所有魚蝦未能接近岸邊產卵繁殖，就是這個原因，便構成不利於捕撈，捕不成魚蝦機會很大，所以漁諺說成「漁汛就落空」。足見漁民生計好壞與氣象有密切關係。

（5）「五月初五起南浪，魚群漁汛冇曬行」（珠江口）

每逢端午時，珠江口總會起南風，風是吹得很急，所以會引起大浪，漁民便稱作「五月初五起南浪」，大浪會讓海洋餌料多隨浪而漂流到別處，整得海面餌料便不多。此時還是汛期，魚群洄游到南方索餌育肥和產卵，或者在外海洄游到近岸育肥和產卵，但漁場卻因「南浪」引起少餌料，讓魚群也引起不能進行索餌料而無法產卵期前進食，所以便出現漁汛失效，故珠江口漁民稱「魚群漁汛冇曬行」。因此，壞氣象對漁民生計有莫大影響，現在遇上了「五月初五起南浪」，漁民又要吃穀種了。

（6）「清流一把水，海底無魚游」（珠江口）

清流是漁民分析和觀測到無浮游生物棲息的海區，因而往往餌料缺乏，魚不能在此集群索餌，於是漁汛會不會出現，若然要捕撈也不會有好漁獲，生計便無著落了。

（7）「西南起風，赤魚游空」（台山）

台山一帶的西南風，《東海區海洋站海洋水文氣候志》之〈台山海洋站〉一節裡指出夏季時，台山的波型以風浪為主，風向為南至西南風的情況下，當風力二至六級時，均以二級波高最多；風力七至八級時，以三級波高最多。台山夏季以西南風為主，頻率百分之三十七。游空就是指魚沉底或者游到深水處，就是因起了西南大風，引起大浪，會讓天氣悶熱，水中缺氧，水也會混濁，影響餌料，再者大風導致水溫層破壞，赤魚群便逸散整個水體，不宜在淺岸一帶產卵，赤魚沉底和游到深水，便使到整個海面的赤魚全是空的，《漁業資源與漁場》還稱甚至是漁汛也遂告結束。氣候風情的變化，就是導致魚群游空現象。廣西北海和合浦也有與此相關的漁諺，那邊說「赤魚怕西南」。所以氣象影響漁民生計很大，他們是處於聽天由命的。

影響漁民生計全是與氣象有關，吃得好[44]與吃得不好，餓肚皮與飽腹
完全是天氣問題，全是一種被動，與勤奮無關。由此可見，不少漁諺
反映出漁民的艱苦生計，漁民生產是豐是歉的不確定性，一切都要聽
天由命。因此，漁民會通過自我的言行限制，形成許許多多的禁忌，
並且相繼沿襲，達到祈福辟邪，使生活更為順利的目的。所以禁忌也
就成為漁民社會生活中不可缺少的自律行為或約定俗成。

（8）「赤魚喜愛東南風，捕魚最好大東風，北風吹來一場空」（台山縣）
是說對赤魚進行圍網時，宜在吹東南風時進行；也可以在吹大東風時進行圍網；若
然出現北風，會引起大浪，水也混濁，影響餌料，也導致水溫層破壞，赤魚便會沉
底和游到深水處，整個海面的赤魚全是空的，漁民就不能進行圍網。所以「北風吹
來一場空」，這個氣象會直接影響漁民生計。
（9）「南風天澇海水清，魚群食水清；北風天陰海水濁，只有魚頭粥」（珠江口）
吹起南風時，又遇上大雨，那麼漁場的海洋餌料便少了，是餌料隨水漂到別處去，
魚群也因無餌料可進食便不到來，漁民就不好進行捕撈；北風起時，加上天陰，海
水混濁，也不好捕撈，漁民只能吃魚頭充饑，故稱「只有魚頭粥」，寓意能捕撈起
的魚不多。
（10）「四月初八起東風，今年漁汛就落空」（珠江口）
「四月初八起東風，今年漁汛就落空」這條漁諺跟「穀雨風，山空海也空」（華
南）、「穀雨吹東風，山空海也空」（南澳）、「不怕西南風大，只怕刮東風」（海南）
意思一致。就是說東風風勢是特大的，即使是魚蝦春汛期，因風大，所有魚蝦未能
接近岸邊產卵繁殖，就是這個原因，便構成不利於捕撈，捕不成魚蝦的機會很大，
所以漁諺說成「山空海也空」。舉凡海上起東北風、東風，便能導致「海也空」，漁
民生計便有很大問題。
（11）「六月西南風，旱死大蝦公」（惠陽縣）
中國東南沿海地區是亞熱帶海洋氣候，在夏季的時候基本上都是吹東南風，東南風
會帶來大量的水汽，形成降雨，沖淡海水的鹽度，而且會有充足的氧氣，適合魚蝦
生存。反之，如果西南風會缺少水汽，海水就會鹽度升高和偏缺氧，如果情況嚴
重，厭氧的蕨類植物會瘋狂繁殖，變成紅潮，嚴重影響海洋養殖業。所以這一條漁
諺說「旱死大蝦公」就是與紅潮有關。不單海上起東北風、東風，便導致「海也
空」，紅潮也會導致影響漁民生計。

44 「三月西南流，食魚唔食頭」（珠江口）
拖網漁船作業，合風合流，產量必高，意思跟粵西沿岸漁民的「正二月東風逢南
流，食魚唔食頭」漁諺意思相同。「正二月東風逢南流，食魚唔食頭」粵西於正二
月時，起東風又合南流，產量必高，漁民可以不用只吃魚頭，可以食魚肉，是漁獲
豐收的表示。

　　珠三角有漁諺說：「無風三尺浪，有風浪滔天」[45]，又有說：「腳踏漁船三分命，遇到風浪就心驚」、「半寸板內是娘房，半寸板外是閻王」[46]。在這種險惡的環境下，他們下海時最大的心願，就是保平安，其次方是求得豐收，有時一網三食，有時十網皆空。所以便形成一種喜歡說吉利的「彩話」，也形成許多禁忌和委婉語。漁家的禁忌，一般可分為生產作業禁忌、船上禁忌、婚嫁禁忌、語言禁忌、漁婦禁忌、命名禁忌六種禁忌。

（一）生產作業禁忌

　　漁民視船頭位置是至高無上。龍是中華民族共同敬奉的圖騰，是吉祥雄偉的象徵。船頭相當於龍頭，漁民的重大活動一般在船頭進行，有講究的漁民在捕撈季節常在船後竹竿或木棒上繫一塊紅布，隨風飄揚，這代表龍尾。過去，漁船很小，漁民燒香祭祖就習慣在船頭。因船頭這種特殊作用，任何人千萬不要在船頭小便，這不但對船

45　「無風三尺浪」是漁民們對海洋的描繪。地球上的水域是相通的。因此，一旦有風有浪，便會連鎖反應般波及別的地區，所以即使風停了，大海的波浪並不會馬上消失；別處海域的風浪也會傳播開來，波及到無風的海面。因此，「風停浪不停，風無浪也行」。這種波浪叫湧浪，又叫長浪。參看：黃自良編：《走近科學》（呼和浩特：內蒙古大學出版社，2003年9月），頁84；王霖主編：《地球揭秘之謎》（長春：吉林音像出版社；吉林大學出版社，2004年3月），頁24。

46　「半寸板內是娘房，半寸板外是閻王。」不單在珠三角流行，即使是臺灣、福建、河南、黃海、江浙、上海、東北松花江下游也是有此諺語。臺灣方面，可參看方奇著；中共廈門市委宣傳部、廈門市社會科學界聯合會合編：《閩臺民間體育傳統習俗文化遺產資源調查》（廈門：廈門大學出版社，2014年5月），頁9。河南省方面，可參看任騁著：《中國民間禁忌》（濟南：山東人民出版社，2012年11月），頁318；黃海方面，可參看余耀東編寫：《民俗禁忌》（合肥：黃山書社，2012年7月），頁129；江蘇、浙江和上海方面，可參看畢旭玲著：《古代上海　海洋文學與海洋社會·古代上海海洋社會發展史研究》（上海：上海社會科學院出版社，2014年9月），頁136；東北方面，可參看吳凱主編：《中國社會民俗史》（北京：中國古籍出版社，2010年8月），第3卷，頁1012。

主不尊敬,而且也會冒犯其祖宗,這將招來主人的極大不滿,輕者遭
罵,重者遭打,並且要以各種方式賠禮道歉。如今漁船換了大漁船,
但仍沿襲這種習俗。此外,漁民認為出海前不能講不吉利的話,除了
不能在船頭小便,也不能在下網的船邊撒尿,以為這樣會得罪水神,
捕不到魚。禁忌是對理智的一種抗命,是一種嚴重對事物的偏見,也
是對一些事物的一種執著的迷惘,但又不知道其究竟,卻用上無科學
根據的眼光來對待。漁民的生產禁忌,一直在漁民中流傳,就是對海
豚有恐懼心理的看法。例如:

> 黑豬、白豬嬉,見到不大利(海豐縣)

海豐一帶漁民稱海豚為黑豬和白豬,他們認為見到是不吉利的,這一
種看法與珠江漁民和粵西漁民也有這一種相同看法。老一輩的漁民還
認為遇見海豚是不吉利的兆頭,原因有二。一則是海豚聰明,會跟住
漁船,等待偷食漏網之魚;二則是老漁民認為海豚的出現,是海面風
高浪急的先兆。所以海豐一帶漁民稱「見到不大利」,這是心裡上不
能釋懷的原因,方有這顧忌。

> 烏忌、白忌,唔見大吉大利(粵西海區)

「烏忌」、「白忌」稱呼海豚是漁民叫的。老一輩的漁民還認為遇見海
豚是不吉利的兆頭,粵西和珠江口一帶漁民稱「唔見大吉大利」。

粵東如此,粵西如此,中間便是珠江一帶,珠三角漁民對海豚也
是這樣子執著,認為在生產作業時碰上,是沒好運的暗示,是一種不
吉利。香港漁民也是如此,完全沒有分別。

（二）漁船上的禁忌

　　捕魚是一行極其複雜的行業，在過去丈八[47]長的小漁艇，上無片瓦，下無寸土，三面朝天，一面朝水，終年漂泊，生活艱辛。在漁民的生活中，由於捕魚的不確定性，他們會形成種種禁忌和限制來保護自己和家人的生命和財產安全。這些禁忌和限制，不僅是個人的言行限制，更是整個社會的約定俗成的生活習慣。

　　當漁民見過死人或到過喪家的人時，需要經過法師念咒淨穢後方可上船，這不僅是因為尊重死者和避免邪氣的影響，還是為了讓漁民能夠更加安全地出海和回家。

　　珠三角漁民對於擺湯匙也有講究，要求擺放得平平正正，用後也要放得平平正正。這種禁忌不僅是為了保持船艙的整潔，更是為了避免湯匙不平放導致漁船在深海中出現覆舟的現象。漁民深知這種風險的存在，因此他們遵循這個禁忌已經成為一種自然而然的習慣。

　　在劏魚的時候，漁民也有自己的禁忌。不能把魚尾斬斷，因為魚尾象徵著船的舵，斬斷魚尾意味著失去了方向和控制，很可能會導致漁船出現危險。而吃魚時則需要留下頭尾，這是寓意著年年有餘，祈求漁民家庭能夠擁有豐盛的收成和財富。

　　在漁民家裡，殺雞做菜時雞腸不可以割斷，因為漁民相信這樣做會招致斷繩纜的不祥之災。即使在日常生活中，漁民也有禁忌和限制，例如曬鞋不能曬鞋底，因為「底」朝天，意味著翻船，這也是為了保護漁民的生命和財產安全。

---

47 昔日的小漁艇長度不統一，但基本以丈八為多。若然父母手上資金不足，只能替孩子弄一艘一丈、丈二或丈四的小漁艇。

廣東肇慶端州區廠排丈八長小漁艇

（來源：筆者攝於二〇〇二年七月二十日）

（三）婚嫁禁忌

男方慣常在結婚吉日提前三個月，選定一個吉日，並將該日的年庚帖寄給女方家，通知他們準備結婚。送年庚帖的首要任務是選擇一個吉日。按照傳統，最好選擇閏月的年分，或者是雙春年，這些年分被認為是吉年，並且要避開無春之年，也就是「盲年」或「喜沖喜年」和「喪沖喜年」。為了確保大吉大利，人們通常避開農曆三、七、九這三個月份，這些月份分別是「清明」、「盂蘭」和「重公」（即重九），在這些傳統的鬼節中舉行婚禮是不宜的。在迎娶日，忌用「七絕」。魏偉新說「七絕」就是「七煞」[48]、「楊公忌」[49]、「三娘煞」[50]、「破

---

48 「七絕」可能是誤說，應是指「七煞」，而「七煞」是指「七煞星」。（前廣州大學廣州發展研究常務副院長，現任：《城市觀察》雜志社兼總編輯）魏偉新兄跟筆者說：「『七絕』就是『七煞』。『七煞』，就是甲木見庚金，庚金就是甲木的七煞；乙木見辛金，辛金就是乙木的七煞之類。換句話就是五行『陽干剋陽干』，『陰干剋陰干』者為七煞星。七煞星好比二男不同處，二女不同居，無法形成陰陽夫婦配偶，故此，五行陰陽屬性相同且相剋之故。也可以這樣理解，以其相隔七位而相互沖剋，稱之為『七煞』。『七煞星』，在不論八字喜忌組合的情況下，理論上定位於兇星，主小人、凶狠殘忍有破壞力，無視禮法，行動快而敏捷，不懲不戒，宜觸犯法律和規則，八字中若無製化者，容易發生災煞禍患。」魏偉新再說：「十天干的七

日」[51]、「孤辰、寡宿」[52]、「五離」[53]等凶日。

在中國傳統婚禮中，有一些迷信的習俗需要遵循。例如，選擇結婚日期時必須注意避開一些不吉利的日子，例如新娘子未到婚禮現場時，花燭已經燃盡或被風吹熄都被認為是不祥的徵兆。此外，婚禮當

煞辨識，以及製約七煞的天干：甲木的七煞為庚金；製約庚金的為丙火。乙木的七煞為辛金；製約辛金的為丁火。丙火的七煞為壬水；製約壬水的為戊土。丁火的七煞為癸水；製約癸水的為己土。戊土的七煞為甲木；製約甲木的為庚金。己土的七煞為乙木；製約乙木的為辛金。庚金的七煞為丙火；製約丙火的為壬水。辛金的七煞為丁火；製約丁火的為癸水。壬水的七煞為戊土；製約戊土的為甲木。癸水的七煞為己土；製約己土的為乙木。」

49 正月十三日是北宋名將楊令公（楊業）的楊家將戰敗移金沙灘，七子七六的日子，人們把這一天定為楊公忌日。

50 新人婚嫁時，是要避開「三娘煞」。相傳月老不為三娘牽紅線，使她不能出嫁，三娘喜與月老作對，專門破壞新人之事，故每月「三娘煞」之日即初三、初七、十三、十八、廿二、廿七不宜結婚。

51 廣東民俗擇期，反映了婚姻是人生一件大事，選個良辰吉日是必須認真對待的，以求趨吉避凶。在婚期的選擇上，在民間也流行一些忌俗。首先是忌年。無春之年不結婚。所謂無春之年，就是當年無立春，稱之為寡年。認為寡年結婚，沒有後代，所以一定要禁忌的。其次是忌月。婚禮哪一個月舉行，也有講究。民俗認為雞兔兩屬相宜，七月嫁娶；蛇豬兩屬相宜，三、九月嫁娶；狗龍屬相宜，四、十月嫁娶；馬鼠屬相宜，六、臘月嫁娶；虎猴宜二、八月嫁娶。再次是忌日。許多地區都選用雙日而不用單日，有道是「好事成雙」，這就是不用單日的原因。同時，還要忌初五、十四、二十三，這幾日是破日，不能結婚。尤其要忌七月七日，這與牛郎織女的婚姻悲劇傳說有很大關係，也反映了祈求婚姻美滿的良好願望。最理想的是春秋兩季，因為春天生機勃勃，秋天金風送爽，也是收穫果實的最美好季節。在這樣的季節結婚，象徵家庭發達、婚姻美滿。

52 辛慧穎主編：《家居環境布局宜忌手冊》（南昌：江西科學技術出版社，2014年1月），頁404：孤辰寡宿煞——八字中出現了「孤辰星」或「寡宿星」。孤辰星和寡宿星，是兩顆主導孤獨的星宿，一旦八字中出現了這兩顆星，就意味著這個人將一生孤獨。通常命帶孤寡的人，性格孤僻，冷若冰霜，喜歡獨自行動，即使有追求者也常被其趕走，好不容易有了戀愛對象，也很難與其共結連理。

53 〔清〕允祿（1695-1767）撰：《欽定四庫全書　子部　協紀辨方書　上》（北京：中醫古籍出版社，2012年2月），頁242。五離者，月中離神也。其日忌結婚姻、會親友、作交關、立契券。

天，新娘出門時，嫂嫂不應與其相送，因為在粵語中「嫂」[ʃou³⁵]和「掃」[ʃou³³]的發音相近，容易被誤解為帶有貶義的詞語，因此會被視為不吉利的象徵。儘管這些迷信習俗在現代社會可能已經不再普遍，但是仍然有很多人堅持遵守這些傳統禁忌。這些禁忌反映了中國文化中對於吉凶祥瑞、禍福無常的信仰，以及對於婚姻和家庭的重視。遵守這些習俗被視為一種尊重婚禮和家庭傳統的表現，也是對新人的祝福和保佑。

在過去，珠三角水上人結婚是在凌晨進行的，就是害怕在日間婚嫁時遇上黑狗或喪事隊伍。廣東陽江市疍家婚俗，在過去是夜間出嫁，男家用船接新娘，現在依舊是夜間出嫁，但改為陸上用車接新娘。[54]中山市過去也曾是凌晨接新娘，香港也是，如香港新界的大澳漁村。[55]廣西北海市那邊的操白話的漁民迎娶新娘時，也是在凌晨二時到四時進行的。[56]

再者，忌結婚日新娘來月經，有則改期迎娶。嫁女之家，最忌女兒三朝回門時，男方無燒豬送來，貽笑親友。

---

54 雷汝霞、吳水田（1972-　）：〈淺析陽江閘坡疍民婚俗的傳承與保護〉收入林有能、胡波、陳光良主編：《疍民文化研究（三）——疍民文化學術研討會論文集》（廣州：中山大學出版社，2018年8月），頁320。

55 廖迪生、張兆和：《大澳》（香港：三聯書店〔香港〕公司，2006年1月），頁116提供了一張天未亮便接新娘回來的照片。
何漢威：《本地華人傳統婚禮》（香港：香港市政局，1986年11月），頁60也稱當時的香港水上人迎親是在半夜進行。
馮國強、何惠玲：《中山市沙田族群的方音承傳及其民俗變遷》（臺北：萬卷樓圖書公司，2018年8月），頁261-262。沙田地區早年的移民者都是來自順德的漁民，所以沙田人是早年上了岸的漁民。故此，沙田人保留祖輩的半夜進行迎親的習俗，也保留了在婚嫁時唱鹹水歌。

56 孟穗東主編：《水韻蜑家》（缺出版資料、出版年分）（屬內部資料），頁41。

（四）語言的禁忌和委婉語

語言禁忌是指一些文化中規定禁止使用特定詞語或語言表達方式的規範。這些禁忌可能來自於宗教信仰、道德觀念、文化傳統或歷史事件等，使用者必須遵守才能尊重他人或避免冒犯神靈。這些禁忌表現為特定詞語或表達方式的禁止，不僅反映了該文化的價值觀，也是該文化的重要特徵之一。

語言禁忌是一個在不同文化中都存在的現象，其形式和內容可能因地區、宗教、信仰、習俗等因素而異。這些禁忌不僅僅是約束個人言談的規範，更是文化中對於言語的敬畏和珍視。在語言禁忌中，一些詞語或語言表達方式被認為帶有負面意義或暗示著不祥的預兆，這些禁忌的存在主要是為了保護對話者和關涉者的情感，避免冒犯他人或觸怒神靈。此外，語言禁忌也可以作為文化的象徵，體現著一個文化對於生命、自然、人與神明的關係的理解和尊重。因此，在跨文化交流中，了解和尊重不同文化中的語言禁忌是非常重要的，這有助於增進文化之間的相互理解和尊重，也省得別人聽了不快。

語言禁忌在某種程度上反映了社會和文化的價值觀念和習俗。在某些文化中，特定詞語或語言表達方式可能被認為是不禮貌、不敬、不潔、不吉利或不祥的，因此被視為禁忌。違反這些禁忌可能會被認為是不尊重對方、不注重禮儀、不關心他人感受、不信仰神靈等，甚至可能引起紛爭、糾紛或災難。

因此，遵守語言禁忌是一種社交技巧和文化素養，能夠幫助人們建立良好的人際關係，增進相互間的理解和尊重。在跨文化交流和交往中，遵守語言禁忌也能幫助人們避免誤解、冒犯他人或引起不必要的摩擦。

禁忌語通常涉及到一些敏感、禁止、禁忌的主題，因此具有情感

運動的特性。從符號學的角度看，禁忌語的實質是用其他符號來替代原先禁忌的符號或事物，以避免冒犯他人或觸怒神靈。

例如，在一些文化中，提及死亡、疾病、性行為等話題是被禁忌的。在這種情況下，人們通常使用其他符號來替代這些禁忌的主題，例如使用委婉語、隱喻、暗示、代稱等方式來表達相關內容，從而達到諱飾的目的。這種用其他符號來替代禁忌符號的行為，就被稱為語義諱飾。

語義諱飾是人們利用諱飾符號與諱飾對象之間的關係，來進行的一種符號替代行為，它也可以叫作「義代」。義代就是用表示其他意義的語詞去代替禁忌語，使得談話內容更為委婉、得體，同時也能避免冒犯他人或觸怒神靈。

語義諱飾在不同文化中有不同的形式和內容。例如，在中國文化中，使用「過世」、「離開人間」等委婉語來代替「死亡」；使用「春宵一刻值千金」隱喻來代替「性行為」；使用「老天保佑」、「萬事如意」等祝福語來代替「不吉利」的話題。這些語義諱飾的使用，反映了中國文化中尊重傳統、注重禮儀、講究得體的價值觀念。

浙江富春江的桐江漁民一帶與珠三角漁民的禁忌有些是一致的，[57]漁民吃魚最忌把魚兒翻面，因為「翻」字會聯想到「翻船」。因此，魚的一面吃光後，會用筷子去夾魚身下面的魚肉，絕不會將魚翻個面。不單如此，甚至連鑊子裡的燒魚也不翻面。因此，在說話方面，水上人家最忌的就是一個「翻」字，平時要表達「翻」的意思時，也要用其他字來替代，如把這塊板翻個面、掀鍋蓋、揭艙板，會很委婉語說成「把這塊板調個面」，或者改用「轉個面」、「調轉鍋蓋」、「調轉艙板」等。珠三角的漁民將「帆」稱作「艃」[lei¹³]，因「帆」[fan²¹]與

---

57 許馬爾、李龍編著：《桐江漁韻》（杭州：西泠印社出版社，2020年5月），頁132-134。

「煩」[fan²¹]同音，又與「翻」[fan⁵⁵]近音，這是漁民的大禁忌，漁民故改為「悝」[lei¹³]，音似「利」[lei²²]。至於倒水，不能稱倒水，這是大忌，會委婉的稱「清水」。此外，由此而擴充到睡眠時的姿態，大家會規定只可以仰睡、側睡，也不能趴著睡，因為人在水裡淹沒，頭和臉是翻向著水下，屁股向上，與趴著睡的姿態一樣，這是翻的問題。

在漁民的文化中，語言使用非常謹慎。船上的漁民相信說「冇、白」等字眼會對漁獲產生負面影響，因此避免使用。同樣地，他們也不會輕易地說「空」，因為這個字會對收成造成不良影響。為了避免帶來負面影響，他們會使用委婉語，例如吉航、吉船、吉櫃等。在船上，漁民們會遵守著這樣的語言規範，以期獲得豐收。

漁民的船，就是他們的財產，漁民對它承載著無數的希望，同時也祈求每次能風平浪靜地進入港灣。因此，打造漁船時講求「頭不頂桑，腳不踩槐」，「頭」指船頭；「頂」是用的意思。「頭不頂桑，腳不踩槐」，指船頭不用桑木，腳下不用槐板。所以漁民造漁船時，必須選用上等筆直的杉木做船底，不能選用桑木和槐木，因為造船業有一句行規，船頭是全船最神聖的地方，所以船頭一定不用上桑木，腳下不用槐木，這個禁忌是有普遍性，從珠三角到東南和東北部沿海和內陸都有這種禁忌，如湖南、山東、安徽、南通、武漢、宜昌、遼陽、大連、深圳、香港等地也存在著。[58]因為「桑」[ʃɔŋ⁵⁵]、「喪」[ʃɔŋ³³]

---

58 湖南、山東、安徽、南通、武漢、宜昌、遼陽、大連、深圳、香港等也有這個禁忌，參看陳立中著：《湖南方言與文化》（北京：中國國際廣播出版社，2014年9月），頁12；山東省地方史志編纂委員會編：《山東省志　民俗志　1840-2005》（濟南：山東人民出版社，2016年12月），下冊，頁877；歐陽發主編：《安徽民俗》（蘭州：甘肅人民出版社，2004年5月），頁35；見蒙城縣地方志編纂委員會編：《蒙城縣志》（合肥：黃山書社，1994年12月），頁467；尤世偉主編：《南通特色文化》（蘇州：蘇州大學出版社，2006年12月），頁102；見武漢地方志編纂委員會主編：《武漢市志　社會志》（武漢：武漢大學出版社，1997年8月），頁117；《美麗宜昌》編審委員會編：《美麗宜昌叢書　宜昌風物》（武漢：武漢出版社，2015年10

近音，犯忌諱。至於槐木，而槐木是福氣的象徵，所以不能踩在腳下，故此，船底便不能用上槐木，只能用上杉木。當整個船體結構大體完成後，最後是安裝船頭上的一塊橫木，這橫木叫「金頭」。「金頭」木料必須是榆、槐，絕對不能用桑木。

清遠市清新區山塘鎮黃江基漁村
（來源：筆者攝於二○○二年十二月
　　　　二十二日）

佛山市三水區西南鎮漁村
（來源：筆者攝於二○○二年十二月
　　　　二十六日）

　　新船下水，漁民是不說「下水」，因為在漁民的文化中，這個詞彙有帶來不祥之意。這個禁忌語的出現，可能會引起漁民的不安和擔憂，進而影響他們的情緒和行為。因此，他們需要選擇使用符合自己文化信仰的替代詞彙，比如「進水」或「推水」，來表達相同的意思，同時避免觸犯禁忌。再者「進水」是有招財的意思。

　　從符號學的角度來看，這個替代行為是一種語義諱飾，即通過選擇符合文化信仰的詞彙來取代原有的禁忌語，進行符號替代行為，達到文化的傳承和保護。在這個例子中，漁民使用「進水」來代替「下

月），頁184；李祝編著：《遼陽民俗》（瀋陽：遼寧民族出版社，2015年11月），頁355；楊錦峰主編：《遼寧地域文化通覽・大連卷》（大連：大連出版社，2017年12月），頁452；廖虹雷著：《深圳民間熟語》（深圳：深圳報業集團出版社，2013年4月），頁229。

水」，不僅符合他們的文化信仰，同時也有吉祥如意的寓意，進一步強化了他們的文化認同感和自我價值感。

（五）對漁婦的禁忌

漁民社群中，有一些禁忌規定，禁止女性進入漁船的前端區域，也就是船頭或艇頭，因為這是被認為神聖的區域，類似龍頭的地位。如果有外來女性要登船，漁民會小心翼翼地防範，男性會在船頭蹲下來，拉住岸邊，讓女性從船旁或艇旁上下船。這是因為漁民相信女性的下半身是不潔淨的，讓她們跨過船頭或艇頭會冒犯神靈，而招致不幸。漁民也會禁忌女性跨越船上的生產用具，例如漁網，因為他們認為漁網沾上不潔淨的氣息會影響漁獲，也會影響當天的漁獲收成。此外，女性也不能進入漁獲上船的地方，也就是所謂的「海口」或「漁門」，因為漁民認為這樣會影響漁獲的品質和收成。而當女性遇上月經時，也不能進入船頭或艇頭的區域。

在漁民的文化傳統中，祭祀活動占據了極其重要的地位。對於漁民來說，祭祀是一種建立與神靈、祖先之間聯繫的方式，同時也是一種禮儀，可以獲得保佑和祈福。因此，漁民對於祭祀活動非常謹慎，並對其實行嚴格的禁忌規定。

在春節過後進行捕撈之前，漁民會進行開身祭祀。男性船主會攜帶熟豬肉、活雄雞等物品，前往祭拜神靈，請求保佑船隻平安出海，漁獲豐收。然而，在這個儀式中，女性卻被禁止參加，她們必須躲在船艙裡。漁民認為女性在生理上有所污穢，因此不能參加祭祀活動，以免玷污神靈的神聖之地。

在清明節祭祖時，漁民們會前往祖先墓地，向已故的祖先獻上鮮花和祭品，表達對祖先的敬仰和感恩之情。女性被認為是生理上不純潔的，因為她們擁有月經週期和生育能力，這在漁民文化中被視為一

種神聖的生命力。因此,女性在祭祀活動中不被允許參與,以免影響祖先接受祭品的效果。這種禁忌不僅反映了漁民傳統文化中對女性生理特徵的看法,也反映了他們對神聖事物的敬畏和對祖先的崇拜。

(六)沿海漁民的命名禁忌

在漁民的文化中,命名被視為一個非常重要的儀式,因為它與一個人的命運有著密不可分的關係。漁民相信,人的名字蘊含著很大的力量和能量,對個人的人生起著至關重要的作用。因此,他們認為命名是一個非常神聖和嚴肅的過程,需要仔細選擇每個字的意義和發音。漁民通常會在取名時遵循吉祥命名的原則,這意味著他們會避免使用帶有負面意義或不吉祥的字眼。另外,在取名時,漁民還會注意名字的音調和韻律。他們相信,一個名字的音調和韻律能夠影響一個人的氣場和運勢,因此需要仔細考慮每個字的發音,選擇合適的音調和韻律來取名。總之,對於漁民來說,命名是一個非常重要的文化儀式,它不僅代表著個人的身分和命運,也反映了漁民對生命和自然的尊重和崇敬。

珠三角從事海洋捕撈的漁虹,其命名特色只是用上五行的四行的金木水火,是絕對不用「土」字,因為「土剋水」;而珠三角內河捕撈的漁虹,他們只是用丈八長的小船在珠江捕撈,便用上五行的金木水火土。筆者調查時,便發現廣州黃埔區的九沙漁村便有漁民用上「土」字,有漁民命名吳土坤、彭土海。但沿海的漁民便認為「土」和「水」有相沖,對漁民的工作會有不吉利的影響,甚至會帶來很多災禍,所以沿海漁民五行命名時是有禁忌。他們認為死亡方會葬在泥土裡,所以對用「土」有禁忌,因此,沿海的漁民,陸上人便稱其為

「四行仔」、[59]「四行人」。[60]內河漁民則不會介意用上「土」字，因其捕撈時是位於珠江，與陸上相距不遠。[61]

　　珠三角地區的漁民形成海上禁忌的主要客觀因素是受到當地自然環境的影響，尤其是大風大浪和險惡氣候的擺布。由於過去漁具落後，漁民必須在風浪和氣候的挑戰下採取極其危險的行動，往往要冒著生命危險才能捕獲足夠的魚獲。因此，漁民發展出了一系列傳統禁忌，以避免觸怒海神或其他神靈，並確保自身的安全。

　　此外，主觀因素也是形成海上禁忌的重要因素。漁民普遍相信海洋是神聖的，需要尊重和崇敬。他們相信在海上祈求吉利和保平安能夠獲得海神的庇護，因此會在漁船上舉行祭祀儀式，向海神祈求保佑。漁民相信如果不遵守這些傳統禁忌，可能會觸怒神靈，帶來厄運和災難。因此，他們會嚴格遵守這些禁忌，以確保自己和漁船的安全。

　　總的來說，珠三角漁民形成海上禁忌的客觀因素和主觀因素緊密相關，彼此交織不斷。珠三角地區的漁民們在長期的海上生活中，經歷了無數次的風雨浪潮，也遇到了許多意外和災難。因此，他們對海洋有一種敬畏和尊重的態度。這種敬畏和尊重不僅體現在日常生活中的言行舉止，也體現在他們形成的海上禁忌中。這些禁忌不僅是從個人經驗和智慧中積累出來的，也是從代代相傳的口耳相傳的文化遺產。這些禁忌通常是基於漁民對海洋的了解和信仰，是一種傳統的海洋文化表現。這些禁忌在漁民的生活中扮演著重要的角色，因為它們不僅可以保護漁民的生命安全，也能夠保護海洋生態的平衡。

---

59 廣東省民族研究所編：《廣東疍民社會調查》（廣州：中山大學出版社，2001年8月），頁82。

60 陳贊康、何錦培、陳曉杉：《香港四行人命名文化》（2002年5月，未刊報告），頁38-39。筆者是陳贊康等報告的指導老師。

61 馮國強、何惠玲：《中山市沙田族群的方音承傳及其民俗變遷》（臺北：萬卷樓圖書公司，2018年8月），頁287。

此外，這些禁忌也反映了人類與自然的和諧共生，並體現了漁民對自然的敬畏和感恩之情。這種尊重和感恩之心，不僅體現在日常生活中，也體現在他們對海洋資源的保護和管理中。

因此，海上禁忌是珠三角地區海洋文化的重要組成部分，不僅反映了漁民的信仰和文化，也反映了人類與自然和諧共生的哲學觀。

珠三角的漁船自七、八○年代改成大漁船，加上漁具設備的改進，而捕撈技術也大大提升，方方面面的改進和提升，漁船的抗災能力便提高，昔日的許多禁忌慢慢隨之逐漸打破。

第三節　吉祥語

吉祥詞語古來有之。《周易繫辭下》云：「吉事有祥」。[62]莊子《莊子・人間世》：「瞻彼闋者，虛室生白，吉祥止止。」[63]唐人成玄英注疏：「吉者，福善之事；祥者，嘉慶之徵。」[64]凡涉及福、善、吉、慶的事物均屬於吉祥的範疇。

語言作為一種社會現象，直接反映著人類的思想和意識，吉祥語的形成和發展也不例外。在人類社會的早期歷史中，我們的祖先生活在艱苦惡劣的自然環境中，遭受風雨雷電、洪水地震、疾病瘟疫等自然災害的侵害。因無法解釋這些現象發生的原因，他們創造了神及其代表偶像，把所有的願望、祈求、祝福都寄託於這些無生命力的偶像身上。人們在向神靈祈禱時使用有聲或無聲語言，語言因此被賦予了超人的力量。人們相信不祥的話語會導致災難，而祈求平安吉祥的語

---

62 黃壽祺、張善文譯註：《周易譯註》（上海：上海古籍出版社，2016年7月），頁737。

63 〔清〕郭慶藩（1844-1896？）撰；王孝魚點校：《莊子集釋》（北京：中華書局，2013年3月），頁139。

64 〔晉〕郭象（西元252？-312年）注；〔唐〕成玄英（西元631-655年）疏；曹礎基、黃蘭發整理：《莊子注疏》（北京：中華書局，2011年1月），頁82。

言則會為人們帶來幸福和安康。這種祈求吉祥安順的詞語就成為吉祥
語的原型。隨著社會的發展，吉祥語的使用範圍逐漸擴大，所用的詞
語也逐漸固定下來，形成了一種獨立的語類——吉祥語。吉祥語是用
來向他人表達祝福的定型詞組或短語，其語義特徵是祈願性，就是祈
福求吉。例如祝福婚姻美滿、健康長壽、財源茂盛、事業發達等，這
就是吉祥語所表達的中心內容。從語言形式上看，吉祥語主要有以下
幾種類型：

單音節詞，例如福、祿、壽、喜、祥、財、高、樂、發、餘、
吉、康等。

雙音節詞，例如吉祥、富貴、福星、如意、走運、順遂、和諧、
鴻運、富足、平安、吉利、喜慶等。

四字格短語，例如：五穀豐登、竹報平安、慈顏長春等。

吉祥聯語，例如：「紅日高照、紫氣東來」；「歲豐人壽，春和景
明」；「天增歲月人增壽，春滿乾坤福滿門」等。[65]

在語言民俗各類中，吉祥語習俗是中國文化中最為興盛和引人注
目的範疇之一。作為祈福文化的重要組成部分，這些習俗源遠流長，
至今仍然保持著強大的生命力。

人們總是希望避免災難，趨向幸福美好的未來。這種心理需求在
語言禁忌的對立面中表現出來，人們強烈地渴望吉祥順利，這種心理
需要表現在民俗語言中，即吉祥語習俗，也稱作「口彩」或「吉
語」。吉祥語可以是口頭或書面表達，以祝福和頌揚為主題，是中國
民眾心理的直接反映，也是中國語言文化的重要組成部分。

吉祥語是滿足人們求吉利心理的一種方式。人們相信言語中蘊含
著超自然的神力，因此在使用吉祥語時總是小心謹慎，以免得罪神靈

---

65 譚汝為主編；董淑慧等編寫：《民俗文化語匯通論》（天津：天津古籍出版社，2004
年8月），頁166-167。

招來災禍。同時，人們也相信多使用吉祥的語言可以逢凶化吉、吉祥如意。這表明人們對吉利的渴求心理是普遍存在的。因此，使用吉祥語可以滿足人們的求吉心理，並有助於促成交際成功。

每年在春節時，漁民會像家中修飾門面一般，裝飾漁船成為一項習俗。他們會清潔和打理自家漁船，然後在船上駕駛艙、船頭等處貼上對聯和「福」字，這些被稱為「船聯吉語」。「船聯吉語」是中國古老的春聯和楹聯習俗的延伸，由岸上向船上延伸而來。這種傳統的裝飾方式，不僅為漁民帶來好運，也為船隻增添了美麗的風景。

「船聯吉語」是一種獨特的船飾習俗，通常在漁船的駕駛艙、船頭、船尾等位置貼上吉祥的對聯和「福」字等物，以表達對漁民安全、豐收的祈禱和祝福。這些船聯吉語不僅在視覺上美觀，更蘊含了深厚的文化內涵和精神意義。

從表現形式來看，船聯吉語的文字通常以紅色為底色，用金色或黑色的筆墨寫上對聯和吉祥話語。有的漁民還會加入自己的心得體會，使船聯更加富有個性和韻味。而在選擇對聯和吉語時，漁民通常會考慮到字義、音韻、文化背景等多方面因素，以期達到祈求豐收、安康的目的。

此外，船聯吉語的位置也是有講究的。例如，在駕駛艙貼上的對聯通常與船長或船員有關，以保佑他們平安順利地引領船隻出海；在船頭貼上的對聯則通常與豐收、好運有關，以祈求豐收、大漁豐收；而在船尾貼上的對聯通常與祈求平安回港有關，以保佑漁民平安返航。

「船聯吉語」，貼在漁船上哪一個部位貼相應的船聯，都是約定俗成的，不可亂了規矩。

浙江舟山一帶漁民，若然在漁船出發前，如果有懷孕的婦女無意中從此經過，大家最高興高喊「滿載滿載」；如果不是懷孕（俗稱「空肚子」）的婦女有意無意經過這裡，特別是從船頭繞過或從網具

上跨過去，這是最晦氣的了。當事人若是聰明的婦女，馬上就會高聲說：「小腳踏踏網，馬鮫勒魚盡船裝」或說：「小腳攔攔路，這趟必定富。」這樣晦氣就被破掉，船員們一齊叫好！十分高興地出海。在行船時，如果見有漂浮水面的屍體，這是最晦氣之事，船上的人便會一起大喊：「元寶！元寶！」就又化凶為吉了。江南地區漁民出海捕魚時，講究舉行儀式，唱儀式歌。出海要祭船、敬龍王，便由老大點著俗稱為「財神把子」的火把，把船上每樣東西照一遍，同時口中念念有詞：「吉星高照，招購進寶，太平無事，一本萬利，大發財源，事事如意。」吉星高照，招購進寶，太平無事，一本萬利，大發財源，事事如意全是吉祥語。由此可知，漁民從生產到生活，處事都盡量圖個吉利。凡是犯忌諱的事和話都不做不說。即使有些非說不可的犯忌話，也一定要改變形式的吉祥語來表示。[66]

天津方面，漁民不僅在家門上貼對聯，更要在船上各部位貼上吉祥語或對聯。在船頭貼著「船頭壓浪」、「龍頭生金角，虎口噴銀牙」、「九曲三江水、一網兩船魚」、「漁船興隆通四海，財源茂盛達三江」。在船桅杆上貼著「大將軍八面威風」（大桅）、「二將軍開路先鋒」（二桅）、「三將軍開鋒掛角」（三桅）、「四將軍大有威風」（四桅）、「五將軍更有威風」（五桅）。在船尾舵前貼著「順風相送」，舵後貼著「舵後生風」。這些吉祥語充分表達了漁民們的美好願望。[67]

山東、遼寧等地沿海漁兄，每年正月十五前後在漁船即將出海時，在漁船的不同部位貼上內容不同的對聯。比如，船頭的對聯是：「船頭無浪行千里，舵後生風送萬里」，橫批是「海不揚波」。船尾的對聯則是：「九曲三灣隨舵轉，五湖四海任舟行」，橫批是「順風相

66　賀錫翔著：《中國吉祥語》（上海：上海書店出版社，1997年5月），頁106-107。
67　曲金良主編：《中國海洋文化史長編・典藏版》（青島：中國海洋大學出版社，2017年1月），上、中、下冊，頁2162。

送」。桅杆對聯也各有不同：大桅是「大將軍八面威風」，二桅是「二將軍開路先鋒」，三桅是「三將軍協力相助」，四桅是「四將軍順風相送」。江蘇沿海、海島的漁民，逢春節一般在船頭貼斗方，多為招財納福的吉祥語。上書「指財進寶」或「日進斗金」、「黃金萬兩」、「斗大金元寶」。斗方兩邊貼「江河湖海清波浪，通達逍遙遠近游」，或「日進黃海三千里，風送長江第一舟」、「龍頭金角安天下，虎口銀牙保太平」、「船頭無浪多招寶，船後生風廣進財」。橫批為「一本萬利」或「大吉大利」。後梢對聯是「順風相送，滿載而歸」，橫批是「一路福星」或「旗開得勝」。船舵對聯是「九曲三灣隨風轉，五湖四海任舟行」，橫批是「一家之主」或「順風相送」、「得心應手」。八尺艙（住人艙艙房）對聯是「寶貨上船千倍利，貴客登舟遇順風」，橫批是「四時吉慶」或「八節安康」。大桅貼是「大將軍八面威風」，二桅是「二將軍開路先鋒」，三桅是「三將軍協力相助」，「四桅是「四將軍順風相送」，五桅貼「五將軍五路財神」。廈門艙釣艚，則將有寓意艙單句條幅標語，直接書寫或雕刻在相應艙特定部位上，如頭桅上的「開路先鋒」，中桅上的「八面威風」，尾桅杆上的「海不揚波」，舵杆上的「萬軍主帥」，「水櫃上的「龍水甘泉」，帆篙上的「風帆捷至」等。[68]山東日照漁民除日午後到漁船貼對聯，將「招財進寶」合為一字，貼於船頭。五桅風船的桅杆上分別貼「大將軍八面威風」、「二將軍日行千里」、「三將軍隨後聽令」、「四將軍一路平安」「五將軍馬到成功」。[69]

江西余平縣方面，在春節時，會在桅杆上張貼「大將軍八面威

---

68 上海中國航海博物館：《海帆遠影　中國古代航海知識讀本》（上海：上海書店出版社，2018年8月），頁70-71。

69 張守富等總纂；山東省地方史志編纂委員會編；陳光林（卷）主編：《山東省志80　民俗志》（濟南：山東人民出版社，1996年7月），頁408。

風」，船艙門貼上「風調雨順」，船船艄兩旁貼「九曲三灣隨舵轉，五湖四海任舟行」等吉祥語。[70]把舵杆視為掌兵元帥，把各桅杆視為將軍，是在於增加威力，得到護祐。這些做法，是充分利用各種吉語，以求得順風順水，滿載而歸。

天津、山東、遼寧、舟山、江蘇、廈門、江西余干等一帶的漁民常用的吉祥語是十分接近的。舉了以上各地的漁民常用的吉祥語，也要說說珠三角的漁民吉祥語。

香港方面，如「平安掛帆，平安回航」，這是一個非常普遍的吉祥語，意思是希望船隻在出航和回港時都能平安無事，沒有遭遇任何危險或意外；「風調雨順」，這是希望風和雨都能適當地調整，不會對漁民的工作造成太大的干擾或危險，也能讓漁獲豐收；「漁獲豐收」，這是一個非常重要的吉祥語，希望漁民的努力能夠獲得豐厚的收成，讓他們的家庭和社區都能夠受益。總的來說，這些口頭禮儀和吉祥語都體現了漁民對於平安、豐收、繁榮和幸福的美好祝福和期望。

珠海市方面，是一個擁有悠久漁業歷史的城市，漁業在當地的經濟中也占有重要地位。珠海市漁民中流行的一些吉祥語，如「出海平安，歸港豐收」，是一個希望漁民在出海和回港時都能平安無事，順利完成工作，最終獲得豐收的吉祥語；「風調雨順，漁獲豐收」，這也是一個希望天氣適宜，漁民能夠順利進行漁業活動，最終獲得豐收的吉祥語。

中山市方面，中山市擁有豐富的水產資源和漁業文化，所以漁民中也流行的一些吉祥語，如「海闊天空，漁獲豐收」，這是一個希望漁民在出海時能夠遠航大海，收穫豐碩的吉祥語；「平平安安，漁獲豐盈」，是一個希望漁民在漁業活動中能夠平安順利，獲得豐盈的收

---

70 政協江西省余干縣委員會文史資料研究委員會：《余干縣文史資料　第12輯　交通專輯》（缺出版資料），頁86。

成的吉祥語;「風平浪靜，漁獲豐盈」，這也是一個希望漁民能夠在天氣平靜的時候出海捕魚，獲得豐盈收成的吉祥語。中山市的漁民慶祝重要節日和舉辦祭祀活動時，他們會在特定的場合和時間使用特殊的吉祥語。當地一部分漁民祭拜海上神靈時，他們會說出「船行平安，漁獲豐收，海不乾涸，漁不空虛」等口頭吉祥語，以祈求海神保佑漁民在出海時平安順利，捕獲豐碩的漁獲。在春節和其他重要節日，漁民也會使用各種吉祥語，如「一帆風順，二龍躍珠，三羊開泰，四季平安」等，以祈求全家平安、事事順利。這些吉祥語不僅是漁民文化的一部分，也反映了漁民對生活的期望和祈禱。他們希望自己能夠平安、健康，家庭和諧、幸福，同時也希望能夠在漁業中獲得豐碩的成果。這些吉祥語，通過代代相傳，已成為中山市漁民特有的文化符號，展現了中山市漁民豐富的文化內涵和精神面貌。

台山位於廣東省珠江三角洲地區，擁有豐富的水產資源和漁業文化，台山漁民中流行的一些吉祥語，如「海闊天空，漁獲豐收」，這是一個希望漁民在出海時能夠遠航大海，收穫豐碩的吉祥語;「風平浪靜，漁獲豐盈」，這也是一個希望漁民能夠在天氣平靜的時候出海捕魚，獲得豐盈收成的吉祥語;「起潮落潮，漁獲兩豐」，也是一個希望漁民在捕魚時能夠掌握好潮汐的吉祥語，以便捕獲更多的魚。在一些重要節日和慶典中，台山的漁民還會舉行一些傳統的祭祀活動，並使用一些特殊的吉祥語，以祈求海神保佑漁民平安出海、捕魚豐收。當漁民祭拜海神時，他們會說出「安然平安，風調雨順，漁獲豐收」等吉祥語，以祈求海神保佑漁民平安順利、風調雨順，讓漁獲豐收。這些吉祥語展現了台山漁民對於平安、豐收和繁榮的美好祝福和期望，也反映了台山漁民深厚的文化底蘊和豐富的精神生活。

深圳方面，深圳是珠江三角洲地區的一個現代化城市，但是其周邊地區仍然有一些漁村和漁民社區，他們仍然保留著傳統的漁業文化

和吉祥語。深圳周邊地區漁民常用的吉祥語，如「風平浪靜，漁獲豐盈」，是一個希望漁民在出海時能夠遇到平靜的天氣，捕獲豐盈的漁獲的吉祥語；「捕魚得利，生意興隆」，這是一個希望漁民捕魚有收成，能夠帶來好運和財富的吉祥語；「平安出海，平安回家」，這是一個希望漁民在出海捕魚時平安順利，平安回家的口頭禮儀。

惠州市方面，惠州漁民常用的是「平平安安，漁漁豐收」這句吉祥話，意為希望能夠平安無事地捕魚，同時也希望收穫豐碩。這句話在當地非常流行，也是漁民們傳承下來的一種文化習慣。除了這句話，有許多其他的祝福的吉祥語，比如「風調雨順，漁獲豐收」、「漁父之樂，家人共享」、「漁舟唱晚，歸途之喜」、「平安順利，好運連連」等等。這些語句不僅體現了漁民對於漁獲豐收、家庭幸福、平安順利等美好願望，也體現了他們對自然環境的敬畏和依賴。

以上是珠三角漁民所流行的祝福吉祥語，在漁民之間是流傳已久的文化習慣，這些吉祥語既是漁民工作和生活中的必需品，也是漁民文化傳承的重要內容。漁民生活和工作環境特殊，面對著風浪、漲落潮水、氣候變化等諸多不確定因素，而吉祥語就是漁民面對這些困難和挑戰時的情感寄託和生活態度的表現。這些祝福吉祥語中蘊含的價值觀念，體現了漁民對勞動、生命、家庭、自然環境等方面的關注和關心，展現了漁民對生命和生活的熱愛和感激之情。同時，漁民的吉祥語也具有濃厚的地域文化特色，它們隨著時間的推移，已經成為了地方特色的文化符號和象徵。最後，漁民吉祥語的傳承和流傳，也體現了中國傳統文化中對自然和人類和諧相處的思想。這種思想強調了人與自然的和諧共生，體現了人與自然相互依存、相互尊重、相互維護的理念，有助於人們更好地認識和尊重自然，維護生態環境，實現可持續發展的目標。再者，漁民的吉祥語不僅反映了漁民的生活習慣和價值觀念，也反映了漁民對自然環境和生態系統的敬畏和感恩之心。

俗語說：「行船走馬三分險」，整天和風浪打交道的漁民、船民，最看重祈盼的就是安全，故有很多禁忌，說話、做事都要按照規矩，不能違背。從事水上捕撈活動，講究說彩話、吉祥語，目的圖個喜氣吉利。雖有迷信色彩，畢竟是寄託著一種美好的祝願。

珠三角漁民的漁艇燂完了，大工便會捧著三牲拜船頭公，先在船頭貼上「順風得利」、「魚蝦大汛」、「魚蝦豐登」之類「吉利」紅紙條，寫的全是漁民追求的吉祥語。在舊式的年代，漁船全是風帆動力的，順風是很重要，沒風時漁船便會停止下來，要待風方能前進。所言的吉利就是「魚蝦大汛」，希望能夠網網千斤，賣個好價錢。擺好祭品後，大工便口中念念有詞地祈禱，大概意思是「船頭向東，順風順水；船頭向西，白鯧[71]三鱲；船頭向南，大包大攬；船頭向北，百無禁忌」，「順風順水」就是前云的「順風得利」；「白鯧三鱲」就是「得利」；「大包大攬」也是「得利」，這完全是討意頭的話。大工還會說：「船駛八面風，面面吃無攻」，這意思是祈求什麼時候總要有風，不論東風，不論南風，不論西風，不論北風；不論左前風，不論後邊風，不論左邊風，不論右邊風，因為有風風帆漁船方能前進和捕撈，所以八面風是最重要之事，不是隨便說的話，這是重要的吉祥語。出海時，部分船老大[72]還會口中念念有詞：「事事如意、招財進

---

71 許兆濱編著：《世界海洋生物 魚類篇》（大連：大連海事大學出版社，2011年5月），頁421：「白鯧為鱸形目白鯧科的一種。其體側扁而高，近圓形。吻短，口小，前位，兩頜牙尖銳，呈刷毛狀的寬帶。背鰭前兩棘短小，第三至第五鰭棘延長；胸鰭短，不延長成鐮狀；腹鰭第一鰭條長，背鰭鰭條部和臀鰭基底被細鱗，尾鰭雙凹形。體銀白色，側線弧形。白鯧為暖水性中下層魚類，一般體長八十至一百五十毫米，喜棲息於近海巖石或珊瑚礁間，游泳速度緩慢，肉食性，以小魚及小型無脊椎動物為主。分布於印度洋和太平洋的熱帶海域，中國產於南海和東海南部，為廣東沿海常見的經濟食用魚。以清燉、清蒸和紅燒為主要料理。」

72 船老大是一船之主。人們對老大最重要的要求是老大要有隨機應變的本領，船主對船老大特別尊重，必須親自登門拜請，出海前要辦酒席請船老大。此外，船老大是海洋捕撈生產中的關鍵性人物，還要有豐富的海上漁業捕撈經驗與技術。

寶、一本萬利、吉星高照、大發財源、太平無事」，講的全是吉祥語，這些吉祥語還會貼在漁船船頭、船身、船尾的。

關於造船，珠三角漁民的漁民會稱之為「釘船」，稱船主為「舵公」。開工造船所選的吉日，必定要與舵公的生辰八字相合。新「釘」的船，閒人、孕婦、來月經的女人都不能上。新船造成，船主的至親若有人生孩子，必須送一隻紅公雞，用牙咬破雞冠，把雞血滴到船頭、船尾，用以辟邪，俗稱「旺船」。「旺船」也是吉祥語之類。另外，新船竣工下水時稱「木龍赴水」，進水前，是從旱塢向海的方向挖一道「龍溝」引進海水，船便由「龍溝」駛入大海。

船主擇黃道吉日，使船頭披彩；船桅掛旗，高呼「波靜風順」、「百事大吉」等吉祥語，也要貼吉祥對聯，送船入海。

漁船的生日即為漁船的誕辰，珠三角的漁民其計算方法各地有所差異。有的以豎船龍骨日為船生日，有的以新船船體完成為船生日，更有的以新船下海日為生日的。但不管是哪種計算，船的生日只有一個，一旦確定，就不會更改。慶賀漁船誕辰的禮儀過程是船頭、船尾遍插彩旗，大桅上掛「壽」字大旗的吉祥語。早上，用三杯淨茶（指挑掉了茶梗、黃片、茶沫等雜質的茶葉）及四色糕點祭船老爺神像，船老大要沐浴淨身叩拜祝賀。中午，在船頭供祭一桌福禮（福禮即祭祀用的牲物禮品），有壽糕、壽餅，還有一隻大豬頭和魚、肉等。要用特大蠟燭做壽燭，從上午漲潮起點燃直至潮水漲到最高處。此時，全船人都要來為船老爺拜壽，船老大的親朋也要參與，他們也要帶壽禮，如酒、肉、雞等。拜壽按次序進行，先是船老大，然後是本船船員，其次是親朋友好友。拜壽時的吉祥語，一般是「船老爺壽高，捕魚人福好」、「船老爺福如東海，捕魚人財隨潮來」等企盼語。此外，漁船的誕辰還有小壽、中壽、大壽之分。沿海習俗是五年壽齡以下為

小壽，五年為中壽，十年為大壽。[73]

　　岸上的春聯一般都是貼在門板上的，但船聯吉語則是貼在船上的，而船的部位又有船頭、船尾、船腹以及船舵、船桅之分，每個部位要貼相應的船聯，都有約定俗成的，不可亂了規矩。春節時，在風帆年代，珠三角的漁民會在大桅上貼著「八面威風」、在二桅之上會貼上「開路先鋒」、在三桅上貼著「協力相助」、在四桅上貼上「順風相送」、在五桅上貼著「八面來風」。在舵杆上貼著「掌兵元帥」。看來在風帆年代，中國沿海捕撈漁業在春節揮春（內地稱春聯、福貼）方面，吉祥語揮春都是與風有關係的。此外，漁民也會在船頭貼上招財納福的「船頭旺相」或「船頭壓浪」吉祥語；船尾貼「八面威風」、「順風相送」，或者貼上「招財進寶」；舵後貼上「舵後生風」或貼上「順風相送」或船舵貼「船到魚起」；魚艙貼上「錦鱗滿載」；爐灶貼著「青雲直上」；水桶則貼上「龍泉飲水」：船身貼上「船頭無浪行千里，舵後生風送九州」或「順風順水順人意，得財得利得天時」或「順風游海外，得利返家中」或左聯貼「漁船興隆通四海」，右聯貼「財源茂盛達三江」的紅聯，船身左聯也有寫上「下網正碰魚群過」，右聯寫上「滿載而歸得順風」，也有在船身左聯貼「朝出順風去」，右聯貼「暮歸滿載回」；也可以在船頭貼「船頭無浪行千里」，在船尾貼上「舵後生風送萬里」，橫批「海不揚波」。或者在船頭左聯貼著「龍頭生金角」，在船頭右邊的右聯貼上「虎口露銀牙」[74]，橫聯是「船頭旺相」。船尾左聯是「一帆風順」，右聯是「船尾旺椶」。[75]

73　許桂香編著；司徒尚紀主編：《中國海洋風俗文化》（廣州：廣東經濟出版社，2013年7月），頁187。

74　也有寫作「虎口噴銀牙」。其實應該左聯貼「虎口露銀牙」，右聯貼「龍頭生金角」為合。因漁民懂字的不多，也不一定懂平反。

75　也是弄錯紅聯。

此外，「年年豐收水漁鄉」、「春江水暖魚生活」、「漁火高照日日新」等。這些春聯體現了漁民對水的依賴和對漁業的熱愛，表達了他們對於水產資源的珍視和保護，以及對於生活的渴望和追求。至於「五福臨門，六慶同來」、「福祿壽全到，財源廣進來」等。這些春聯彰顯了漁民對於中國傳統文化的熱愛和崇尚，表達了對家庭幸福、事業成功、財富豐盈的嚮往和追求。總之，珠三角漁民的春聯中所蘊含的豐富文化內涵，不僅是漁民生活和工作的重要組成部分，更是中國傳統文化和自然環境之間互相依存、互相影響的反映。

當香港開埠時，香港仔石排灣的漁民已經開始接觸基督教。當時有不少傳教士來到這裡傳道，使得部分漁民信仰基督教。這些基督徒漁民會在自己的漁船上貼上寫有「基督福音千年頌，聖經真道萬年傳」或「基督福音傳天下，十架救恩滿人間」等字樣的春聯，以示對自己信仰的堅定和對神的敬畏之情。這種在漁船上展示宗教信仰的行為，也是香港漁民文化的一部分。

漁民也愛在平日裡，在船艙掛幅「魚戲圖」，象徵著「年年有餘[ji²¹]（魚[ji²¹]）」，歲歲有個好光景，充分反映了漁民的良好祝願。

香港石排灣避風塘

（來源：筆者攝於二〇〇一年二月十五日）

以上種種的吉祥語不僅充分表達了漁民的願望，也充分顯示了他們戰勝海洋、發展漁業的勇氣和信心。

這些濱海地區流行的吉祥語，是一種獨特的海洋語言文化資源，都是具有特定含義的口頭習慣用語，表達了廣大漁民的思想，並承載著相關的漁民俗文化。

香港鯉魚門避風塘

（來源：筆者攝於二〇〇一年二月十五日）

第四節　婚姻儀禮民俗

在昔日的舡族族群中，婚姻是由父母之命和媒妁之言所決定的，注重選擇有名媒且符合傳統的婚嫁方式。此外，這些漁村的傳統也有一個共同點，就是他們不會與山頂人（指陸上人）通婚。

在中國傳統文化中，婚姻往往是由媒人擔任著引介者的角色，雙方的父母在媒人的介紹下相識，經過一段時間的交往和洽談後，便會開始進行開年生，即請算命先生運用五行對合來確認是否相配。若五行相合，便可以繼續進行婚事，反之則需要採用趨吉避凶的方法或否定婚姻的可行性。接著，雙方父母通過媒婆或熟人的牽線引導，安排相睇，目的是讓雙方相互了解對方的相貌和性格，以便進一步確定婚

事。這一過程通常被認為是相當重要的，因為一旦雙方確定了婚事，便意味著他們要一心一意地共同遵守，不能再與別人談婚論嫁，而婚姻也開始了它的長期歷程。

在合婚的三天內，雙方觀察兒女家裡有沒有打破碗碟之類的東西，若然沒有則可以進行成婚，這三天的日子，他們稱作「歐角」[76]。東莞虎門高漢仔和珠海桂山黃細妹都稱該地要觀察七天。中山市大沙田區的農疍，如小欖鎮、港口鎮、三角鎮的農疍，坦洲鎮的漁疍就沒有這一種稱呼，但民眾鎮那邊的漁疍卻有「歐角」稱呼。經過「歐角」後，女方會開出一張禮單，然後送到男家，經研究後，男方會減少一點後便送回女方。女方沒有意見便作定案。雙方便會選一個良辰吉日進行訂婚。男方在過大禮（也有稱作「解禮」）時，會送給女家一對檳榔、椰果、金橘、現金、豬肉、雞、鴨、冬菇、花生、芝麻、綠豆、紅豆、蓮子、茶葉、龍眼乾、禮餅、酒、衣服、糖果等，送的規定是好意頭的食物，一般是雙數作計算。有些地方大禮是三十六盒（木盒）。珠海市灣仔鎮吳觀帶則稱他們那邊還要送上大舅鵝和大舅紅，大舅鵝一定要一雌一雄。當女方收到這些禮物時，就意味著她從那天起就與男方訂下了終身婚盟。雙方將一心一意地共同遵守，不再與其他人談論婚姻，因為女方已經接受了茶禮。在過大禮的時候，通常會鳴鑼打鼓，奏起喜樂之聲，不同的地方會有不同的習俗，例如珠海灣仔鎮的吳觀帶會進行「打叮叮」，大澳漁會的副會長張志榮先生表示，當地漁民會進行「噹噹嘭」儀式，廣東省民族研究所也指出，一些地方會稱之為「打轟轟」。[77]回禮時，女家僅將男家所送的禮物各

---

76 馮國強：《珠三角水上族群的語言承傳和文化變遷》（臺北：萬卷樓圖書公司，2015年），頁296。

77 廣東省民族研究所編：《廣東疍民社會調查》（廣州：中山大學出版社，2001年8月），頁48。

回部分，但現金一般不會回的。男方的女性親屬便會領著女家的「回禮」帶回男家，儀式便完成了。

村民演練噹噹嘭

（來源：香港新界大澳，筆者攝於二〇〇二年二月三日）

在水上人的婚禮中，男家會請算命先生選擇二、三個男女雙方主要成員無相沖相煞的日子，並與女家商定其中一日作為迎娶新娘過門的正日。在婚禮前夕，男方會在好命婆的陪同下理髮，女方則會由好命婆進行「開面」儀式，以求吉祥如意。這些儀式與習俗都是為了迎接結婚的大喜日子，並祈求幸福美滿的婚姻生活。「開面」在珠三角一帶又叫「打面」、「彈面」和「彈面毛」。新婚梳頭時，也會嘆情，會嘆〈新婚梳頭〉[78]：

---

78 廖廸生、胡詩銘編著；黎帶金嘆唱：《水上嘆歌》（香港：香港科技大學華南研究中心，2018年3月），頁64-65。

梳頭呀伯友呀唉，大把功夫你唔做呀唉；阿孫[79]嗰繫頭髮，在乜加勞[80]。

梳頭呀伯友呀唉，阿孫新梳舊梳，梳頭佢就長喋慣有呀唉；你買返梳梳，佢就密密同孫梳頭呀唉。

梳頭呀伯友呀唉，你孫黑髮白髮，捰開兩樣有呀唉；你梳斷一兜[81]，要你逐嘴呀唉；你續呀返原嘴[82]，又冇撐[83]頭呀唉。

梳頭呀伯友呀唉，頭髮捰開三繫，唔在講呀唉；捰開頭髮，陣陣風涼呀唉。

梳頭呀伯友呀唉，你孖孫梳頭，佢就又情義厚呀唉；你孖孫梳返佢就頭髻，為乜因由呀唉。

梳頭呀伯友呀唉，叫伯友繫鬆，唔好扎緊呀唉；仔孫冧返佢就耳朵呀，冇耳聽閒呀唉。

梳頭呀伯友呀唉，頭髮打開三繫，又唔在講呀唉；孖孫梳返佢就頭髻，佢就插返花嚟旁呀唉。

79　孫：新娘自稱。
80　在乜加勞：不用你操勞的意思。
81　兜：這裡用作量詞，條的意思。
82　嘴：量詞，「段」、「塊」的意思。
83　撐，結的意思。

梳頭呀伯友呀唉，阿孫頭上金花，岌岌貢；阿孫金花插落，金珠相逢呀唉。

梳頭呀伯友呀唉，你孫梳返又受難髻；唔好梳得半咸佢就半淡，佢就將孫難為。

梳頭呀伯友呀唉，阿孫身著紅衫，辭別細大呀唉；阿孫口中辭別嗮多親人呀唉。

梳頭呀伯友呀唉，兩木移埋，佢就雙企憑呀唉；阿孫手掩茶盤，落揖傷神呀唉。

在成婚前，男女雙方都要「脫殼」。因為過去水上人家都是想孩兒健康成長，便會把孩兒契上一個神，如契觀音、契樹神、契佛祖等。當其長大要結婚時，必定要進行脫契儀式。「脫殼」、「脫契」，是不同漁村各有不同稱呼而已。「脫殼」是在結婚前一天進行的。「脫殼」時，會請上喃嘸先生來進行，會在船頭燒金銀衣紙。喃嘸先生跟著開始替新人向神明稟報嫁娶的日期，酬謝神恩。跟著替新人進行「解洗」儀式，解除災難，提醒新人留心倫常道理，維持良好生活習慣。跟著是「脫殼」儀式，就是脫去舊衣（一般說是「褐衣」，指未成年人的衣服），換上新衣，象徵潔淨及長大成人。喃嘸先生再帶領新人進行轉運儀式，從而轉得好運。[84]儀式過後，兩位新人要穿新衣裳，不可以再穿舊衣服。

---

84 廖迪生、胡詩銘編著；黎帶金嘆唱：《水上嘆歌》（香港：香港科技大學華南研究中心，2018年3月），頁31。

　　「脫殼」有兩種說法，一種是表示雙方長大成人；另一種認為「脫殼」也叫「脫契」，是小時候契神，現在需要脫開了，自己獨立做人了。在這個儀式中，師傅會貼上一對「平安符」在雨傘上，這些符號象徵著祝福和保佑，代表著新人的幸福和美好未來。當貼滿符號之後，符號會被燒掉，灰燼撒進一個準備好的水盆中。新人會用這個灰燼洗澡，以示洗去過去的陰影，以及祈求清新的開始。這個儀式也象徵著新人將走向一個嶄新的未來，而沐浴後更換的所有內外衣物，也代表著新人準備開始新的生活。在這個儀式中，家人和朋友們也會為新人獻上祝福和禮物，祝願新人在人生的下一個階段中能夠一帆風順、幸福美滿。整個「脫殼」儀式充滿了深刻的文化意義，是中國傳統婚禮不可或缺的一部分。

上大字

（來源：佛山市順德區陳村鎮漁村，筆者攝於二〇〇二年七月二十日）

　　這個晚上，男家還會為新人進行改大名，一些漁村稱作改大字。[85]
改了大字後，會把大字掛在牆上，旁邊也會簪花掛紅，表示重視。

　　過大禮後，女方會在出閣前一兩晚進行嘆唱，[86]這是新人與好姊妹
們聚在一起坐夜。這時候會進行點燭上頭儀式。「點燭上頭」儀式一般
在晚上，按照吉時進行。男家方面，新郎也會進行「點燭上頭」儀式。

　　新娘點燭上頭時也會嘆唱〈新娘上頭夜嘆〉[87]：

> 我叫你使番係舊梳共梳頭唉！
> 係幾咁自然唉！
> 你梳斷一條唉！
> 我又吓你續唉！
> 你梳斷二條，我吓你賠唉！
> 你賠金賠銀我都唔願愛唉！
>
> 賠返、嗰條蘇英頭頭髮丈二三長唉！
> 唉！嘜人係採花人唉！
> 又真係拿手唉！
> 採花三朵向前三朵向後唉！
> 第一盆係花唉！
> 第二盆係米唉！
> 第三盆係紅紙唉！

---

85 改大名，中山市民眾稱改大名，港口鎮稱寫大名，坦洲鎮稱改大字，三角鎮稱採大
　字。至於掛新字，橫欄鎮稱上大字或掛大字，港口鎮稱上字或上字架，東升、三角
　鎮稱上字架，坦洲鎮稱上大字架，民眾鎮稱上字或上大字，小欖鎮稱升字、掛新
　字、上字，黃圃鎮稱上字。

86 一般稱作嘆情，香港就是如此。

87 黃惠琼：《澳水靈山》（大澳：大澳工作室，2004年11月），頁19。

第四盆係銅錢唉！

唉！細時問媽攞錢又話無唉！
依家是花白銀！
利是封掛滿樹枝係紅唉！
七星米籮又一把秤唉！
又等我爹拎番後秤銀唉！
七星米籮又一把尺唉！
你紅蓮唔係買田買地使嘜金尺來量唉！
七星米籮又一輛較剪唉！
你紅生人唔係自在命唉！
唔係自由做嘜裁縫唉！
七星米籮又一面鏡唉！
你紅十分蠢頓又照番靚唉！

儀式開始時，首先由「點燭婆」燃點起一對大燭，代表新娘的前程光明，也象徵著新娘即將成為自己的家庭的主婦。接著，由長輩為新娘象徵性梳頭，傳遞家庭的傳統和文化。在這個過程中，新娘也會嘆歌，表達對家族和親友的感激之情，同時也是對即將離開家庭的不捨之情的宣洩。

在嘆歌過程中，親友也會與新娘對嘆，表達出他們對新娘的祝福和祈禱。整個儀式一直持續到天亮，而這個時間長度，也象徵著新娘即將離開家庭的重要性，以及家人的不捨和祝福。整個儀式也被稱為「坐夜」。

整個「坐夜」儀式的氛圍非常濃厚，儀式過程中不僅有歌聲，還有深情的言語和眼淚，更有著家族文化的傳承和感人至深的場景。這

個儀式不僅代表了家族對新娘的祝福和祈禱，更是中國傳統家庭文化
的一種重要體現。

準新娘在點燭婆燃點大燭時，就會嘆〈大燭上臺〉[88]：

大家嫂呀唉，嫂呀，大燭買返，又唔喺呀細呀唉；嫂呀，唔喺
一斤，佢就十兩二斤呀齊呀唉。

大家嫂呀唉，嫂呀，紅紙燈籠，佢就篾[89]子做拱[90]呀唉；嫂
呀，裡頭佢就點火，外頭呀紅呀唉。

大家嫂呀唉，嫂呀，你姑金銀燭臺，佢就阿姑見呀過呀唉；你
姑未曾佢就見過木造燭呀臺呀唉。

大家嫂呀唉，嫂呀，水浸稱砣，佢就又治四眼[91]呀唉；嫂呀，
酸薑佢就辣酒，又治邪神呀唉。

大家嫂呀唉，嫂呀，燈芯挾糖，佢就糖噤挾米呀唉；嫂呀，兩
枝筷子挾黃呀糖呀唉。

大家嫂呀唉，嫂呀，韭菜開花，你姑見呀過呀唉；嫂呀，你姑
未曾佢就見過，佢就蔥尾開花呀唉。

---

88 廖迪生、胡詩銘編著；黎帶金嘆唱：《水上嘆歌》（香港：香港科技大學華南科技中
　心，2018年3月），頁58-59。

89 篾，指劈成條形的竹片。

90 拱，指支撐結構。

91 懷孕的意思。因胎兒與母親二人共有四隻眼睛。

大家嫂呀唉，嫂呀，蔥尾開花，金水呀落罅呀唉；賣呀姑二日，富貴榮華呀唉。

大家嫂呀唉，嫂呀，紅紙開花，又結個球呀唉；賣姑返家賺錢，佢就快過夜帶生呀流[92]呀唉。

大家嫂呀唉，嫂呀，七色抬頭，佢就有個碗呀蛋呀唉；嫂呀，裡頭佢就和白，外頭火紅呀唉。

大家嫂呀唉，嫂呀，七色抬頭，佢就有個碗果呀唉；嫂呀，阿姑起行佢就腳步，就俾過花呀婆呀唉。

大家嫂呀唉，嫂呀，七色抬頭，佢就有個碗餅呀唉；嫂呀，阿姑生得呀肉粗，又唔值呀零[93]呀唉。

阿姑領人佢就白餅，得個嘥崩牙呀唉。

當大家盡情嘆唱，新娘女親友目睹新娘裙褂時，便會情不自禁嘆起〈嘆裙褂〉[94]：

姑有娘呀唉，姑呀，身著衣衫，繡花繡出菊竹加梅蘭，佢就又兩邊掛，哩個姑娘唉；姑呀，繡花人仔，富貴榮呀華呀唉。

---

92 夜帶生流，指晚上海中的急促水流。

93 零，即「斗零」，香港過去流行過的五仙硬幣；「唔值零」，是不值錢的意思。

94 廖廸生、胡詩銘編著；黎帶金嘆唱：《水上嘆歌》（香港：香港科技大學華南研究中心，2018年3月），頁71-72。

姑有娘呀唉，姑呀，身著衣衫，繡花繡出金玉呀滿堂，佢就又掛兩邊喇，哩個姑娘唉。姑呀，繡花人仔，萬千呀年呀唉。

姑有娘呀唉，姑呀，身著衣衫，繡花繡出孔雀呀開屏，佢就又攌攌炩，哩個姑娘唉；姑呀，繡花人仔，額外聰呀明呀唉。

姑有娘呀唉，姑呀，身著衣衫，繡花繡出盤上呀芙蓉，佢就又盤上種呀，哩個姑娘唉；姑呀，佢繡得千年佢就富貴，萬年唔呀窮呀唉。

姑有娘呀唉，姑呀，身著衣衫，繡花繡出木棉花，開花樹上種呀，姑娘唉；姑呀，繡花人仔，又朵朵鮮呀紅呀唉。

姑有娘呀唉，姑呀，身著衣衫，繡花繡出水仙花開花，又花燦爛，姑娘唉；姑呀，看呀花容易，繡花艱呀難呀唉。

姑有娘呀唉，姑呀，身著衣衫繡花，繡出米仔呀米蘭，佢就又唔在講話，姑娘唉；姑呀，繡花人仔，又好才呀郎呀唉。

姑有娘呀唉，姑呀，身著衣衫，繡花繡出白蘭花開花，又花霓麗話，姑娘唉；姑呀，繡花人仔，朵朵開呀齊呀唉。

姑有娘呀唉，姑呀，身著衣衫，繡花繡出大紅花開花，又紅到尾呀，姑娘唉；姑呀，繡花人仔，又好財呀嚟呀唉。

姑有娘呀唉，姑呀，身著衣衫，繡花繡出金鐘海棠，佢就又唔再印呀，姑娘唉；姑呀，繡花人仔，又繡出花囉裙呀唉。

新娘姊妹方面，也會互相嘆情，如〈姐妹相嘆〉（鹹水歌）[95]：

> 妹：我東基望子成龍過西基，有棵黑葉荔枝叫姐唔好娘住，你
> 　　做多兩年大姐，未算為遲。
> 姐：有心攞蝦趁水落，[96]唔係水大返流[97]算你恨遲。

嘆情也有姑嫂互嘆，如〈姑嫂相嘆〉（鹹水歌）[98]：

> 嫂：勸姑食咗蔗頭唔好丟咗蔗尾，唔好翻渣茶葉倒開涌皮[99]。
> 姑：翻嚼[100]蔗渣蔗渣無味，翻渣茶葉好過頭淋[101]。
> 嫂：砧板劏魚撐轉向，你做人阿嫂咪另轉心上。
> 姑：阿嫂貴言句句入耳，將嫂說話緊記心腸。
> 嫂：你返落人地路家，拂米落籮慢慢溜，咪叫人食飯慘過吮
> 　　牛。你返落人地路家第一服侍人地阿爹，第二服侍人地阿
> 　　媽。第三服侍人地太公杯茶。

母女也會相嘆，如〈母女相嘆〉（鹹水歌）[102]：

95　中山市坦洲鎮宣傳文化中心編：《坦洲鹹水歌》（缺出版資料，2009年9月），頁35-
　　36。
96　潮汐退潮之時。
97　大水返流，指潮水低谷轉漲潮之時。
98　中山市坦洲鎮宣傳文化中心編：《坦洲鹹水歌》（缺出版資料，2009年9月），頁36。
99　涌皮，指涌邊。
100　翻嚼，再咬一遍。
101　頭淋，指頭一趟茶。
102　中山市坦洲鎮宣傳文化中心編：《坦洲鹹水歌》（缺出版資料，2009年9月），頁36。

母：你咪返落人地路家，食慣鱠白鹹魚嘗白米，你咪食轉聲啖
　　總無返嚟。

女：我叫媽留多穀米三兩擔，三朝七日返到門行。

母：三朝唔返滿月到，就將滿月一齊返。

女：養仔有功養女無用，養豬養狗大搲銀用。

母：人地養仔朝朝有盆和熱水，我養女嗰盆熱水遞過他人。

女：勸媽朝早起身衣衫著多兩件，唔係北風涉入背花傷寒。

在昔日的婚禮中，女家新娘在婚前夜坐在船尾棚中，伴嫁娘陪伴旁
聽。婚禮嘆文化是一種表達感恩、告別親人和友情的文化，嘆文主要
由女性進行。首先，女性從已逝祖先開始嘆，感慨祖先多年來的庇護
和保佑。接著，女性嘆及活著的父母、兄弟姐妹，表達對家庭的愛與
不捨。這個過程被稱為「辭娘」。如果有人回嘆，則被稱為「對嘆」，
母親和婦女長輩主要嘆教導新娘為人媳婦的道理和表達不捨之情。伴
娘則嘆敘舊，回憶過去和新娘的友誼，表達對出嫁的女友的難分難捨
之情。嘆者一般是女性，男性極少。這樣的嘆文化往往會持續到深
夜，婚禮現場非常悲傷，聽者落淚，場面感人至深。[103]東莞那邊則稱
「嘆命」。

　　以下一首是香港筲箕灣漁民黎帶金〈結婚坐夜〉[104]的嘆情，對象
是父親，由出嫁兒女嘆唱：

---

103 黃妙秋（1975-　）：《海韻飄謠——廣西北海鹹水歌研究》（北京：大眾文藝出版
　　社，2004年5月），頁22〈婚禮〉，談到新娘出嫁前與父母、伴娘姊妹嘆情，基本跟
　　珠三角疍民情況一樣。因為北海市的漁民也是很早時從珠三角遷來，故此兩地民俗
　　有許多地方一致的。

104 廖迪生、胡詩銘編著；黎帶金嘆唱：《水上嘆歌》（香港：香港科技大學華南研究中
　　心，2018年3月），頁66-67。

親呀爺喇唉，使乜劏豬同紅[105]坐夜，哩個親爺唉；叫我親爺留返豬仔，路邊呀行呀唉。

親呀爺喇唉，爺喇，使乜買雞同紅坐夜，哩個親爺唉；叫我親爺留返，一更食米，二更哩啼呀唉。

親呀爺喇唉，你睇呀生雞又啯對眼，哩個親爺唉；我爹冇錢佢就賣女，得個人呀彈呀唉。

親呀爺喇唉，爹喇，你睇生雞又啯對耳，得個親爺唉；我爹冇錢佢就賣女呀，有人思疑呀唉。

親呀爺喇唉，爹喇，你睇生雞又啯對鼻，得個親爺唉；我爹冇錢佢就嫁女呀，細大唔嚟呀唉。

親呀爺喇唉，你睇呀生雞又啯把口，得個親爺唉；我爹冇錢佢就嫁女呀，實見憂愁呀唉。

親呀爺喇唉，爺喇，你睇生雞又啯對翼，得個親爺唉；爹喇，佢撲翼呀飛高，乃念爹娘，得個親爺唉；爹喇，佢腳中行慢，乃念爹娘呀唉。

親呀爺喇唉，爹喇，雞腎破開，又做籐籃，得個親爺唉；爹呀，你女面紅佢就皮厚，佢就捒衣嚟行呀唉。

---

105 紅，即「紅蓮」，借指女孩子。

親呀爺喇唉，爹喇，雞心雞肝，又雞五臟，得個親爺唉；爹喇，金刀佢就鋸頸，滑枝[106]通腸呀唉。

親呀爺喇唉，爹喇，面頭雞籠，佢就又罟肉眼[107]呀，親爺喇唉；爹喇，你女入門佢就容易，佢就出返艱難呀唉。

另一首嘆歌是〈嘆阿爹〉[108]，是出嫁女兒嘆唱：

親呀爺喇唉，爹喇，初開呀芥蘭，佢就夜呀靜說呀，親爺唉；我爹唔嫌佢就夜靜呀，兩句粗呀言呀唉。

親呀爺喇唉，我問爹呀醒時，佢就定嘅喺瞓呀，親爺唉；我問爹上街佢就辦事，佢就返家唔呀曾呀唉。

親呀爺喇唉，爹喇吟嘟[109]過呀街，耳挖有賣話，親爺唉；我叫爹挑通佢就對耳呀，聽紅[110]粗言呀唉。

親呀爺喇唉，上個月中，聽得人家喇賣紅，又細緻仔呀，親爺唉；哩個月中，聽女壞鬼粗言呀，鬱壞呀你心呀唉。

---

106 指竹枝。

107 指罟網。

108 廖迪生、胡詩銘編著；黎帶金嘆唱：《水上嘆歌》（香港：香港科技大學華南研究中心，2018年3月），頁68-70。

109 吟嘟：指以前收買舊物的小商人經過時，搖鈴發出的聲音。

110 紅：即「紅蓮」，借指女兒。

親呀爺喇唉，爹喇賣女呀過家，跳呀糴[111]大哪，親爺唉；我爹多多跳糴，賣過紅蓮呀唉。

親呀爺喇唉，我爹糴得有功呀有勞，唔怕做呀，親爺唉；我爹糴得冇功冇勞呀，枉爹腳骨呀力呀行唉。

親呀爺喇唉，爹喇，買嘢行返，又買嘢旺呀，親爺唉；爹喇，熱頭曬街，唔呀曬巷呀唉；叫爹行返巷仔呀，唞下陰呀涼呀唉。

親呀爺喇唉，我爹一日呀上街百呀幾勻呀唉；阿爹唔曾佢就停過，佢就半點時呀辰呀唉。

親呀爺喇唉，爹喇你女鏗口鏗聲，轉口呀二聲，又多謝爺話，親爺唉；你女口中佢就多謝，佢就衣衫金容呀唉。

親呀爺喇唉，我多謝喇衣衫廿七八件，哩個親爺唉；你女返家，慳慳佢就儉儉，佢就著夠三年呀唉。

親呀爺喇唉，爹喇，衣衫俾紅，又真講究呀，親爺唉；你女多謝我爹三兜[112]佢就長褲，佢就兩兜摟頭呀唉。

親呀爺喇唉，爹喇，金鈪俾紅，又手上帶，哩個親爺唉；爹喇，你女口中佢就多謝，佢就手中擠呀埋呀。

---

111 跳糴：阻滯的意思。
112 兜：量詞，條的意思。

親呀爺喇唉，爹喇，金鈀扭珠，你女扭拎話，親爺唉；你紅扭
拎呀，要金包呀籐呀唉。

親呀爺喇唉，爹喇，竹節單瓣，梅花做證呀，親爺唉；我爹拎
錢佢就打扮呀，不計金錢呀唉。

親呀爺喇唉，爹喇，金鏈佢就俾紅，唔在講哩個親爺唉；我爹
生錢佢就立利，俾女排場呀唉。

親呀爺喇唉，爹喇，玉墜呀包邊，又扣上扣呀，親爺唉；爺喇
傢例佢就買定呀，墜女低頭呀唉。

親呀爺喇唉，爺喇，金鏈俾紅，唔喺錢少呀，親爺唉；爹喇包
埋手工佢就鑿字，萬呀二三銀呀唉。

嘆的時候，大家你唱一首，我唱一句的對答起來，一個晚上就這
樣地過了。有些還要哭起上來，表示難捨棄父母、兄嫂及姐妹，這叫
作哭嫁。所以「對嘆」又稱「哭嫁歌」。

嘆，中山市三角鎮稱作「喊四句」，坦洲鎮、港口鎮稱作「嘆家
姐」，民眾鎮稱「喊嫁」，橫欄鎮稱「哭嫁」或「喊家姐」，小欖鎮稱
「唱歌」外，有些小欖村落稱「哭嫁歌」或「嘆情」，黃圃鎮稱「落
床」。嘆情是輪流唱的。新娘坐夜儀式時，除「嘆家姐」外，女家也
會唱起〈拜席〉、〈點燭〉、〈拜酒茶〉、〈嘆拜紅〉、〈拜全盒〉、〈姐妹相
嘆〉、〈姑嫂相嘆〉、〈母女相嘆〉、〈船頭送別歌〉，這些歌是鹹水歌。
〈姑嫂送別歌〉、〈做人阿嫂〉、〈七送阿姐〉，這些歌全是高堂歌。《嘆
情》時，是高堂調與鹹水調互混來唱。嘆唱活動會延續到男家前來迎

接新娘的時刻。這個與廣西北海有別，廣西北海市是只「嘆情」，這是一種變異。

　　男方也會有類似的「嘆情」的活動進行，中山那邊男家是唱鹹水歌，他們會唱上〈上大字〉、〈穿衣歌〉、〈唱棚面〉、〈唱明燭〉、〈唱點燭〉、〈唱檯頭〉、〈燭師歌〉、〈檯頭歌〉、〈檯頭銀燭〉、〈全盒歌〉，這些都是高堂歌。

〈檯頭銀燭〉（高堂歌調）[113]
一對銀燭擺上檯[ɔi]，燭光閃閃紅花開[ɔi]。
銀燭爹媽親手買，美滿姻緣天送來[ɔi]。

檯頭銀燭滿天光[ɐŋ]，照我新人結成雙[ɔŋ]：
兩個伴郎兩邊坐，猶如寶鴨伴鴛鴦[ɔŋ]。

檯頭銀燭滿堂紅[oŋ]，唱歌恭賀我公公[oŋ]。
福如東海年年在，壽比南山嶺上松[oŋ]。
檯頭銀燭照古今[ɐŋ]，照見新娘禮儀人[ɐŋ]。
請起爹媽拜三拜，盡我哀家孝順心[ɐŋ]。

檯頭銀燭氣清香[ɔŋ]，爹媽平日細商量[ɔŋ]。
千日賺錢今日使，留比孩兒結成雙[ɔŋ]。

檯頭銀燭喜如加[a]，點著四邊站開花[a]。
左邊銀燭狀元子，右邊銀燭中探花[a]。

---

113 坦文搜集：〈檯頭銀燭〉，收入中山市坦洲鎮宣傳文化中心編：《坦洲鹹水歌》（缺出版資料，2009年9月），頁62。

〈檯頭銀燭〉是用了轉韻處理。

> 〈**全盒歌**〉（長句高堂歌）[114]
> 新裝全盒五色威[ɐi]，七色果子落盒未裝齊[ɐi]，
> 真失禮大失禮[ɐi]，失禮左邊咁多書兄右邊咁多表弟[ɐi]；
>
> 真失禮大失禮[ɐi]，失禮左邊咁多留蔭阿姑右邊咁多撥蔭阿嫂；
>
> 真失禮呢班會兄弟[ɐi]，有錢買對金花鞋花襪仔咁齊[ɐi]，真失
> 禮呢班會兄弟[ɐi]，有錢買番炮仗外邊紅紙內邊泥[ɐi]；
>
> 真失禮呢班會兄弟[ɐi]，生錢生銀應分使[ɐi]，買番一隻金豬仔
> [ɐi]，擺上檯頭敬下禮[ɐi]，叫埋叔公老大行下禮[ɐi]，行返七
> 日七夜真係禮[ɐi]；
>
> 真失禮大失禮[ɐi]，呢班會兄弟[ɐi]，有錢有銀應份裝番一隻舢
> 板仔[ɐi]，一邊車一邊駛[ɐi]，駛到澳門兼氹仔[ɐi]，一四七二
> 五八三六九，駛到番上大沖口，啱啱遇著一個好朋友，糖果又
> 賒全盒又借，先問師爺問掌櫃[ɐi]，文字下頭兩棟底[ɐi]，今晚
> 為裝全盒我會兄弟盡來齊[ɐi]。

〈全盒歌〉（長句高堂歌）是用了一韻到底。

香港新界大澳則是以「嘆情」形式唱紅（即是嘆拜紅），「在一九
七〇年之前，婚禮前一天，男女家雙方都會舉行『點燭上頭』儀式，

---

114 吳志輝搜集：〈全盒歌〉，收入中山市坦洲鎮宣傳文化中心編：《坦洲鹹水歌》（缺出
版資料，2009年9月），頁63。

男方會安排一位男性親友在儀式進行時負責『唱紅』。在儀式中，親友會為新郎送來禮物及紅布條，新郎亦會馬上將紅布條穿在身上，唱紅的人同時唱出祝福的歌詞，也會將親友所送出之禮物唱出來。」
唱紅例一：

　　新郎的大姑丈（即新郎姊姊的丈夫）送來賀禮，唱紅者把賀禮內容唱出來：「『王百萬，[115]新契亞哥[116]叫佢做大姑丈，花布紅一條、金花一對、金錢一大個、全盒一個、禮事[117]一大封[oŋ]、禮事拎來立立重[oŋ]，主家拆開仲歡容[oŋ]。唔該大姑丈喺早時搭上石岐紮對大燈籠[oŋ]，左畫龍[oŋ]，右畫鳳[oŋ]，中間畫個牡丹芙蓉[oŋ]。日間又掛在歌堂棚[118]口兩邊，夜晚點著又影耀在河涌[oŋ]。』」[119]

　　香港新界大澳大姑丈送花布利是給新郎哥時嘆拜紅：

　　　　多隻泊埋，多隻興旺[ɔŋ][120]

　　　　多枝桅尾影開揚[ɔŋ]

　　　　多見石浪[ɔŋ]，

　　　　少見街巷[ɔŋ]，

　　　　多見蠔宿[ok]，

　　　　少見石屋[ok]，

　　　　一世人好耐做[ou]，

　　　　二百銅錢好耐數[ou]，

115　王百萬，是新郎大姑丈的名字。

116　新契亞哥，指新郎。

117　禮事，指紅包。

118　歌堂棚，指為結婚儀式的臨時場地。

119　廖迪生、胡詩銘編著；黎帶金嘆唱：《水上嘆歌》（香港：香港科技大學華南研究中心，2018年3月），頁36-37。押韻部分是筆者加上去的。

120　黃惠琼：《澳水靈山》（大澳：大澳工作室，2004年11月），頁20。

花布紅一條，利是一封立立重[oŋ]，

打開利是十分心紅[oŋ]，

先打鑼鼓後上紅[oŋ]。

在水上地區，迎娶是一個重要的儀式，而過去大多數的婚禮都是在凌晨寅時進行，即三時至五時。這個時候迎親被認為寓意人丁興旺，寅[jen²¹]與人[jen²¹]同音。此外，這個時段也被認為是避免遭遇不吉祥的事物，例如喪事隊伍或黑狗的時間。這種婚俗在過去非常普遍，在香港、澳門、陽江的東平、閘坡、沙扒等地區以及中山沙田區都有廣泛的流傳。

迎娶儀式通常在破曉前進行。男方的親友會乘坐「新抱船」（一般使用五橈艇或七通艇）前往女方家，船上架起布帳，插著彩旗，掛起迎親紅燈籠。他們會接新娘子，一起返回男方家守夜。為了取得成雙成對的意義，新郎會使用兩艘迎親船（禮艇）來迎接新娘，或者只使用一艘迎親船，但回程時，人數會從單數變成雙數。雙數人返，求取成雙成對之意。

在一些地方，新娘出門前會進行一些儀式，例如向娘家的住家艇添香、拜神、燒元寶金銀衣紙等。在漁家地區，新娘出嫁需要在寅時進行兩次離門的儀式，這其中包括回腳步的儀式。第一次儀式是在寅時舉行，新郎通常不會前來迎接，而是由大妗姐代替接新娘過門，同時也會將新娘的嫁妝一併接走。在東莞市虎門鎮，男方會派迎親船來接新娘，新娘從陸上出門後，不遠處便要再回到娘家（水棚或娘家艇）進行「回腳步」儀式。[121]，在珠海桂山島，黃細妹所稱的「回腳

---

121 廖迪生、胡詩銘編著；黎帶金嘆唱：《水上嘆歌》（香港：香港科技大學華南研究中心，2018年3月），頁32-33稱「新娘抵達男家後，便要到神檯拜神，向長輩敬茶及送上毛巾（稱為「賀圍」）。之後，新娘坐或跪在蓆上，特選定之時間，返回女家，

步」在這裡又稱為「翻面」。當新娘子完成「回腳步」儀式後，不久就要再次離開娘家，進行第二次離門。這次離家時，新娘子不能回頭看娘家，繼續向前走，直到到達約定的埠頭，視為行大運。在埠頭等待男方的迎親船到來時，新娘子與男方會進行對唱。在對唱時，女方的人會一一搬上男家船上的嫁妝，每一件嫁妝都會配上即興創作的鹹水歌，告知男家有什麼嫁妝帶到男家。歌唱結束後，新娘子由媒人安排落船到男家。這不是正式的迎娶過門，而是把新娘子接過來守夜。在落船前，新娘子要在眾女伴的簇擁下登艇，一路上歌聲四起，鞭炮齊鳴。

　　新娘出門，親友便唱起〈出門〉[122]（鹹水歌調、高堂歌調）：

1. 炮仗一雙地下響[ɔŋ]，燒雙炮仗襯姐高強[ɔŋ]。（鹹水歌調）
2. 叮叮噔噔地豆花生[ɐn]，藍色天空蓋上彩雲[ɐn]，你地今日迎親真合襯[ɐn]，順風順水送船行[ɐn]。（高堂歌調）
3. 一對竹篙埋一邊[in]，你伴郎有歌唔唱枉你青年[in]。（鹹水歌調）
4. 高堂落船坐大邊，淨番細邊坐新娘。（鹹水歌調）
5. 新裝艇仔九個艙[ɔŋ]，揭開銀櫃坐新娘[ɔŋ]，新娘坐落金交椅，媒人坐落彈弓床[ɔŋ]。（高堂歌調）

稱為『回腳處』。男家再於傍晚酒席前將新娘接到歌堂」。廣東省民族研究所編：《廣東疍民社會調查》（廣州：中山大學出版社，2001年8月），頁48：「疍民女子出嫁到了夫家之後，隨即再回娘家，在同一天下午，夫家再次用船接她回去，這種嫁後立刻回娘家然後又再由夫家接回去的過程，他們稱為『回腳步』。」頁88：「嫁過男家後一兩個鐘頭便回娘家。」;《水上嘆歌》和:《廣東疍民社會調查》的「回腳步」所指跟筆者調查有很大分別。雖然有差別，卻看到「回腳步」在各處水鄉之地，產生了少許變異。

122 梁三妹、梁翁妹口述：〈出門〉，收入中山市坦洲鎮宣傳文化中心編：《坦洲鹹水歌》（缺出版資料，2009年9月），頁37-38。

6. 大母娘身著花鞋繡紗襪帶，你身穿衣服八幅纙裙。（鹹水歌調）

7. 金花一對彩虹又一條[iu]，番鬼花邊有幾十大元，前三十四，後三十六，二七一十四，二八一十六，識者話佢一百足，唔識話佢九十六，識者莫彈，彈者莫笑[iu]，我妹在家多，出路少[iu]，算盤字墨都不曉[iu]。我趴上深山多見樹木少見人倫，我一百錢銀分兩棟[oŋ]，左邊標花右邊鳳[oŋ]，右邊標到新抱船頭有條狀元紅[oŋ]，左邊標到新抱船尾有對迎親燈籠[oŋ]。我一條竹仔破溶破爛織燈籠[oŋ]，織成燈籠兩頭通[oŋ]，我沙紙搌皮篾做拱[oŋ]，裡頭點火外頭紅[oŋ]。（長句鹹水歌調）（用了轉韻）

8. 送姐送到落船中[oŋ]，一河銀水影芙蓉[oŋ]。今日同姐分別去，未知何日再相逢[oŋ]。（高堂歌調）

9. 送姐桂花伴髻圍[ɐi]，祝姐夫妻心願要齊[ɐi]。百年好合和和氣[ei]，夫妻和順白髮齊眉[ei]。（高堂歌調）

10. 船頭彎船尾彎[an]，船頭有兩棵紅芥蘭[an]，船頭有對花斑狗[ɐu]，船尾有對浸水牛[ɐu]。（高堂歌調）

11. 船頭彎船尾彎[an]，船頭有兩棵青芥蘭[an]，咁好燈籠唔點火[ɔ]，咁好大母娘唔唱歌[ɔ]。（高堂歌調）

12. 你班姊妹真正泱[ɔŋ]¹²³，你吃青蘿蔔淘清湯[ɔŋ]，冷飯淘茶唔在講[ɔŋ]，食到你班姊妹眼光光[ɔŋ]。（高堂歌調）

13. 我班姊妹一步進前兩步退後[ɐu]，就將三步進到兩步到我姐船頭[ɐu]。（鹹水歌調）

14. 大母娘娘全盒拜來問你愛唔愛[ɔi]，若然係愛就拱手埋來[ɔi]。（鹹水歌調）

---

123 泱，調皮之意。

15. 全盒彎全盒彎[an]，全盒裝來在中山[an]，全盒裝來一間間
    [an]，亦有番薯芋仔落盒在中間[an]。（高堂歌調）

16. 全盒彎全盒彎，全盒裝來順我底[ɐi]，七星果子落盒未裝齊
    [ɐi]，第一枝裝番縮角洋桃黑葉荔[ɐi]，第二枝裝裝翻柑桔
    兼馬蹄[ɐi]，第三枝裝裝翻海南椰子落盒盡裝齊[ɐi]。（高堂
    歌調）

17. 大母娘娘我妹全盒拜來不要授哂[ai]，授剩多多少少我地姊
    妹好攀派[ai]¹²⁴。（鹹水歌調）

18. 多謝我姐利是千又千[in]，千千萬萬裝隻順風船[in]。我買
    到高田來插糯，買到低田插番龍牙粘[in]。（高堂歌調）

19. 多謝我姐利事千又千[in]，千千萬萬裝隻順風船[in]。順風
    順水駛過安南邊[in]，買艇有剩買肥田[in]。（高堂歌）

20. 送姐一朵玫瑰花[a]，玫瑰花開幸福家[a]，今日我姐來出嫁
    [a]，祝姐和順富貴榮華[a]。（高堂歌調）

21. 送姐葵花伴髻圍[ɐi]，祝姐夫妻心要齊[ɐi]，祝你百年好合
    和和氣[ei]，祝姐夫妻和順白髮齊眉[ei]。（高堂歌調）

22. 我姐大喎女未曾唱過大話歌[ɔ]，一個蘿蔔切開幾大籮[ɔ]，
    雞嫲生春¹²⁵鴨嫲唞，蟛蜞¹²⁶追鴨隨田坡[ɔ]¹²⁷，有人上山叉
    白蟮，有人落海打鵝哥[ɔ]，頭上插花是你新阿嫂，穿鞋踏
    襪是我新貴阿哥[ɔ]。（高堂歌調）

23. 送姐送到三忿口[ɐu]，東西分別各一頭[ɐu]，祝姐身體多保
    重，歡心快樂莫擔憂[ɐu]。（高堂歌調）

---

124 攀派，分派之意。

125 生春，下蛋之意。

126 蟛蜞，指螃蟹。

127 隨田坡，隨田撲之意。

〈出門〉（鹹水歌調、高堂歌調）是以轉韻處理。

新娘登上男家迎親船時，會對唱鹹水歌，不是嘆情。送別歌如〈船頭送別〉（鹹水歌）[128]：

> 嫂：竹方木方[ɔŋ]，我今送姑過鄉漏落[129]兩樣[ɔŋ]，漏落手巾牙刷在爹媽鋪床[ɔŋ]。
>
> 姑：千真萬真[ɐn]，牙刷手巾你姑唔恨[ɐn]，你姑只怕亞嫂係個有情人[ɐn]。
>
> 嫂：送姑過鄉，日後去到人地家中，人家來管[un]，聽落教導搞好家門[un]。
>
> 姑：竹籬木籬[ei]，話落我嫂心知。去到嗰邊就係你姑住地[ei]，若然你姑做得唔好我無面返嚟。
>
> 嫂：入到人地家門，莫個挨家笨巷[130][ɔŋ]，得閒下落[131]洗下衣裳[ɔŋ]。
>
> 姑：話落阿伯阿姆[ou]，邊個得閒邊個做[ou]，你姑依家落力以後日子過得好[ou]。
>
> 嫂：阿姑莫話食了蔗頭丟了蔗尾，莫話聽得老公說話唔願返嚟。
>
> 姑：叮叮逛逛，話落我嫂記在心間[an]，人地唔比我返[an]，我都大步攬[132][an]，攞衣唔到我都頂住身行[133]。
>
> 嫂：第一問姑有冇掛爹？第二問姑有冇掛媽？第三問有無掛落阿嫂真言？

---

128 坦文搜集：〈船頭送別〉，收入中山市坦洲鎮宣傳文化中心編：《坦洲鹹水歌》（缺出版資料，2009年9月），頁39-41。

129 漏落：剩下。

130 挨家笨巷，即串門的意思。

131 下落，指時候。

132 大步攬，指大步跨過去的意思。

133 頂住身行，指照樣子要走。

姑：千真萬千[ɐn]，你姑掛住爹媽鄉親心中記緊[ɐn]，你姑真
　　心掛住哥嫂以及外家細大親人[ɐn]。

嫂：叫姑你學勤慳莫學懶[an]，你若然學懶受人彈[an]。

姑：你姑去到人家大細功夫勤力去做，你姑曬溶爛唔會嫌家婆
　　貪窮。

嫂：叫姑早的起身莫好霖瞓[134][ɐn]，燒茶遞水侍奉老爺安人
　　[ɐn]。

姑：竹方木方[ɔŋ]，我嫂話落我用心裝[ɔŋ]，姑生成大懵大
　　憨，但知書識禮唔怕搞亂人地家堂[ɔŋ]。

嫂：叫姑裝香拜神，叫姑學做[ou]，叫姑俾心服侍人地太公香
　　爐[ou]。

姑：千真萬真[ɐn]，你姑裝香拜神唔熟稟[ɐn]，你姑過涌過地
　　都要問過大母以及安人[ɐn]。

嫂：叫聲阿姑唔好嫁住[i]，做多兩年大姐尚未遲[i]。

姑：竹枝木枝[i]，我嫂心知[i]，人地養定大豬擇定個好日子
　　[i]，男家擇日無得推遲[i]。

嫂：我失金銀無咁恨[ɐn]，失姑條路世上難尋[ɐn]。

姑：千真萬真，兩地分身難別你[ei]，我如今就要離別爹別母
　　姑嫂分離[ei]。

嫂：送姑落船[in]，日後好少見面[in]，若然有見起碼成年[in]。

姑：千真萬真，你姑三朝回門見嫂口面[in]，見哥快活見嫂心
　　甜[in]。

嫂：淚水紛紛[ɐn]，叫姑要忍[ɐn]，叫姑抹乾眼淚返去會親人
　　[ɐn]。

---

134 霖瞓，即睡懶覺。

姑：竹箱木箱[ɔŋ]，你姑眼淚抹乾聽嫂你講[ɔŋ]，你姑好頭好
　　日做人新娘[ɔŋ]。

嫂：送姑開船天公庇祐[ɐu]，順風順水到埋頭[ɐu]。

姑：竹梳木梳[ɔ]，同嫂丟梳[ɔ]，心酸惡過[135][ɔ]，你姑坐落船
　　艙嗰陣順晒江河[ɔ]。

嫂：阿姑行過橋頭有道暗渠還有明竇[136][ɐu]，叫姑屐實[137]毡布
　　咪丟包頭[ɐu]。

姑：竹枝木枝[i]，阿嫂說話阿姑記住[i]，你姑毡布屐實唔被會
　　友竹仔挑離[138]。

嫂：大艇出涌越走越遠[in]，恭賀接親大艇水陸安全[in]。

姑：聽嫂說話唔真好肉緊[139][ɐŋ]，恭賀外家細大龍馬精神[ɐŋ]。

船頭送別後，姑嫂還會唱起〈姑嫂送別〉（高堂歌）[140]：

嫂：一送阿姑別爹娘[ɔŋ]，爹媽養育廿年長[ɔŋ]。幾多心血唔
　　再講[ɔŋ]，叫姑永遠記心腸[ɔŋ]。

姑：一別阿嫂記心上[ɔŋ]，離刷家嫂離別鄉[ɔŋ]。外家條路多
　　行走，別離家嫂苦斷肝腸[ɔŋ]。

嫂：二送阿姑別鄉親[ɐŋ]，父母恩情似海深[ɐŋ]。養育功勞心
　　記緊[ɐŋ]，米升咁大養育成人[ɐŋ]。

---

135 惡過，即難過。
136 明竇，指小水閘。
137 屐實：緊繫著。
138 若然是中山石岐那邊，「離」的韻母是[i]。
139 肉緊，心急之意。
140 坦文搜集：〈姑嫂送別〉，收入中山市坦洲鎮宣傳文化中心編：《坦洲鹹水歌》（缺出
　　版資料，2009年9月），頁41-42。

姑：二別阿嫂記在心[ɐn]，事無大細你跟尋[ɐn]。家嫂一向好
　　人品[ɐn]，侍奉我爹共娘親[ɐn]。

嫂：三送阿姑又丟梳[ɔ]，以前做女快活多[ɔ]。家頭細務少打
　　理，如今做人阿嫂事務多[ɔ]。

姑：三別阿嫂好主張[ɔŋ]，姑嫂情誼記心上[ɔŋ]。當我仔女一
　　樣看，同我做過新衣裳[ɔŋ]。

嫂：四送阿姑記心間[an]，親戚細大送姑行。白飯裝開食多兩
　　啖[an]，莫個怕醜且餓一餐[an]。

姑：四別阿嫂強開顏[an]，多謝家嫂送姑行。今後學勤唔學懶
　　[an]，好食懶非受人彈[an]。

嫂：五送阿姑離開家[a]，以後唔好嘴喳喳[a]。聽從安人的說
　　話[a]，莫個吵鬧瘟臭家[a]。

姑：五別阿嫂笑痴痴[i]，聽嫂說話做多啲[i]。朝頭開工早啲
　　去，晚頭收工煮飯喂鴨又喂豬[i]。

嫂：六送阿姑出門口[ɐu]，和睦孝順記心頭[ɐu]。莫跟夫家人
　　吵鬧，莫跟隔籬鄰舍結怨仇[ɐu]。

姑：六別阿嫂笑呵呵[ɔ]，家嫂教姑插田又割禾[ɔ]。河涌咁深
　　點樣過[ɔ]，多得阿嫂拉過河[ɔ]。

嫂：七送阿姑到門前[in]，阿姑結婚在今天[in]。愁雲愁事風吹
　　散，外家條路記心田[in]。

姑：七別阿嫂心不慌[ɔŋ]，外家條路是我鄉[ɔŋ]。一掛哥來二
　　掛嫂，第三掛住親爹娘[ɔŋ]。

嫂：八送阿姑到船頭[ɐu]，祝姑順風又順流[ɐu]。返到男家大
　　門口[ɐu]，千祈唔好眼淚流[ɐu]。

姑：八別阿嫂人咁齊[ɐi]，兄嫂教導無丟低[ɐi]。想爛心肝勾爛
　　肺[ɐi]，晚間瞓落想到雞啼[ɐi]。

嫂：九送阿姑大紅花[a]，開枝散葉過夫家[a]。望子成龍騎白
　　馬[a]，金榜題名中探花[a]。

姑：九別阿嫂道理真[ɐn]，兄嫂對我情義深[ɐn]。失錢失銀無
　　咁恨[ɐn]，失嫂條路惡跟尋[ɐn]。

嫂：十送阿姑別離鄉[ɔŋ]，望姑身體得健康[ɔŋ]。兩頭父母多
　　行往[ɔŋ]，俾心服侍佢爹娘[ɔŋ]。

姑：十別阿嫂船開頭[ɐu]，水路灣灣我唔憂[ɐu]。改日再來多
　　請教，三朝回門返到家嫂門口頭[ɐu]。

　　姑嫂送別外，也會妹妹與姐鬧別，會唱起〈七送阿姐〉（高堂
歌）[141]：

　　一送阿姐別爹娘[ɔŋ]，父母養育廿年長[ɔŋ]。
　　幾多心血唔再講[ɔŋ]，棉乾水濕恩情長[ɔŋ]。

　　二送阿姐別哥嫂[ou]，哥嫂平日好勤勞[ou]。
　　牽頭拔纜乜都做[ou]，使錢向來冇人家咁粗[ou]。

　　三送阿姐別鄉親[ɐn]，鄉親個個甚好人[ɐn]。
　　平時生活常接近[ɐn]，依依不捨實難分[ɐn]。

　　四送阿姐別鄉村[in]，鄉村河水清又甜[in]。
　　娘家生活過日好，望姐日後多回旋[in]。

---

141 坦文搜集：〈七送阿姐〉，收入中山市坦洲鎮宣傳文化中心編：《坦洲鹹水歌》（缺出
　　版資料，2009年9月），頁43-44。

五送阿姐來上船[in]，阿妹伸手把姐牽[in]。
阿姐揸住阿妹手，姐妹拖手心相連[in]。

六送阿姐到船艙[ɔŋ]，船艙有個大母娘[ɔŋ]。
大母撐遮遮日曬，阿姐遮下好蔭涼[ɔŋ]。

七送阿姐到哥家[a]，炮仗落地開紅花[a]。
夫妻恩愛心不變，拜堂敬酒和敬茶[a]。

　　在新娘上迎娶船之前，女方的長輩和親友會進行一番諫言，稱之為「諫方」。這是一首歌，旨在給新娘出嫁前提供指導和建議，告誡她要遵從當地的風俗習慣，努力工作致富，尊重長輩並關心孩子，並熟悉鄉情等。諫方會在迎娶之前，在埠頭進行，由女方的長輩和親友唱起〈十二諫方〉（鹹水歌）[142]：

竹方木方[ɔŋ]，第一道諫方[ɔŋ]，叫妹返落人地家鄉[ɔŋ]，
裙腳戚高左腳入，莫叫我妹踢人門檻受人彈。

叮叮噹噹[ɔŋ]，第二道諫方[ɔŋ]，我妹返落人地家鄉[ɔŋ]，
香爐霖成番塔樣[ɔŋ]，香灰跌落攞去育薑苗。

左裝右裝[ɔŋ]，第三道諫方[ɔŋ]，我妹返落人地家鄉[ɔŋ]，
裝香三支真係禮。莫過裝香一支受人彈。

142　坦文搜集：〈十二諫方〉，收入中山市坦洲鎮宣傳文化中心編：《坦洲鹹水歌》（缺出版資料，2009年9月），頁46-47。

叮叮噹噹[ɔŋ]，第四道諫方[ɔŋ]，我妹六隻酒杯攞開兩趟[ɔŋ]，莫過我妹攞開一趟受人彈。

叮叮噹噹[ɔŋ]，第五道諫方[ɔŋ]，我妹返落人地家鄉[ɔŋ]，十隻茶杯攞起兩趟[ɔŋ]，莫過我妹攞開一趟受人彈。

左裝右裝[ɔŋ]，第六道諫方[ɔŋ]，我妹返落人地家鄉[ɔŋ]，柴倉無柴隔晚挪定[eŋ]，瓿缸無水隔晚抽埕[eŋ]。（轉韻）

叮叮噹噹[ɔŋ]，第七道諫方[ɔŋ]，我妹返落人地家鄉[ɔŋ]，金鑊煮茶銀飯蓋，金埕挽水直入廚房[ɔŋ]。

叮叮噹噹[ɔŋ]，第八道諫方[ɔŋ]，我妹返落人地家鄉[ɔŋ]，掃把執歸門口笨住，莫過我妹丟出門口受人彈。

左裝右裝[ɔŋ]，第九道諫方[ɔŋ]，我妹過鄉返落人地家中，亦有初一仲有個十五，我妹大盤蒸糕請問家娘[ɔŋ]。

叮叮噹噹[ɔŋ]，第十道諫方[ɔŋ]，我妹返落人地家鄉[ɔŋ]，拂米落籮仲要問過，金升拂米問過家娘[ɔŋ]。

竹方木方[ɔŋ]，第十一道諫方[ɔŋ]，我妹要返外家仲要問過，我妹返家唔問受人彈。

竹方木方[ɔŋ]，第十二道諫方[ɔŋ]，我妹過鄉[ɔŋ]，返入人地家庭做人要定性[eŋ]，萬過我妹懵懂辦事唔曉鄉情[eŋ]。（轉韻）

香港新界大澳那邊是〈十諫新娘〉[143]：

第一諫

有新娘身著紅衫佢都係姑嚟做[ou]啦！

佢都有聽朝佢都著起個龍借袍[ou]啦！

第二諫

有新娘都身著紅衫，佢都頭拎個髻朗，

佢都有手穿鞋襪佢都樣樣雙套嚟！

第三諫

有新娘身著紅衫佢都有蝴蝶間，

佢都有大官任讓你先行呀！

第四諫

有新娘都鑼鼓三聲佢都立有亂響[ɔŋ]呀！

佢都有吹簫佢打鼓接姑都有新娘[ɔŋ]呀！

第五諫

有新娘都手指伸開，佢二指又中[oŋ]呀！

佢都有聽朝佢行嫁點對提籠[oŋ]　！

第六諫

有新娘都一步行前，佢都步步震[ɐn]嚟！

咪俾嗰條鞋扣踩爛嗰條花借裙[ɐn]呀！

第七諫

有新娘都二步行前都有唔使震[ɐn]，

！嚟[nɐ]人身姑伴都母大姑大有都佢！

---

143 黃惠琼：《澳水靈山》（大澳：大澳工作室，2004年11月），頁24。

第八諫

有新娘返到路邊點燈，佢三步三拜三跪啦！

佢都有膝頭佢跪地佢都有手攀長啦！

第九諫

有新娘返到路邊敬奉家娘爺佢都四拜四跪啦！

佢都有膝頭跪地叫聲安人啦！

第十諫

有新娘都燒酒八杯，佢都遞到佢口[ɐu]啦！

人家口頭鼻舌，佢都低頭[ɐu]啦！

　　在新娘子到達男家之後，她需要經過一系列的儀式。首先，她會跨過男家船前的火盆，然後進入男家連家船，上香拜神，並且與長輩叩跪奉茶。接著，新郎會掀起新娘子的紅頭巾，並且用扇子或柴枝輕敲她的頭三下，以示新娘子日後要聽教聽話、三從四德，做一個賢淑的妻子。完成這些儀式後，在天亮之前，新娘子會被送回女家。隔天早上吉時，男方才正式去迎娶新娘入門，這是夜嫁的一個特色，保留了古代的遺風。當男家早上好時辰迎新娘後，[144]隨行的姐妹去到男家，便會唱起姐妹道賀歌，如〈姊妹道賀〉[145]：

　　1. 去到我哥棚口失失慌，我滿身淡汗冇野抹得乾[ɔn]，我十件衣裳濕緊九件半，我多得唨多謝唨，我多謝天公出熱曬番乾[ɔn]。（高堂歌調）（寬韻）

---

144 早上吉時迎取新娘，禮艇上有一張長櫈，新郎是坐在艇頭方向的左邊，旁邊則坐上戙穿石，新娘是坐在新郎的右邊，新娘旁邊是伴娘坐的。

145 梁三妹、梁翁妹口述：〈姊妹道賀〉，收入中山市坦洲鎮宣傳文化中心編：《坦洲鹹水歌》（缺出版資料，2009年9月），頁48-49。

2. 我哥棚口威棚口威[ɐi]，唔知我新貴阿哥棚口向東定向西[ia]，棚尾搭成丫角髻[ɐi]，棚口搭成八幅欄裙四面齊[ɐi]。（高堂歌調）

3. 多謝我哥凳一張[ɔŋ]，比班姊妹坐落透身涼[ɔŋ]，凳腳刨成欖核樣[ɔŋ]，凳面刨得閃金光[ɔŋ]。（高堂歌調）

4. 多謝我新貴阿哥茶一盅[oŋ]，飲乾杯底起條龍[oŋ]，龍龍鳳鳳吞落肚，飲過七日七夜讚茶融[oŋ]。食菸多謝種菸人[ɐn]，飲茶多謝煮茶人[ɐn]，食飯多謝禾花女，多謝我哥新老爺人情比海深[ɐn]。多謝我新貴阿哥一口菸[in]，山字企人讓哥你食先[in]，大字上頭加一橫，我領哥人情大過天[in]。（高堂歌調）（轉韻）

5. 新哥大字真正威[ɐi]，兩朵金花伴一齊[ɐi]，千日搵錢唔捨使[ɐi]，留番錢財今日娶個好嬌妻[ɐi]。（高堂歌調）

6. 唱隻粗歌恭賀新老爺[ɛ]，門口搭棚雨布遮[ɛ]，你今日請埋叔公老爺來飲食，你好大功勞做個新老爺[ɛ]。（高堂歌調）

7. 唱隻歌仔恭賀新安人[ɐn]，你仔今日成龍是你骨肉親[ɐn]。膊頭琪成琪帶痕[ɐn]，背脊琪成好多尿蝦印[ɐn]，你好大功勞至做得新安人[ɐn]。（高堂歌調）

8. 我再唱隻歌仔恭賀新老爺新安人[ɐn]，今日你仔成龍笑吟吟[ɐn]。這杯甜茶應分飲[ɐn]，莫怪孩兒無孝心[ɐn]。（高堂歌調）

9. 再唱一隻歌仔恭賀新老爺共新安人[ɐn]，今日你仔成龍笑吟吟[ɐn]，你兩杯清茶應份飲[ɐn]，紅棗茶送餅慢慢吞[ɐn]。（高堂歌調）

10. 唱隻粗歌恭賀大伯爺，你細佬置家落力幫[ɔŋ]，埕酒糯米唔再講[ɔŋ]，你金戒指落盒好應當[ɔŋ]。（高堂歌調）

11. 唱隻粗歌恭賀大母娘[ɔŋ]，你叔仔置家落力幫[ɔŋ]，你朝頭
　　做野做到晚，衣衫濕透好大功勞。（高堂歌調）

12. 唱隻粗歌恭賀大姑丈[ɔŋ]，你舅仔置家落力幫[ɔŋ]，籠雞籠
　　鴨唔在講[ɔŋ]，埕酒糯米共燒豬。（高堂歌調）

13. 唱隻粗歌恭賀你大姑頭，你細佬置家落力幫[ɔŋ]，你金鐲落
　　盒唔在講[ɔŋ]，雙封喜帳拖到床[ɔŋ]。（高堂歌調）

14. 祝我大姑頭返家種蕉大棵種禾大串，養豬快大養仔成龍。
　　（鹹水歌調）

15. 恭賀小弟呢個大伯爺[ɛ]，大炮唔係有得車[ɛ]。你弟結婚唔
　　使借[ɛ]，去到買野唔使賒[ɛ]。（高堂歌調）

16. 恭賀小弟大母娘[ɔŋ]，我叔仔結婚出力幫[ɔŋ]。幫助錢財唔
　　再講[ɔŋ]，還有皮靴共唐裝[ɔŋ]。（高堂歌調）

17. 叫你大伯爺大母娘飲茶咪飲銀，我祝你大伯爺返家朝七賺
　　千晚賺八百，朝頭共晚樘箱[146]抽唔埋。（鹹水歌調）

18. 我姐新老爺門口種棵大白菜[ɔi]，我姐安人老爺百萬家財
　　[ɔi]，我姐新老爺門口種棵銀仔樹[i]，請人掃地請人擔銀。
　　我姐新老爺門口種棵快活樹[i]，我姐新老爺企高快活坐低
　　風涼。我姐新老爺門口種棵紅棗樹[i]，咁多紅棗就咁多孫
　　兒[i]。（鹹水歌調）（轉韻）

　　新郎迎親時，新娘姐妹用高堂歌來唱新郎迎親情景，如〈新郎迎
親朋〉（高堂歌調）[147]：

---

146 樘箱，即抽屜。

147 坦文搜集：〈新郎迎親朋〉，收入中山市坦洲鎮宣傳文化中心編：《坦洲鹹水歌》（缺
　　出版資料，2009年9月），頁63-64。

明月照我到歌棚，大條金棟住西南[an]。
姐妹一班渡水飯[an]，來到新哥家庭趕飯餐[an]。

爆竹聲聲紅花開[ɔi]，千張交椅百張檯[ɔi]。
米字寫成橫過海[ɔi]，新哥請我入棚來[ɔi]。

望見棚口咁光輝[ɐi]，唔知棚口向東定向西[ɐi]，
向東搭住鴉角髻[ɐi]，向西大利珍珠溜齊[ɐi]。

新郎新又新娘新[ɐŋ]，滿堂貴客是親人[ɐŋ]，
唔知邊啲遠路邊啲近[ɐŋ]，請讓條路賀新君[ɐŋ]。

新哥請我入棚來[ɔi]，我無拘束坐埋檯[ɔi]。
新哥熱情來招待[ɔi]，我祝新哥添丁又發財[ɔi]。

我入到棚內唱支歌[ɔ]，祝賀新哥娶老婆[ɔ]。
新哥心情真係靚，禮儀彬彬樂呵呵[ɔ]。

多謝新哥火柴一雙雙[ɔŋ]，支支劃著閃金光[ɔŋ]。
新哥劃過丁財旺[ɔŋ]，我妹劃過身體健康[ɔŋ]。

多謝阿哥香茶一盅盅[oŋ]，滾水斟落氣蓬蓬[oŋ]。
拎起茶杯飲一啖，我妹飲過七日七夜讚茶濃[oŋ]。

多謝新哥一杯茶[a]，斟茶叮咚起浪花[a]。
我妹飲過唔怕喉嚨啞[a]，領哥好意帶回家[a]。

多謝新哥凳一張[ɔŋ]，凳面刨成兩面光[ɔŋ]。
凳腳刨成欖核樣[ɔŋ]，俾妹坐落自然涼[ɔŋ]。

姐妹行來有高低[ɐi]，齊齊祝賀新哥結夫妻[ɐi]。
新哥招呼我食飯，同來姐妹坐埋圍[ɐi]。

新娘到了男家，親戚會來賀新娘、賀新郎，會唱起〈賀新娘〉、〈賀新郎〉[148]：

〈賀新娘〉（高堂歌）
一賀新娘結婚姻[ɐŋ]，新哥新娘好對襯[ɐŋ]。
夜間同眠和共枕[ɐŋ]，日間永結同條心[ɐŋ]。

二賀新娘過村鄉[ɔŋ]，新哥新娘結成雙[ɔŋ]。
夫妻有情好傾講[ɔŋ]，日間同食夜夜同床[ɔŋ]。

三賀新娘會唱歌[ɔ]，新哥新娘結絲羅[ɔ]。
夫妻有情真唔錯[ɔ]，千年萬代無丟疏[ɔ]。

四賀新娘結夫妻[ɐi]，新哥新娘無高低[ɐi]。
相敬相愛建家園，雙雙攜手入羅帷[ɐi]。

五賀新娘插金花[a]，嫁落嗰處好人家[a]。
豐衣足食冇心掛[a]，夫妻富貴又榮華[a]。

---

148 坦文搜集：〈賀新娘〉、〈賀新郎〉，收入中山市坦洲鎮宣傳文化中心編：《坦洲鹹水歌》（缺出版資料，2009年9月），頁81-83。

六賀新娘永無憂[ɐu]，兩朵金花插房口[ɐu]。
知書識禮又賢淑，夫妻相愛共白頭[ɐu]。

七賀新娘打扮新[ɐn]，我姐身著八幅羅裙[ɐn]。
菊花新鞋紅襪襯[ɐn]，笑口迎客把茶斟[ɐn]。

八賀新娘好心情[eŋ]，新哥新娘笑盈盈[eŋ]。
和睦家庭真喜慶[eŋ]，祝賀夫妻發財又添丁[eŋ]。

九賀新娘結成雙[ɔŋ]，新哥新娘結鳳凰[ɔŋ]。
滿堂貴客人丁旺[ɔŋ]，一年更比一年強[ɔŋ]。

十賀新娘好佳時[i]，吉日良辰冇拖遲[i]。
新哥新娘好情誼[i]，滿堂貴客笑嘻嘻[i]¹⁴⁹。

〈賀新郎〉（高堂歌）
一賀新哥娶嬌妻[ɐi]，兄弟叔侄都來齊[ɐi]。
新哥結婚行大禮[ɐi]，酒席擺番廿零圍[ɐi]。

二賀新哥娶老婆[ɔ]，新哥新娘無丟疏[ɔ]。
日間同行夜共枕，秤不離砣公不離婆[ɔ]。

三賀新哥結成雙[ɔŋ]，良時吉日結鳳凰[ɔŋ]。
前面睇來皇帝樣[ɔŋ]，後面睇來十足個狀元郎[ɔŋ]。

---

149 嘻，這裡不讀作[-ei]。

四賀新哥結婚姻[ɐn]，新娘入門敬茶勤[ɐn]。
不論親疏和遠近[ɐn]，先敬老爺後敬安人[ɐn]。

五賀新哥插金花[a]，花好月圓置新家[a]。
夫妻情誼好說話[a]，長藤結子瓜撐瓜[a]。

六賀新哥想得周[ɐu]，人情世故有相求[ɐu]。
答謝叔伯和朋友[ɐu]，猜媒鬥酒樂悠悠[ɐu]。

七賀新哥結良緣[in]，爹媽歡喜心好甜[in]。
新哥今年時運轉[in]，應知父母望添孫[in]。

八賀新哥好容顏[an]，門前搭起金字大棚[aŋ]。
請齊親友來食飯[an]，美酒佳餚敬親朋[aŋ]（寬韻）。

九賀新哥你聽真[ɐn]，夫妻和睦同條心[ɐn]。
錢財用咗慢慢搵[ɐn]，慳慳儉儉積草錢[150]銀[ɐn]。

十賀新哥唔簡單[an]，爹媽為你笑開顏[an]。
勤勞兒孫孝順仔，開枝散葉好家山[an]。

水上人在舉辦婚禮時，經常會舉行多天的盛大筵席，包括正餐和閒餐兩種。正餐通常是指婚禮當天的宴席，而閒餐則通常在婚禮前一天和婚禮後一天進行。在過去，親朋好友會前來幫忙準備食物，他們在第

150 草錢，積蓄之意。

一天工作時所享用的飯菜被稱為閒餐。婚禮後，還有很多事情要處理，包括清理殘菜剩飯等。這時，幫手的親朋好友會吃剩下的食物，這一餐也被稱為閒餐。

　　漁民結婚設宴都不像街上人般在酒家舉行，而是在船上進行，有錢的漁民會上歌堂躉（香港）、廚艇（香港）[151]或紫洞艇（廣州），有些地方則稱作喜艇，大家是在艇上吃喜酒。上紫洞艇是廣州有錢的漁民，廣州那兒方有紫洞艇（內河艇，是櫓的，不能櫓到香港來），香港是沒有的。香港的歌堂躉都是由舊的拖船改建而成，座位只是長板凳。在珠江三角洲一帶和清遠市一帶的鄉落間河面漁船較為小，所以會幾艘小船停泊在一起來擺喜宴，他們會在陸上煮食物，帶回船上享用。鄉落間的漁民稍有些錢的，會在陸上臨時搭建歌堂棚（即臨時竹棚），在歌堂棚裡大宴親友。

　　洞房前，要由花燭婆負責為一對新人點花燭，確保一對花燭，要同時燒完，這是象徵新人會白頭到老的意義。花燭婆即是點燭婆，一般由好命婆兼任，這是香港的情況。東莞市虎門鎮新灣漁港漁民高漢仔表示他們那裡的花燭婆是由大嫂擔任的。點燭時，出嫁女子之女性親友會嘆起〈點燭開枝散葉〉[152]：

> 點燭公呀，點燭婆喇唉，一早採花，又花葉襯呀唉；我婆採返花棯[153]，佢就大葉果匡褸鬖[154]呀唉。
> 點燭公呀，點燭婆喇唉，我婆採花採返，又真瑞意呀唉；我婆採返花棯，佢就大葉你襯住孫兒呀唉。

---

151 香港仔避風塘的漁利泰海鮮舫就是廚艇。
152 廖廸生、胡詩銘編著；黎帶金嘆唱：《水上嘆歌》（香港：香港科技大學華南研究中心，2018年3月），頁60-61。
153 花棯：指一種野生果實。
154 褸鬖：形容植物下垂的樣子。

點燭公呀，點燭婆唉，七色米蘿，佢就有個把尺呀唉；可呀加多佢就一尺，丈二三呀唉。

點燭公呀，點燭婆呀唉，七色米蘿，佢就有個靈剪呀唉；婆呀冇油佢就滴落，較口唔開呀唉。

點燭公呀，點燭婆呀唉，七色米蘿，佢就有個連鏡呀唉；佢狀師口吻，又講返贏呀唉。

點燭公呀，點燭婆唉，七色米蘿，佢就有個盞火呀唉；有如佢就寶鴨伴天鵝呀唉。

點燭公呀，點燭婆唉，七色檯頭，佢就樣㗎樣有呀唉；我婆深思佢就熟慮，則擺滿檯頭呀唉。

點燭公呀，點燭婆唉，大燭上臺，佢就又唔在講呀唉；佢畫花雕龍呀，金水㗎旁呀唉。

點燭公呀，點燭婆唉，大燭上臺，佢就龍口向後呀唉；咪呀將龍口向住孫兒呀唉。

點燭公，呀點燭婆唉，紗紙燈籠，佢就又攟攟炩[155]呀唉；婆呀裡頭又點火，外頭光明呀唉。

點燭公呀，點燭婆唉，燒酒八杯，又唔在拜呀唉；八呀杯燒酒，夜靜唯酹[156]呀唉。

點燭公呀，點燭婆唉，大邊遞前，佢就細邊[157]遞後呀唉；八杯燒酒，奠落抬頭呀唉。

三朝回門方面，舡族族群的習慣與陸上人都是一致的。

---

155 攟攟炩：廣州方言，閃閃生輝的意思。

156 酹：奠酒的意思。

157 大邊：指左邊；細邊，指右邊。這兩句是形容姊妹們幫忙工作的情境，意思是左邊的將東西往前送，右邊的將東西往後送。

第五節　喪葬儀禮民俗

　　疍民忌死亡，在船上逝世被認為是不吉利的事情，因此疍民對此非常忌諱。當家中的病人病情危急時，家人會提前租用一艘殯船，購買棺材，並將棺材放在船上。當病人去世後，遺體會被轉移到殯船上。如果逝者是年輕人，就會立即埋葬；如果是成年人，就會放置一個星期再收殮下棺。在夏天，為了防止遺體腐爛，桐油灰也會被使用。此時，家人認為不能食用肉類，否則屍體就會腐爛並流出膿液。喪禮結束後，遺體會被抬到山上埋葬。昔日香港石排灣疍民就會把棺材埋在鴨脷洲之上。人死後，會「嘆命」以祭。

　　在喪禮過程中，包括了倒頭（人一去世，疍民便稱為「倒頭」）、買水、洗面、裝身、哭祭、接材、旺桶、入殮、送葬、揭白、安神等步驟。每一個步驟都在泣歌悲嘆中進行，悲嘆的歌曲統稱為「哭喪歌」，其曲調與《嘆家姐》基本一致。不同之處在於人們在哀嘆時的情感更為強烈，行腔中會增加「唉」等哀嘆襯詞，讓音調哀怨悲切。通常哀嘆由女性擔任，這在佛山也是一樣的。如果是老人去世，則媳婦和孫女會在靈前哀嘆。而歌詞並沒有固定版本，大多數的歌詞都是即興詠唱，遵循喪禮程序而生。

　　哭嘆的程序：哭倒頭、嘆買水、嘆洗面、嘆裝身、嘆接材、嘆旺桶、嘆入殮、嘆送葬、嘆落葬、唱揭白、唱上臺、唱三七。完成三七後，喪禮才算結束。[158]送葬回艇後要清洗甲板，這行為實際上是一種傳統信仰上的習俗。傳統認為，死亡是一種極端的情況，容易引發邪氣，而且這些邪氣會殘留在周圍環境中。為了避免邪氣影響家庭的運勢和健康，人們會採取清潔的方式來消除它們。清洗船艙甲板時，常常使用香料或特殊的清潔劑。清洗完畢後，通常還會在甲板上燃點香

158　參考陳錦昌：《中山鹹水歌》（廣州：廣東旅遊出版社，2015年1月），頁50-53。

火，以驅逐邪氣。在這種情況下，香火是一種象徵，代表了人們對逝者的尊重和對自己的保護。除此之外，清洗船艙甲板還有一個目的，就是為了保持船艙的清潔和衛生。因為長時間不清洗的話，艇內可能會殘留有細菌和病毒等有害物質，對人體健康有損害。因此，清洗甲板不僅是一種宗教儀式，也是一種保護健康的行為。

〈嘆買水、運材〉嘆詞如下[159]：

> 親娘阿媽喇唉，媽喇，你仔手揸三枝清香，同媽買呀水呀唉；你仔清香佢就買水呀，敬意龍呀王呀唉。
>
> 親娘阿媽喇唉，媽喇，多得龍王，佢就打開水呀閘呀唉；佢打呀開佢就水閘，佢就買水清呀奇[160]呀唉。
>
> 親娘阿媽喇唉，媽喇，多得呀龍王，佢就撥開左右呀唉；媽喇佢乾淨水挨埋呀，小呀埗頭[161]呀唉。
>
> 親娘阿媽喇唉，媽喇，你仔手揸瓦盤，佢就又沙眼呀漏呀唉；你仔低頭佢就買水呀，十分河喇流[162]呀唉。
>
> 親娘阿媽喇唉，媽喇，你仔手揸瓦盤，佢就又葵葉扇呀唉；你仔撥開水面，就買正河心呀唉。
>
> 親娘阿媽喇唉，媽喇，你仔買水呀返嚟，佢就同媽洗呀面呀唉；我媽先洗呀額頭，佢就又呀洗呀面呀唉；我媽衣衫佢就換轉多呀個，落舟呀船呀唉。
>
> 親娘阿媽喇唉，我媽瞓落呀柳州[163]，擰呀正呀面呀唉；我媽中

---

159 廖迪生、胡詩銘編著；黎帶金嘆唱：《水上嘆歌》（香港：香港科技大學華南研究中心，2018年3月），頁188-191。原文是寫運財，宜作運材。

160 清奇，漂亮之意。這裡是指水質很好的意思。

161 埗頭，指碼頭。

162 河流，比喻像河流般流淚。

163 柳州，指棺木。

間佢就落墨，總冇欠連呀唉。

親娘阿媽喇唉，媽喇，你瞓落柳州，衫尾捏齊[164]，佢就裙尾捏正呀唉；我媽鬆低佢就衫袖呀，又好行藏呀唉。

親娘阿媽喇唉，我媽背脊挨舟，面向上呀唉；我媽腳踭呀，沓住呀柳州旁呀唉。

親娘阿媽喇唉，媽喇，你金銀呀枕頭，佢就肉噤肉枕呀唉；我媽金銀佢就做枕，你睡覺安甜呀唉。

親娘阿媽喇唉，媽喇，瞓落柳州，冚返又紅白被呀唉；我媽三邊佢就兩邊，佢就冚得齊呀眉呀唉。

親娘阿媽喇唉，媽喇，細大呀，唔該擰呀歪呀面呀唉；我媽老人佢就蓋壽呀木，蓋鋪面呀唉。

親娘阿媽喇唉，媽喇，紅被買返，又白被冚呀唉；你仔你孫，紅被拉返，佢就行個好呀運呀唉；拉返佢就紅被呀，龍馬精神呀唉。

親娘阿媽喇唉，媽喇，師傅揼釘[165]，咪驚咪震呀唉；媽喇，喃嘸先生，佢就同你佢就揀好時呀辰呀唉。

親娘阿媽喇唉，媽喇，四眼金釘[166]，又咪打呀盡呀唉；媽喇，留返疏擝高高佢就在上，佢就你仔孫擠埋呀唉。[167]

親娘阿媽喇唉，媽喇，花被呀冚龍，佢就龍又冚鳳呀唉；我媽就將佢就花被，佢就冚住生龍呀唉。

---

164 捏齊，整齊之意。

165 揼釘：揼，音[tɐp²]，動詞，指仵工把釘釘在棺木。揼，根據本人調查，大澳舡語只讀作[tɐt²]，參看馮國強：《珠三角水上族群的語言承傳和文化變遷》（臺北：萬卷樓公司，2015年12月），頁94-100。

166 四眼金釘，指四枚蓋棺的釘子。

167 這兩句的意思是鋸下四枚釘子的尾部留給死者的子孫。

親娘阿媽喇唉，媽喇，師傅鞠躬，你仔起呀步呀唉；仔孫佢就運材，佢就保媽功勞呀唉。

親娘阿媽喇唉，媽喇，第一喇運棺，第二運呀壽呀唉；運呀開條路呀，我媽嚟呀行呀唉。

親娘阿媽喇唉，媽喇，左邊行返，右邊呀轉呀唉；媽喇，行埋佢就哩轉呀，萬載千年呀唉。

親娘阿媽喇唉，媽喇，手揸三枝清香，行過好呀運呀唉；行埋佢就哩轉，哩個龍馬精神呀唉。

親娘阿媽喇唉，媽喇，三聲起行，佢就賀又起步呀唉；三拜我媽，老大尊誠呀，起呀步呀行呀唉。

親娘阿媽喇唉，媽喇，兩條金繩，佢就游過底板呀唉；媽喇，金升[168]呀兩條，過喇面抬呀唉。

親娘阿媽喇唉，送媽上車，細個冇衝呀，大個冇犯呀唉；喃嘸先生，揀返好時佢就好日，就佢就個個通呀行呀唉。

親娘阿媽喇唉，媽喇，司機車頭，佢就有媽個相呀唉；花牌佢就寫住，佢就我媽真名呀唉。

親娘阿媽喇唉，司機開車，慢慢呀溜呀唉；佢轉彎抹角，慢軟收油呀唉。

第六節　民間文藝

一　漁謠

李調元輯《粵風》卷一蛋歌小序云：「蛋有三：蠔蛋、木蛋、魚

---

168 升，指竹升，竹擔子。

蛋。寓潯江者乃魚蛋，未詳所始。或曰：蛇種，故祀蛇於神宮也。歌與民相類，第其人浮家泛宅，所賦不離江上耳。廣東廣西皆有之。」[169] 這裡提及舡民有其歌曲，但李調元稱「歌與民相類」，這種說法是有誤的。舡民是有其特殊歌曲，舡民的歌謠就是鹹水歌。鹹水歌可能有很長歷史，南宋末人鄧光薦（1232-1303）（中山古鎮鄧氏的始祖）全家人因元人入侵，便轉到廣東香山居住，曾登上小山崗觀望，寫下〈浮虛山記〉[170]。浮虛就是在今天中山市的阜沙鎮，當時還未是沙田，他在山崗觀看，看見山下沿海有舡民的漁工正在打魚或在替順德宗族組織的大田主圍墾築沙田，[171]他們一邊勞動一邊唱漁歌。鄧光薦看見，便在〈浮虛山記〉寫出漁工「來航去舶，櫂歌相聞」，他聽到那些漁歌可能就是鹹水歌。中山人劉居上〈鹹水歌溯源〉直接認為這漁歌是鹹水歌的前身。[172]

　　珠三角舡民的歌謠就是鹹水歌，只流行於小眾愛好者，這是瀕危的漁謠，特別是廣州黃埔區的鹹水歌完成斷裂，鹹水歌的「唱類」和「嘆類」已完全消亡。[173]

　　「社會上許多人都習慣將水上人演唱的民歌，籠統地稱為『鹹水歌』」，[174]筆者在《廣州黃埔區方音與漁農諺和鹹水歌口承民俗的變

---

169 〔清〕李調元（1734-1803）輯：《粵風》（北京：中華書局，1985年），卷一〈蛋歌〉，頁7-8。

170 曾棗莊（1937-）、劉琳主編：《全宋文》（上海：上海辭書出版社；合肥：安徽教育出版社，2006年），第356冊，頁416。

171 馮國強、何惠玲：《中山市沙田族群的方音承傳及其民俗變遷》（臺北：萬卷樓圖書公司，2018年8月），頁7-15。

172 劉居上（1941-）：〈鹹水歌溯源〉收入：《蜑民文化研究——蜑民文化學術研討會論文集》（香港：香港出版社，2012年），頁370。

173 馮國強：《廣州黃埔區方音與漁農諺和鹹水歌口承民俗的變遷》（臺北：萬卷樓圖書公司，2021年8月），頁239-240。

174 陳錦昌（1936-　）：〈序〉，收入傅寶榮主編：《坦洲鹹水歌集》（中山：中山市坦洲鎮宣傳文化中心，2009年9月），頁1。

遷》[175]提及鹹水歌按著調式調性的傳統分類法，鹹水歌其下可分成鹹水歌、姑妹歌、大罾歌、擔傘調、高堂歌、唉歌、嘆家姐七類小歌種。這七類小歌種可以再分成「唱類」和「嘆類」。但坦文〈鹹水歌的種類及特色〉則把鹹水歌分作鹹水歌、高堂歌、大罾歌、姑妹歌，[176]坦文明顯是不把嘆類歌劃作鹹水歌，這是不合理的分法。

第一歌種是鹹水歌，馮建章認為「從曲調比對上來看，古腔鹹水歌、長句鹹水歌、短句鹹水歌此三種應該屬於同一曲調的變體。」[177]陳錦昌認為「在水鄉人中，只有稱長句鹹水歌和鹹水歌，很少人稱短句鹹水歌的。因為他們稱『鹹水歌』就是泛指短句鹹水歌。」[178]短句鹹水歌的句式是每段兩句歌詞，普遍用於對歌演唱形式。短句鹹水歌每段歌詞的第一句開頭都唱「妹子呀哩」、「大姐呀哩」或「弟好呀哩」等喊句。在唱完上句後續唱「好你妹呀囉」或「好你弟呀囉」的稱謂詞襯腔。演唱下句開頭、重複唱上開頭的喊句。在整段歌詞都唱完後，則唱「啊囉嗨」襯腔收尾。[179]長句鹹水歌就是它的每段歌詞都可自由伸展，就是說話活動句可隨意增多，故此句子比較長。

鹹水歌開頭都會出現徵音，最後滑向於角音，結束句是至於徵音，滑向角音，基本特徵是多裝飾音。[180]鹹水歌著名作品有《對

黃妙秋教授跟筆者說中山是鹹水歌歌曲最豐富的一個地區，歌曲裡面有很多藝術加工的成分。

175 馮國強：《廣州黃埔區方音與漁農諺和鹹水歌口承民俗的變遷》（臺北：萬卷樓圖書公司，2021年8月），頁219-242。

176 坦文：〈鹹水歌的種類和特色〉，收入傅寶榮主編：《坦洲鹹水歌集》（中山：中山市坦洲鎮宣傳文化中心，2009年9月），頁10。

177 馮建章（1971-　）：〈疍家鹹水歌稱謂與曲調類型辨析〉，《中國音樂學》第二期（2019年4月），頁73。

178 陳錦昌：《中山鹹水歌》（廣州：廣東旅遊出版社，2015年1月），頁55。

179 陳錦昌：《中山鹹水歌》（廣州：廣東旅遊出版社，2015年1月），頁55-56。

180 梁靜文（1991-　）：〈試析中山鹹水歌的風格因素——以鹹水歌〈對花〉為例〉（廣

花》、《阿哥有意妹有情》、《金斗灣》等。鹹水歌《對花》[181]、《鹹水歌串歌》[182]譜例：

對花
(鹹水歌)

1=G 2/4 3/4

吳容妹　吳連友　演唱
黃德堯　記譜

| 5　13 23 | 2 1　2 | 2 3　2 6 | 5 2 5 3 23 |

(問)：妹　好呀咧　乜嘢花　開呀咧　蝴蝶樣呀咧

| 2　5 5 | 1　- | 6 0 | 5　13 23 |

好　妹呀囉　　嗨，　妹　好呀咧

| 2 2 35 2 6 | 5　2 | 1 3 21 76 | 5 3 5　- |

花　開呀咧　結　子　尺　多　咧　長呀囉

| 3 0 | 5　13 23 | 5 1　2 | 2 35 2 6 |

嗨。　(答)：妹　好呀咧　豆角花　開呀咧

| 5 2 5 3 23 | 2　5 5 | 1　- | 6 0 |

蝴蝶樣呀咧　好　妹呀　囉　　嗨，

| 5　13 23 | 2 2 3　2 6 | 5　2 3 | 1 5 21 76 |

妹　好呀咧　花　開呀咧　結　子　尺二三呀咧

州大學音樂舞蹈學院音樂系畢業論文，2014年），頁9〈中山鹹水歌的總體特徵〉。

181 譜例資料來源：中山市非物質文化遺產保護中心編：《中山原生態民歌民謠精選集》
　　（廣州：廣州音像教材出版社，2011年），頁4-5。

182 譜例資料來源：中山市非物質文化遺產保護中心編：《中山原生態民歌民謠精選集》
　　（廣州：廣州音像教材出版社，2011年），頁1-2。

| $\underline{5\ \dot{3}}$ $\dot{5}$ | $-$ | $\dot{3}\searrow$ 0 | $\dot{5}$ | $\overset{3}{\overline{\underline{1\ 3}}}\ \overline{\underline{2\ 3}}$ | $\underline{2\ 1}$ 2 |
| 長呀 囉 | | 嗨。 | (問)：妹 | 好呀 咧 | 乜 嘢 花 |

| $\underline{2\ 3}$ $\overline{\underline{2\ 6}}$ | $\underline{\dot{5}\ \dot{5}}\ \overline{\underline{1\ 3}}\ \overline{\underline{2\ 3}}$ | $\overset{3}{\dot{2}}$ | $\underline{\dot{5}\ \dot{5}}$ | 1 | $-$ |
| 開呀 咧 | 四只 耳呀 咧 | 好 | 妹 呀 | 囉 | |

| $6\searrow$ 0 | $\dot{5}$ | $\overset{3}{\overline{\underline{1\ 3}}}\ \overline{\underline{2\ 3}}$ | 2 | $2\ \overline{\underline{\dot{3}\dot{5}}}\ \overline{\underline{2\ \dot{6}}}$ | $\dot{5}$ | 2 |
| 嗨， | 妹 | 好呀 咧 | 花 | 開呀 咧 | 結 | 子 |

| $\underline{1\ 1}\ \overset{3}{\overline{\underline{2\ 1}}}\ \overline{\underline{7\ 6}}$ | $\underline{5\ \dot{3}}$ $\dot{5}$ | $-$ | $\dot{3}\searrow$ 0 | $\dot{5}$ | $\overset{3}{\overline{\underline{1\ 3}}}\ \overline{\underline{2\ 3}}$ |
| 滿肚 孩呀 咧 | 兒呀 囉 | | 嗨。 | (答)：妹 | 好呀 咧 |

| $\underline{\dot{5}\ 1}$ 2 | $\underline{2\ 3}$ $\overline{\underline{2\ 6}}$ | $\underline{\dot{5}\ \dot{5}}\ \overline{\underline{1\ 3}}\ \overline{\underline{2\ 3}}$ | $\overset{3}{\dot{2}}$ | $\underline{\dot{5}\ \dot{5}}$ |
| 石榴花 | 開呀 咧 | 四只 耳呀 咧 | 好 | 妹 呀 |

| 1 | $-$ | $6\searrow$ 0 | $\dot{5}$ | $\overset{3}{\overline{\underline{1\ 3}}}\ \overline{\underline{2\ 3}}$ | 2 | $2\ \overline{\underline{3\ 2}}\ \overline{\underline{6}}$ |
| 囉 | | 嗨， | 妹 | 好呀 咧 | 花 | 開呀 咧 |

| $\dot{5}$ | 2 | $\underline{1\ 1}\ \overset{3}{\overline{\underline{2\ 1}}}\ \overline{\underline{7\ 6}}$ | $\underline{5\ \dot{3}}$ $\dot{5}$ | $-$ | $\dot{3}\searrow$ 0 |
| 結 | 子 | 滿肚 孩呀 咧 | 兒呀 囉 | | 嗨。 |

| $\dot{5}$ | $\overset{3}{\overline{\underline{1\ 3}}}\ \overline{\underline{2\ 3}}$ | $\underline{2\ 1}$ 2 | $\underline{2\ 3}$ $\overline{\underline{2\ 6}}$ | $\underline{\dot{5}\ 2}\ \overline{\underline{\dot{5}\ 3}}\ \overline{\underline{2\ 3}}$ |
| (問)：妹 | 好呀 咧 | 乜 嘢 花 | 開 呀 咧 | 浮水 面呀 咧 |

| 2 | $\underline{\dot{5}\ \dot{5}}$ | 1 | $-$ | $6\searrow$ 0 | $\dot{5}$ | $\overset{3}{\overline{\underline{1\ 3}}}\ \overline{\underline{2\ 3}}$ |
| 好 | 妹 呀 | 囉 | | 嗨， | 妹 | 好呀 咧 |

| 2 | $2\ \overline{\underline{\dot{3}\dot{5}}}\ \overline{\underline{2\ \dot{6}}}$ | $\dot{5}$ | 2 | $\underline{1\ 3}\ \overset{}{\overline{\underline{2\ 1}}}\ \overline{\underline{7\ 6}}$ | $\underline{5\ \dot{3}}$ $\dot{5}$ | $-$ |
| 花 | 開呀 咧 | 結 | 子 | 兩 鉤呀 咧 | 鐮呀 囉 | |

| $\dot{3}\searrow$ 0 | $\dot{5}$ | $\overset{3}{\overline{\underline{1\ 3}}}\ \overline{\underline{2\ 3}}$ | $\underline{2\ 1}$ 2 | $2\ \overline{\underline{3\ 2}}\ \overline{\underline{6}}$ |
| 嗨。 | (答)：妹 | 好呀 咧 | 菱 角 花 | 開呀 咧 |

| 5̲ 2 5̲ 3̲ 2̲ 3̲ | 2 5̲ 5̲ | 1 — | 6↘ 0 |
|浮水面呀咧|好 妹呀囉|嗨,||

| 5̣ 1̲ 3̣ 2̲ 3̲ | 2 2̲ 3̲ 2̲ 6̣ | 5̣ 2 | 1̲ 3 2̲ 1 7̲ 6̣ |
|妹 好呀咧|花 開呀咧|結 子|兩 鉤呀咧|

| 5̲ 3 5̣ — | 3↘ 0 ‖
|鐮呀囉|嗨。|

鹹水歌串唱

1=F $\frac{2}{4}$ $\frac{3}{4}$

吳容妹 吳連友 演唱

黃德堯 記譜

【古腔堂歌】

| 2 7̲ 2̲ 3 | 3 7̲ 7̲ | 2̲ 3 3̲ 3 | 2· 3 |
|(問):你 是 釣魚 仔|定 是|釣魚 郎囉|喃|

| 1̲ 6 5̣ | 1 | 5̣ 1 2̲ 2 | 2̲ 2 1 | 2̲ 2 5̣ |
||我 問|你 手執 魚絲|有 幾多 十|

| 2 1̲ 6 5̣ | 5̣ — | 3̲ 1 5̲ 1 6̣ | 5̣ 1 5̲ 6̲ 5̣ |
|壬囉喃 長?|幾多 十壬|呀 在 海 底,||

| 3̲ 1 5̲ 1 6̣ | 5̣ 1 5 | 6̣ 5̣ 1 | 2̲ 5̣ 1 1 |
|幾多 十壬|呀 在 手上|囉喃|還重 有囉|

| 2̲ 2 5̣ | 2̲ 6̣ | 5̣ 6̣· | 3̲ 5 | — | 5↘ 0 |
|幾多 十|壬呀 在|船 呀旁|囉。||

| 2 7̲ 2̲ 3 | 3̲ 7̲ 3̲ 7̣ | 2̲ 3 3̲ 3 | 2· 3 |
|(答):我是 釣魚|仔又 不是|釣 魚 郎囉|喃|

1 6 5 1	2 3 2 2 1	2 5 2	2 1 6 5
我 手執魚絲	有 九 十 九	壬	囉嗬

5 -	1 3 1 1 6	5 1 5 6 5	1 3 1 1 6
長,	三十三壬	呀在海底,	三十三壬 呀

5 1 5	6 5 1	2 5 1 1	2 5 2 2 6
在手上	囉嗬	還重有 囉	三十三 壬呀

【姑妹歌】

5 6 3 5 -	5 0	3 2 3 2 3
在 船 呀旁	囉。	(問):有情呀妹

2 1 1 6 5	5 1 6 3 2 3	1 2 3	6 -
蝦仔冇腸	魚冇髒咧	姑妹,	

2 1 5 5 6	2 1 2 2 1 1	2 1 5 6	5 -
冇情冇 義點	唱得姑妹你開	喉呀 咧	

3 2 3 2 3	2 1 1 6 5	5 3 5 1	3 2 3
(答):有情呀哥	蝦仔冇腸	白飯無肚咧	兄

1 2 3	6 -	2 1 6 5	5 6
哥,		有 情	有 義

1 2 2 3 1	2 6 5 6	5 -	2 3 2 6 1
唱 得姑妹我開	喉呀 咧。		(問):妹呀咧

【大繒歌】

2 2 5	2 3 2	7 6	5 5
海底又	珍珠 咧	容易	

1 3 2 1	5 2 1	1 -	6 0
搵呀咧	好妹呀囉		嗨

$\underline{2\ 3}$ $\overline{2\ \ \underline{61}}$	$\underline{2\ 2}$ $\underline{\dot7}$ $\dot6$	$\dot5$ $\underline{1\ 2}$	$\underline{1\ \dot5}$ $\underline{2}$ $\underline{\dot7\ 6}$
妹呀咧　　真心咧	阿　妹	世上難　咧	

$\underline{5\ \dot3}$ $\dot5$ $-$	$\dot3$ 0	$\underline{2\ 3}$ $\overline{2\ \ \underline{61}}$	$\underline{2\ 2}$ 5
尋呀囉　　嗨。	(答)：哥呀咧	海底又	

$\underline{2\ 3}$ 2	$\dot7$ $\dot6$	$\dot5$ 5	$\underline{1\ 3}$ $\underline{2\cdot}$ 1
珍　珠　咧	大　浪	湧呀咧	

$\dot5$ $\underline{2\ 1}$	1 $-$	6 0	$\underline{2\ 3}$ $\overline{2\ \ \underline{61}}$
好　哥呀囉	嗨，	哥呀咧	

$\underline{2\ 2}$ $\underline{\dot7}$ $\dot6$	$\dot5$ $\underline{1\ 2}$	$\underline{1\ \dot5}$ $\underline{2}$ $\underline{\dot7\ 6}$	$\underline{5\ \dot3}$ $\dot5$ $-$
真心咧	阿　哥	世上難　咧　逢呀囉	

【鹹水歌】

$\dot3$ 0	$\dot5$ $\underline{1\ 3}$ $\overline{\underset{3}{2\ 3}}$	$\underline{2\ 1}$ 2	$\underline{2\ 3}$ $\overline{2\ 6}$
嗨。	(問)：妹　呀好咧	乜嘢花	開呀咧

$\underline{5\ 2}$ $\underline{5\ 3}$ $\overline{\underset{3}{2\ 3}}$	$\overset{3}{2}$ $\underline{5\ 5}$	1 $-$	6 0
蝴蝶樣呀咧	好　妹呀囉		

$\dot5$ $\underline{1\ 3}$ $\overline{\underset{3}{2\ 3}}$	2 $\underline{2\ \overline{35}}$ $\overline{2\ 6}$	$\dot5$ $\overline{2}$	$\underline{1\ 3}$ $\underline{2\ 1}$ $\overline{\dot7\ 6}$
妹　好呀咧	花　開呀咧　結	子　尺	多呀咧

$\underline{5\ \dot3}$ $\dot5$ $-$	$\dot3$ 0	$\dot5$ $\underline{1\ 3}$ $\overline{\underset{3}{2\ 3}}$	$\underline{5\ 1}$ 2
長呀囉　　嗨。	(答)：弟　好呀咧	豆角花	

$\underline{2\ \overline{35}}$ $\overline{2\ 6}$	$\underline{5\ 2}$ $\underline{5\ 3}$ $\overline{\underset{3}{2\ 3}}$	$\overset{3}{2}$ $\underline{5\ 5}$	1 $-$
開呀咧　蝴蝶樣呀咧	好　弟又囉		

6 0	$\dot5$ $\underline{1\ 3}$ $\overline{\underset{3}{2\ 3}}$	2 $\underline{2\ 3}$ $\overline{2\ 6}$	$\dot5$ $\overline{\underline{2\ 3}}$
嗨	弟　好呀咧	花　開呀咧　結　子	

【高堂歌】

```
|1 5 2 1 7̲6̲|5̲3̲5 -|3↘ 0|7̲ 3 2̲3̲|
 尺 二 三 呀 咧   長 呀 囉   嗨。     畫 眉 唱 歌
```

```
|2̲5̲ 5̲3̲|2· 3|5̲2̲ 1̲2̲|2̲1̲6̲ 5|
 似 彈 琴 囉 嗲，   妹 子 唱 歌 郎   接
```

```
|6̲ 5·|1̲ 2̲3̲ 2̲2̲|2̲3̲ 2̲3̲1̲ 2|1̲2̲3·|
 音，   兩 人 勤 勞  來 生 產 囉 嗲
```

```
|1̲ 2̲2̲ 2̲2̲|2̲1̲6̲ 5|6̲ 5·|3̲ 7̲ 2̲3̲|
 似 盞 油 燈   一   條   心。   親 妹 難 捨
```

```
|2̲3̲ 3̲3̲|2· 3|2̲1̲ 1̲ 2̲3̲|2̲1̲6̲ 5|
 有 情 郎 囉 嗲，   難 捨 我 郎 勞  動
```

```
|6̲ 5·|2̲2̲ 1̲ 2̲3̲|5̲1̲2̲1̲|2̲1̲2̲ 1̲2̲3̲|
 強，   親 歌 駛 牛  妹 送 草 囉  相 愛 甜 過
```

（慢）
```
|2̲1̲6̲ 5|6̲ 5·‖
 冬 蜜 糖。
```

第二歌種是大罾歌，陳錦昌則認為「大罾歌」流行於珠江河道出海口沿岸水鄉，坦洲等一帶地區最為流行。水鄉人喜歡在近岸的河面插罾棟（大木樁）拉大網，利用潮水漲落的時機，捕捉出入海的魚類，故此在這些地區流行的民歌稱大罾歌。

大罾歌與鹹水歌的句式基本相同，但腔調各異。大罾歌以「妹呀哩」或「哥呀哩」等稱謂作喊句。大罾歌是由兩樂句組成，上句結束在宮滑向角音，下句結束在徵滑向角音。大罾歌作品有《漁歌唱

晚》、《海底珍珠容易搵》。大罾歌《海底珍珠容易搵》[183]譜例：

大罾

（來源：廣東省江門台山市，筆者攝於二〇〇二年十二月二十七日）

海底珍珠容易搵
(大罾歌)

1=F 2 3
　　　 4 4

吳志輝 吳三林 演唱
黃德堯 記譜

| 3 3 2· 1 | 2 2 5 - | 2 3 2 - | 7 6 5 5 1 3 |

(男)：妹呀咧　　海底又　　珍　珠　　咧　容易搵呀

| 2· 1 1 2 | 5 - 2 1 | 1 - | 6 0 |

咧　我話知　好　妹呀嚹　　嗨。

| 3 3 2· 1 | 2 2 7· 6 | 1 2 | 5 5 2 7 6 |

妹呀咧　　真心咧　　阿　妹　世上難　咧

---

183 譜例資料來源：中山市非物質文化遺產保護中心編：《中山原生態民歌民謠精選集》
（廣州：廣州音像教材出版社，2011年），頁14-15。

| 5̣ 3̣ 5̣ | - | 3̣ﾉ 0 | 2̲3̲ 2· 1̄ | 2̲ 2̲ 5̣ | 2̲ 3̲ |

尋呀囉　　　嗨。　　(女)：哥呀咧　　海底又　珍

| 2 - 7̲6̲ | 5̣ - 5̣ | 1̲ 3̲ 2· 1̄ | 1̲ 2̲ 5̣ | 2̲ 1̲ |

珠　咧大　　浪　湧呀咧　我　話知好　哥呀

| 1 - | 6̣ﾉ 0 | 2̲ 3̲ 2· 1̄ | 2̲ 5̲ 2 7̲6̲ |

囉　　　嗨，　　哥呀咧　　真又心　咧

| 5̣· 1̲ 2 | 1̲ 5̣ 2 7̲6̲ | 5̣ 3̣ 5̣ - | 3̣ﾉ 0 |

阿　哥 世上難 咧 逢呀囉　　　嗨。

| 3̣ 3̣ 2· 1̄ | 2̲ 2̲ 5̣ | 1̲ 3̲ 2 7̲6̲ | 5̣ 5̣ 1 3̣ |

(男)：妹呀咧　　出海又　打　魚咧　魚打渾呀

| 2· 1̄ | 1̲ 2̲ 5̣ | 2̲ 1̲ | 1 - | 3̣ﾉ 0 |

咧　我　話知好　妹呀囉　　　嗨，

| 3̣ 3̣ 2· 1̄ | 1̲ 5̣ 2 7̲6̲ | 5̣ - 1 | 1̲ 2̲ 2 7̲6̲ |

妹呀咧　　有魚咧　打　　渾有人跟　咧

| 5̣ 3̣ 5̣ - | 3̣ﾉ 0 | 2̲ 3̲ 2· 1̄ | 2̲ 2̲ 5̣ - |

尋呀囉　　　嗨。　　(女)：哥呀咧　　蝦仔在

| 2 7̲6̲ | 5̣ - 5̣ | 1̲ 3̲ 2· 1̄ | 1̲ 2̲ 5̣ |

湧　咧　魚　在　海呀咧　我　話知好

| 2̲ 1̲ 1 - | 6̣ﾉ 0 | 2̲ 3̲ 2· 1̄ | 2̲ 2̲ 7̲6̲ |

哥呀囉　　　嗨，　　哥呀咧　　魚蝦咧

| 5̣ - 5̣ | 2̲ 1̲ 2̲ 1̲ 7̲6̲ | 5̣ 3̣ 5̣ - | 3̣ﾉ 0 |

贊　水　唔見流呀咧　來呀囉　　　嗨。

| 3̣ 3̣ 2· 1̄ | 2̲ 5̣ 1 | 2 - 7̲6̲ | 5̣ - 5̣ |

(男)：妹呀咧　　生食藕　瓜　咧甜　　夾

```
| 1 3 2·  1 | 1 2 5  1 1 | 1  —  | 6  0 |
  爽呀咧   我 話知好  妹呀囉      嗨,

| 3 3 2·  1 | 5 2 7 6 | 5 — 2 | 1 2 2  7 6 |
  妹呀咧   未 知 咧   何  日  筷子挑  咧

| 5 3 5  — | 3  0 | 2 3 2·  1 | 2 1 5 |
  糖呀囉    嗨。(女)：哥呀咧   山 頂 种

| 2 — 7 6 | 5 — 5 | 1 3 2·  1 | 1 2 5  2 1 |
  葵   咧 葵  合  扇呀咧   我 話知好 哥啊

| 1  — | 6  0 | 2 3 2  1 | 5 2 7  6 |
  囉     嗨。   哥呀咧    其 哥  咧

| 5 — 1 3 | 5 2 7 6 | 5 3 5 — | 3  0 ‖
  攜  手 萬 千  咧  年呀囉    嗨。
```

　　第三歌種姑妹歌，流行珠三角一帶，如廣州（番禺、南沙）、佛山、東莞、深圳、珠海、中山、江門新會大鰲鎮、肇慶等地，[184]過去，姑妹歌在廣州沿海一帶很流行，姑妹歌歌頭喊句唱「有情呀哥」或「有情呀妹」。唱完上句之後續唱「姑妹」或「兄哥」等「稱謂詞」襯腔。正因為該歌的襯腔唱詞突出「姑妹」的稱謂，故稱「姑妹歌」。姑妹歌曲式方面，純五聲音階徵詞式，上句結束在羽音，下句結束在徵音。姑妹歌作品有《哥哥留義妹留情》[185]、《蝦仔冇腸魚冇

184　筆者在一九八二年開始在香港、澳門、廣州老四區（東山區、越秀區、海珠區、荔灣區）採風時，從來未聽到這三地區還保留姑妹歌。

185　中山市非物質文化遺產保護中心編：《唱讀中山鹹水歌》（廣州：廣東音像教材出版社，2021年10月），頁64。

臟》。[186]姑妹歌《蝦仔冇腸魚冇臟》[187]譜例：

蝦仔冇腸魚冇臟
（姑妹歌）

吳志輝 梁三妹 演唱
黃德堯 記譜

$1=G \frac{2}{4} \frac{3}{4}$

（男）：妹　好呀咧　出海打　魚呀咧　魚打渾呀咧
好你妹又　囉　嗨　囉，　妹　好呀咧
冇又魚呀咧　打　渾　冇人跟呀咧　尋呀囉
嗨。　（妹）：弟　好呀咧　蝦仔在　湧呀咧
魚　在　海呀咧　好你弟呀　囉　嗨
囉，　弟　好呀咧　魚　蝦呀咧　贊　水

---

186 中山市非物質文化遺產保護中心編：《中山原生態民歌民謠精選集》（廣州：廣州音像教材出版社，2011年），頁16-17把此歌歸入鹹水歌。黃妙秋：《兩廣白話疍民音樂文化研究》（北京：中央音樂學院音樂學系博士學位論文，2009年4月），頁257歸入姑妹歌。陳錦昌：《中山鹹水歌》（廣州：廣東旅遊出版社，2015年1月），頁60歸入姑妹歌。吳娟：《漁歌》（廣州：華南理工大學出版社，2019年6月），頁73歸入姑妹歌。

187 譜例資料來源：中山市非物質文化遺產保護中心編：《中山原生態民歌民謠精選集》（廣州：廣州音像教材出版社，2011年），頁16-17。

| 1 3 2 1 7̇ 6̇ | 5̇ 3̇ 5 　 － | 3̣ 　 0 　 | 5̣ 　 1 3 2̇ 3 |
| 等 哥 追 呀 咧 　 來 呀 囉 　 嗨。　(男)：妹　好 呀 咧 |

| 2̣ 1 5̣ 　 | 2̣ 3 2̇ 6̇ | 5̣ 　 5 　 | 1 3 　 2̇ 3 |
| 蝦 仔 冇 　 腸 呀 咧 　 魚 冇 　 臟 呀 咧 |

| 2̣ 1 5̣ 5̣ | 1· 　 6̇ 5̇ | 3̣ 　 0 　 | 5̣ 　 1 3 2̇ 3 |
| 好 你 妹 又 　 囉 　 嗨 囉 　 妹 好 呀 咧 |

| 5̣ 2 3 2̇ 6̇ | 5̣ 　 5 　 | 5̣ 2 2 1 7̇ 6̇ | 5̇ 3̇ 5 － |
| 冇 腸 呀 咧 冇 臟 　 甚 好 商 呀 咧 量 呀 囉 |

| 3̣ 　 0 　 | 5̣ 　 1 3 2̇ 3 | 1 2 2 5̣ | 2̣ 3 　 2̇ 6̇ |
| 嗨。　(妹)：弟 好 呀 咧 有 心 打 又 魚 呀 咧 |

| 5̣ 5̣ 2 | 5̣ 3 　 2̇ 3 | 2 1 5̣ 5̣ | 1· 　 6̇ 5̇ |
| 唔 怕 海 大 呀 咧 好 你 弟 又 囉 嗨 |

| 3̣ 　 0 　 | 5̣ 　 1 3 2̇ 3 | 5̣ 2 3 2̇ 6̇ | 5̇ 3̇ 5 　 |
| 囉 弟 好 呀 咧 順 風 呀 咧 駛 帆 |

| 2 1 2 1 2̇ 6̇ | 5̇ 3̇ 5 － | 3̣ 　 0 　 | 5̣ 　 1 3 2̇ 3 |
| 唔 怕 風 呀 咧 來 呀 囉 嗨。　(男)：妹 好 呀 咧 |

| 5̣ 5̣ 2 | 2̣ 3 　 2̇ 6̇ | 5̣ 5̣ 1 | 1 3 　 2̇ 3 |
| 著 爛 衣 衫 呀 咧 無 人 補 線 呀 咧 |

| 2̣ 2̣ 5̣ 5̣ | 1· 　 6̇ 5̇ | 3̣ 　 0 　 | 5̣ 　 1 3 2̇ 3 |
| 好 你 妹 又 囉 嗨 囉, 妹 好 呀 咧 |

| 1̇ 5̣ 2 3 2̇ 6̇ | 5̣ 　 1 　 | 1 3 2 1 7̇ 6̇ | 5̇ 3̇ 5 　 － |
| 有 針 呀 咧 無 線 杠 哥 青 呀 咧 年 呀 囉 |

| 3̣ 　 0 　 | 5̣ 　 1 3 2̇ 3 | 2̣ 5̣ 2 | 2̣ 3 　 2̇ 6̇ |
| 嗨。　(妹)：弟 好 呀 咧 哥 是 花 針 呀 咧 |

| 5 5 1 3 2 3 | 2 5 5 | 1· 6 5 | 3↘ 0 |

妹是線呀咧 好 弟呀囉 嗨囉

| 5 1 3 2 3 | 2 5 2 3 2 6 | 5 1 3 | 5 5 2 1 7 6 |

弟 好呀咧 針又行呀咧 線 走 步步跟呀咧

| 5 3 5 － | 3↘ 0 | 5 1 3 2 3 | 1 5 2 5 |

前呀囉 嗨。 （男）：妹 好呀咧 冷飯淘又

| 2 3 2 6 | 5 5 1 3 | 2· 3 | 2 1 5 5 |

茶呀咧 唔論送呀 咧 好你妹又

| 1· 6 5 | 3↘ 0 | 5 1 3 2 3 | 2 5 2 3 2 6 |

囉 嗨囉。 （合）：妹 好呀咧 真又心呀咧
弟

| 5 2 | 5 5 2 1 7 6 | 5 3 5 － | 3↘ 0 ‖

阿哥 唔論家 咧 窮呀囉 嗨。
妹

　　第四歌種高堂歌，這是與水鄉人在舉行婚禮進行「坐高堂」儀式時演唱的歌有關，故此有高堂歌之名。高堂歌的句式，每段歌詞為四句體結構，第一、二、四句押平韻，第三句押仄韻，[188]腔調激昂、奔放。其唱腔特色是第一句和第三句均以「囉嗬」作拖腔襯詞。高堂歌開頭是徵音，結束也是徵音，由四個樂句組成，第一樂句的結束音會由商音滑向徵音，第三樂句則停留在徵音，在徵音前會有裝飾音；二四樂句的結束音是低八度的徵音。樂句間對得非常規整，高堂歌較鹹

---

188 與絕詩相同。絕詩是二四句必須押韻，而第一句是可押韻或不押韻，但多數習慣也押韻。

水歌少裝飾音，語氣詞也相對少一些。[189]高堂歌作品有《釣魚仔》、《我來到高堂失失慌》、《送郎一條花手巾》。高堂歌《割禾》[190]譜例：

割禾
（高堂歌）

1=F ²⁄₄ ³⁄₄

陳有娣　演唱
黃德堯　記譜

(1)
| 7̣ 7̣ 2 3 | 3 7̣ 5̣ 3 | 2· 　 3 | 1 2 1 2̂3 |
十 月 到 來　禾 又 紅囉 嗬　　細 收 細 打

(5)
| 2̂16̣ 5̣ | 6̣ 5· | ³⁄₄ 2̂5 2 2̂32 2 | 1 1 2 3̂23 |
分 好 工,　雖話 禾 身 谷子 重囉,

(9)
| ²⁄₄ 1 2 2 2 | 1̂23 2 | ³⁄₄ 2̂16̣ － | ²⁄₄ 7̣ 3̣7̣ 2 3 |
畝產 千斤 笑 歡 容。　十 一 月 到 來

(13)
| 2 7̣ 5̣ 3 | 2· 　 3 | 2 2 5̣ 5̣ | 1 3 2 |
割 完 禾囉 嗬　　完 成 任 務 笑 呵

(17)
| ³⁄₄ 2̂16̣ 5̣ － | 5̣ 2̂3 2 5 5̣ 2 | 1 1 2 3̂23 | ²⁄₄ 2 1 2 2 |
呵,　如今 出售 易唔 錯囉　　冬 至 劏雞

(21)
| 5̣ 1 2 | ³⁄₄ 2̂16̣ 5̣ － ‖
又 劏 鵝。

古腔高堂歌《釣魚仔》[191]譜例：

---

189 梁靜文：《試析中山鹹水歌的風格因素——以鹹水歌：《對花》為例》（廣州大學音樂舞蹈學院音樂系畢業論文，2014年），頁9，〈中山鹹水歌的總體特徵〉。

190 譜例資料來源：中山市非物質文化遺產保護中心編：《中山原生態民歌民謠精選集》（廣州：廣州音像教材出版社，2011年），頁36。

191 譜例資料來源：陳錦昌：《中山鹹水歌》（廣州：廣東旅遊出版社，2015年），頁65。

釣魚仔
(古腔長句高堂歌)

1=F 2/4 3/4
中速

何福友 演唱
黃德堯 記譜

| 2 7 2 3 | 3 7̇ 7 | 2 3̇ | 2 - 2 35 |
你 是 釣 魚 仔 定 是 釣 魚 郎 (囉嗬),

| 1 6 5 | 1 | 5 1 2 | 2 3 | 2 26 21 21 | 5 2 |
我 問 你 手 執 魚 絲(咧)有 幾 多 十 王

| 216 5 - | 5 - | 3 1 6 | 5 16 5 1 |
(囉) 長? 幾 多 十 王 在 海

| 5 16 5 | 3 1 6 | 5 16 5 1 | 5 6 5 0 |
底 (啦), 幾 多 十 王 在 手 上 (囉),

| 2 5 | 1 123 | 2 23 5 2 | 5 2 |
還 重 有 (囉) 幾 多 十 王 在 船

| 216 5 - | 5 - ‖
(囉) 旁。

第五歌種擔傘調，是因為有一首廣為流傳的敘事民歌《髆頭擔傘》而得名。其實擔傘調的句式結構都與高堂相同，音調也大同小異，因此有人稱擔傘調為高堂歌。擔傘調與高堂歌最明顯的區別是擔傘調沒有高堂歌的「囉嗬」的拖腔襯詞。擔傘調的唱腔婉轉、抒情，有時甚至帶點哀怨。[192]擔傘調作品有《髆頭擔傘》、《十二月採茶》。擔傘調《髆頭擔傘》[193]譜例：

---

192 陳錦昌：《中山鹹水歌》(廣東旅遊出版社，2015年)，頁66。
193 譜例資料來源：陳錦昌：《中山鹹水歌》(廣州：廣東旅遊出版社，2015年)，頁66。

膊頭擔傘
（擔傘調）

1=C $\frac{2}{4}\frac{3}{4}$

黎廷棟 演唱 記譜

中速

（男）膊頭擔傘是屬傘低　問娘邊處
探　親　喇　　　新整田基
唔用娘你　腳下踩（囉）請娘貴步
上　番　喇。　（女）膊頭擔傘是屬傘
頭高　　明明白白探　親
喇　　乜話田基唔用我娘
腳下踩（囉）乜話請娘貴步上　番
喇。

　　第六種是嘆家姐，這是「嘆類」的鹹水歌。嘆家姐是水鄉姑娘在出嫁前一個晚上舉行坐夜儀式時，親人和姐妹們互道別離情詠嘆的歌，這樣的歌唱活動稱之為「嘆情」。這些歌絕大多數都是向出嫁姐

表達難捨難分之情，故此稱之為「嘆家姐」。為了消滅難捨難分的哀怨別離情緒，姐妹們把歌唱活動演變成「傳衣輪唱」的遊戲。儀式開始，伴娘將出嫁姐穿嫁衣替換下來的舊衫，蓋在出嫁姐的頭上，並請「準新娘」先唱《嘆家姐》，隨後由一位小妹拿著這件舊衣服繞著圍坐的姐妹踏歌而行，衣服蓋在誰頭上就由誰唱歌，唱完歌後將舊衫傳給下一位姐妹。人們稱這遊戲為「攞蝦仔」。這樣的歌唱活動一直持續到天亮。[194]「嘆家姐」作品有《紅紙剪成一隻蟹》、《紅紙剪成一隻鳳》[195]。《紅紙剪成一隻蟹》、《紅紙剪成一隻鳳》譜例：

《嘆家姐》
(傳統民歌)

紅紙剪成一隻蟹

梁三妹 原唱
陳錦昌 記譜
霍　妹 演唱

妹唱：好姐呀 唉！紅紙剪成 一隻蟹啦 好姐，姐呀 唔知幾時 何日共姐 行埋架呀 唉！

---

194 中山市非物質文化遺產保護中心編：《唱讀中山鹹水歌》（廣州：廣東音像教材出版社，1921年10月），頁62。

195 《紅紙剪成一隻蟹》、《紅紙剪成一隻鳳》兩首曲譜是南寧師範大學二〇二〇級藝術碩士生李華準小姐協助。

《嘆家姐》
(傳統民歌)

紅紙剪成一隻鳳

梁三妹 原唱
陳錦昌 記譜
霍　妹 演唱

1=G $\frac{2}{4}$ $\frac{3}{4}$

姐唱：好姐呀　唉！　紅紙剪成　　一隻鳳啦　好

妹，　　　妹呀　　我時常返家　同妹相逢

架呀　　　唉！

《嘆爹媽》、《嘆家兄》、《嘆家姐》、《結婚坐夜》、《嘆阿爹》。女
方在坐夜時，「嘆家姐」是重點活動，但也會唱起鹹水歌和高堂
歌的。不單坐夜時要嘆家姐，甚至點燭時，出嫁姐的女性親友也
要嘆情，如嘆起《點燭開枝散葉》[196]，坐夜時會嘆起《結婚坐
夜》[197]：

---

196 〈點燭開枝散葉〉嘆詞見廖迪生、胡詩銘編著；黎帶金嘆唱：《水上嘆歌》（香港：
香港科技大學華南研究中心，2018年3月），頁60-61；扒譜，南寧師範大學二〇二〇
級藝術碩士生李華準小姐。

197 〈結婚坐夜〉嘆詞見廖迪生、胡詩銘編著；黎帶金嘆唱：《水上嘆歌》（香港：香港
科技大學華南研究中心，2018年3月），頁66-67；扒譜，南寧師範大學二〇二〇級藝
術碩士生李華準小姐。

點燭開枝散葉
(嘆情)

1=A 2/4 3/4

黎帶金 嘆唱
李華準 記譜

| 2 2   2 76 | 2 232 2· | 3 2 3 2 2 | 6 2   7·   6 |

點燭 公呀， 點燭 婆喇唉， 一早 採花， 又 花葉

| 1 1· | 1 23 2 3 2 | 2 16 5 | 5 3   2 2 |

襯 呀唉； 我婆採返花 桷,佢就大 葉 果匡

| 2 21 6 5 | 5 — | 2 2   2 76 | 2 232 2· |

襟 髻 呀唉。 點燭 公呀， 點燭 婆喇唉，

| 1 3 2 3 2 2 | 6 2   7·   6 | 1 1· | 1 23 2 3 2 |

我婆採花採返， 又 真 瑞 意 呀唉； 我婆採返花

| 2 16 5 | 5 1 1   1 | 2 21 6 5 | 5 — |

桷,佢就大 葉 你襯住 孫 兒 呀唉。

| 2 2   2 76 | 2 232 2· | 2 61 23 2 | 1 16 5 21 6 5 |

點燭 公呀， 點燭 婆唉， 七 色 米 蘿佢就有個把

| 1 1· | 3 23 2 | 2 16 5 | 2 21 6 1 6 5 |

尺 呀唉； 可 呀加 多佢就一 尺， 丈二三呀

| 5 — | 2 2   2 76 | 2 232 2· | 2 3 3 2 2 |

唉。 點燭 公呀， 點燭 婆呀唉， 七 色 米

籮,佢就有個靈　剪呀唉;　　婆呀冇　油佢就滴

落,　較口唔　開　呀唉。　　　點燭公呀,

點燭　婆呀唉,　七色　米　籮,佢就有個連　鏡呀唉;

佢狀　師　口吻,又講　返　贏　呀唉。

點燭　公呀,　點燭　婆唉,　七色　米　籮佢就有個　蓋

火　呀唉;　　有　如佢就寶　鴨　伴　天　鵝

呀唉。　　　點燭公呀,　點燭　婆唉,　七色　　檯

頭,佢就樣噤樣　有　呀唉;　我婆深　思　佢就熟

慮,則擺滿　檯　頭　呀唉。　　點燭公呀,

$\overline{2\ \underset{\smile}{23}\ 2}\ \underset{\cdot}{2}$	$\underset{\cdot}{\overset{\frown}{5}}\ 2\ \overset{\frown}{3}\ \underset{\cdot}{2}$	$1\ \overline{1\underset{\cdot}{6}5}\ \overset{\frown}{1}\ \overset{\frown}{6}\ \underset{\cdot}{5}$	$\underset{\cdot}{2}\ 1\cdot$	

點燭婆唉，　　　大燭　上　　臺佢就又唔在　講　呀唉；

$\overline{1\ \underset{\cdot}{6}}\ \overset{\frown}{3\ \underset{\cdot}{2}}\ 2$	$\overline{1\ \underset{\cdot}{6}}\ 2\ 2$	$\overset{\frown}{1\ 2}\ \overset{\frown}{6}\ \underset{\cdot}{5}$	$\underset{\cdot}{5}$ －

佢畫　花　　雕龍呀金水　嚟　旁　　呀唉。

$\underset{\cdot}{2}\ 2\ \overset{\frown}{2\ \underset{\cdot}{7}\underset{\cdot}{6}}$	$\overline{2\ \underset{\smile}{23}\ 2}\ \underset{\cdot}{2}$	$\underset{\cdot}{\overset{\frown}{5}}\ 2\ \overset{\frown}{3}\ \underset{\cdot}{2}$	$1\ \overline{1\underset{\cdot}{6}\underset{\cdot}{5}}\ \underset{\cdot}{2}$

點燭公呀，點燭婆唉，　　大燭　上　　臺，佢就龍口

$\underset{\cdot}{2}\ \underset{\cdot}{6}$	$\overset{\frown}{1}$ $\overset{\frown}{1}$	$1\ \overset{\frown}{2}\ \overset{\frown}{3}\ 2$	$\overline{1266}\ \overline{2\ 21}\ \overset{\frown}{6}\ \underset{\cdot}{5}$	$\underset{\cdot}{5}$ －

向後　呀唉；　咪呀將　　龍口向住孫　兒　　呀唉。

$\underset{\cdot}{2}\ 2\ \overset{\frown}{2\ \underset{\cdot}{7}\underset{\cdot}{6}}$	$\overline{2\ \underset{\smile}{23}\ 2}\ \underset{\cdot}{2}$	$3\ 2\ \overset{\frown}{3\ 2}\ 2$	$1\ \overline{1\underset{\cdot}{6}5}\ \underset{\cdot}{2}\ \overset{\frown}{6}\ \underset{\cdot}{5}$

點燭公呀，點燭婆唉，　　紗紙呀燈　　籠佢就又攛　攛

$1\ 1\cdot$	$3\ \overset{\frown}{2\ 3}\ 2$	$1\ \overset{\frown}{6}\ \underset{\cdot}{5}$	$\underset{\cdot}{2}\ 3\ \overset{\frown}{6}\ 1$

炝　呀唉；　　婆呀裡　　頭又點　　火，　外　頭

$\overline{2\ 21}\ \overset{\frown}{6}\ \underset{\cdot}{5}$	$\underset{\cdot}{5}$ －	$\underset{\cdot}{2}\ 2\ \overset{\frown}{2\ \underset{\cdot}{7}\underset{\cdot}{6}}$	$\overline{2\ \underset{\smile}{23}\ 2}\ \underset{\cdot}{2}$

光　明　呀唉。　　　點燭公呀，點燭婆唉，

$\overline{3\ 2}\ 3\ \overset{\frown}{6}\ 2$	$\overset{\frown}{6}\ 2\ 1\cdot\ \overset{\frown}{6}$	$1\ 1\cdot$	$1\ \overset{\frown}{2\ 3}\ 2$

燒酒　八杯，　又唔在　拜　呀唉；　　八呀杯

$\overset{\frown}{6}\ 2\ \overset{\frown}{6}\ 1$	$\overline{2\ 21}\ \overset{\frown}{6}\ \underset{\cdot}{5}$	$\underset{\cdot}{5}$ －	$\underset{\cdot}{2}\ 2\ \overset{\frown}{2\ \underset{\cdot}{7}\underset{\cdot}{6}}$

燒酒，夜靜噪　醉　呀唉。　　　點燭公呀，

$\overline{2\ \underset{\smile}{23}\ 2}\ \underset{\cdot}{2}$	$\overset{\frown}{6}\ 2\ \overset{\frown}{3}\ \underset{\cdot}{2}$	$1\ 1\underset{\cdot}{6}5\ \underset{\cdot}{2}$	$\underset{\cdot}{2}\ \underset{\cdot}{6}$ $\overset{\frown}{1}$

點燭婆唉，　　大邊遞　　前，佢就細邊　遞後　呀唉；

$1\ \overset{\frown}{2\ 3}\ 2$	$\overset{\frown}{6}\ 2\ 1\ \overset{\frown}{6}\ 2$	$1\ 2\ \overset{\frown}{1}\ \overset{\frown}{6}\ \underset{\cdot}{5}$	$\underset{\cdot}{5}$ － ‖

八　杯　　燒酒，奠落　檯　頭　　呀唉。

結婚坐夜
（嘆情）

1=B $\frac{2}{4}$ $\frac{3}{4}$

黎帶金 嘆唱

李華準 記譜

| 2 3 2 | 2 — | 2 7 2 3 | 2 2· |
親呀爺　喇唉，　　使乜　劏豬

| 6 3 2 7 6 5· 6 | 2 3 7· | 7 7 2 3 | 6· 2· |
同紅坐 夜,哩個親 爺唉,　叫我 親爺 留返

| 6 3 2 6 2 2 7 | 6· 6· | 2 3 2 | 2 — |
豬仔,路邊呀行 呀唉。　親呀爺　喇唉，

| 3 2 3 2 3 | 1 2· | 6 3 2 7 6 5· 6 | 2 3 7· |
爺喇,使乜 買雞　同紅坐 夜,哩個親 爺唉;

| 7 7 2 3 | 6 3 2 2· | 6 3 2 6 3 | 1 2 6 5 |
叫我 親爺 留返,一更　食米, 二 更 哩 啼

| 5 — | 2 3 2 | 2 — | 1 6 1 2 3 |
呀唉。　親呀爺　喇唉，　你 睇呀

| 2 2· | 6 2 1 6 | 1 21 231· | 1 2 3 2 |
生雞　又嗰對　眼哩個親爺唉; 我爹冇

| 1 2 6 5 | 2 2 1 6 1 | 2 6 5 5· | 2 3 2 |
錢佢就賣　女,得個 人 呀彈 呀唉。 親呀爺

| 2 - | 3 23 1 2 | 2 2· | 6 2 1 6 |

喇唉，　　　　爹喇，你睇　生雞　　　又嗰對

| 1 21 231· | 1 23 2 | 1 16 5 | 2 3 1 2 |

耳,得個親爺唉;　我爹冇　　錢 佢就賣　女 呀,有人

| 26 5 5· | 2 3 2 | 2 - | 3 23 1 2 |

思疑　呀唉。　親呀爺　喇唉，　　　　爹喇,你睇

| 2 2· | 6 3 2 1 6 | 6 21 231· | 1 23 2 |

生雞　　又嗰對　鼻,得個親爺唉;　我爹冇

| 1 16 5 | 2 3 1 2 | 1 2 6 5 | 5 - |

錢 佢就嫁　女 呀,細大　唔　嚟　呀唉。

| 2 3 2 | 2 - | 1 61 2 3 | 2 2· |

親呀爺　喇唉，　　你　睇呀　生雞

| 6 2 1 6 | 2 21 231· | 1 23 2 | 1 16 5 |

又嗰把　口,得個親爺唉;　我爹冇　　錢 佢就嫁

| 2 3 6 1 | 2 2 6 5 | 5 - | 2 3 2 |

女 呀,實見　憂　愁　呀唉。　　親呀爺

| 2 - | 3 23 1 2 | 2 2· | 6 3 2 16 |

喇唉，　　　　爺喇,你睇　生雞　　　又嗰對

| 6 21 231· | 3 231 2 16· | 6 3 2 2· | 6 21 1 6 |

翼,得個親爺唉; 爹喇,佢撲　翼呀飛高,　乃念父

| 1 21 231· | 3 23 1 1 | 3 2· | 1 16 132 |

母得個親爺唉; 爹喇,佢腳　中　行慢,乃念

| 2· 16 5 | 5 － | 2 3 2 | 2 － |

爹　娘　呀唉。　　親呀爺　喇唉,

| 3 23 3 2 | 6 2· | 6 2 1 6 | 2 21 231· |

爹喇,雞腎破開,　又做籐　籃得個親爺唉;

| 3 231 2 2 | 1 16 5 | 1 16 2 3 | 1 2 6 5 |

爹呀,你女面　紅佢就皮　厚,佢就捼衣　嚟　行

| 5 － | 2 3 2 | 2 － | 3 23 21 23 |

呀唉。　　親呀爺　喇唉,　　爹喇,雞心

| 2 2· | 6 3 2 16 | 6 21 231· | 3 23 2 |

雞肝,　又雞五　臟,得個親爺唉; 爹喇,金

| 2 16 5 | 2 3 6 3 | 2 2 6 5 | 5 － |

刀佢就鋸　頸,　滑枝通　腸　呀唉。

| 2 3 2 | 2 － | 3 23 6 23 2 | 1 16 5 21 6 5 |

親呀爺　喇唉,　　爹喇,面頭雞　籠佢就又罟肉

| 1 2 231· | 3 23 1 2 2 | 1 16 5 | 6 21 213 |

眼呀,親爺喇唉; 爹喇,你女入　門佢就容　易,佢就出返

| 2 21 6 5 | 5 － ‖

艱　難　呀唉。

第七種唉歌，這是哭喪歌。哭喪歌是舉行喪禮拜祭亡魂時泣唱的歌。哭喪歌與嘆家姐的句式與曲調基本相同，兩者不同之處是哭喪歌的腔調更為靈活多變，歌者含悲泣唱，腔調哀怨、悲切、使人聞之動情。[198]唉歌作品如《哭阿媽》、《夜間破地獄》、《三七二十一上臺安神》、《接材》、《旺桶》、《唱倒頭》、《唱買水》、《唱洗面》、《唱裝身》、《唱哭靈》、《唱拜祭》、《唱接材》、《唱招魂》、《唱入殮》、《唱送葬》等。[199]

南寧師範大學音樂舞蹈學院院長黃妙秋教授把廣西北海鹹水歌按歌曲曲調劃分成「嘆」和「唱」兩大類。她認為「嘆」是一種吟唱風格的鹹水歌，這類歌唱時，不追求熱情奔放的放聲高歌，而是輕聲曼語的吟哦低唱，感情內在含蓄，旋律平緩柔和，歌詞與語言的四聲音調密切相關，水鄉人多以「嘆」代「言」，在某種意義上，「嘆」實際上相當於被佐以某些固定音調的「說」，歌唱時帶有強烈即興性。此類歌主要指以下三種曲調：第一是嘆家姐，是僅在水鄉人婚禮姑娘「哭嫁」時對唱，姑娘將感恩惜別等內容即興編詞添入這個固定曲調中，或自己獨唱，或與母親、朋友對嘆。第二是唉調，唉調專門用於喪禮及祭祀場合，常由單人獨唱，以女性居多。第三是「嘆調」，日常生活中男性粵籍水鄉人相互鬥歌取樂和水鄉婚禮中「伴郎」儀式時常唱此曲，女性則一般只是旁聽而不唱之。「嘆調」多由兩人對唱，一問一答，偶有獨唱。內容有「嘆字眼」、「嘆古人」和「嘆物」等。「嘆字眼」是猜；「嘆古人」是根據典故猜古代名人的姓名；「嘆物」則是競猜事物。要求歌者知識和急才。在鬥歌中，唱勝者往往受到周圍水上人的尊敬及稱贊。[200]

---

198 陳錦昌：《中山鹹水歌》（廣州：廣東旅遊出版社，2015年1月），頁61。

199 這類歌詞，參看前端「喪葬儀禮民俗」。

200 黃妙秋：《海韻飄謠──廣西北海鹹水歌研究》（北京：大眾文藝出版社，2004年5月），頁30-32。

　　珠江沿海的鹹水歌也能劃分成「唱」和「嘆」。黃妙秋教授把唱類分作敘事歌、風俗歌、勞動歌、情歌、兒歌、娛樂歌六種類型。[201]她所稱的唱類，基本就是鹹水歌、高堂歌，而勞動歌有《釣魚仔》、《耕田仔》、《果子歌》、《種菜歌》、《割草犁田歌》、《開基攞草歌》都是高堂歌。至於《耕田歌》、《開基攞魚蝦歌》是高堂歌，也有人以鹹水歌來唱。長篇敘事歌，如《孝義歌》、《拆蔗寮》、《趁陽江》、《新抱仔》、《梁山伯與祝英台》都是高堂歌。至於兒歌方面，就是嗳仔歌，可以以高堂歌或鹹水歌來唱。作品如《嗳仔歌》、《月光光》、《搖啊搖》、《養育恩》、《十教才郎》等。《嗳仔歌》譜例：

嗳仔歌

梁翁妹 原唱
黃德堯 記譜
霍　妹 演唱

1=Ab 2/4

中速

嗳　大（又）細佬（呀）　嗳，　　嗳 大 細佬
出 街　　買 個 大　餅（呀）細 佬，
買 返（又）大　餅 唔 好 吓 人　（呀）　嗳。

　　至於黃妙秋所說的「嘆家姐」、「唉調」，珠三角水網沿海都是具有這一類「嘆類」鹹水歌。黃妙秋教授也提到水鄉婚禮中「伴郎」儀

---

201 黃妙秋：《海韻飄謠──廣西北海鹹水歌研究》（北京：大眾文藝出版社，2004年5月），頁32。

式時常唱的鹹水歌是「嘆調」，屬於「嘆類」，但珠三角舡族水鄉人與廣西北海市有點不同，珠三角這邊伴郎等唱的全是「唱類」的高堂歌。唱類的鹹水歌有《上大字》、《穿衣歌》、《唱棚面》、《唱明燭》、《唱點燭》、《唱檯頭》、《燭師歌》、《檯頭歌》、《檯頭銀燭》、《全盒歌》，這些都是高堂歌。新郎迎親時唱《新郎迎親朋》是高堂歌，而《渡水飯對歌》是鹹水歌。《看新娘》、《賀新郎》、《賀喜歌》、《賀高堂》、《賀婚歌》、《賀新娘》等全是高堂歌，少部分是鹹水歌。

筆者在採風中，香港、黃埔區、東莞（麻涌鎮漳澎村五坊角、虎門鎮漁港村）所接觸的鹹水歌只有「嘆情」類的歌，「唱」類好像已失傳。特別是黃埔區，其「嘆」已不能即興，即景生情，脫口而出，隨編隨唱，只能手持經文人加工過的鹹水歌本而嘆。至於廣州南沙橫瀝鎮，是大沙田區，那兒的舡族族群不單能嘆，也能唱，其腔調基本跟中山一致。[202]其實珠三角一帶的鹹水歌是頗一致的，差別很少。至於佛山市順德區、高明區，南海區；江門開平、大鰲，筆者也曾採風，此三地的水上人還能「唱」和「嘆」。至於肇慶，筆者聽過端州廠排當地年青歌手彭慧卿小姐[203]能唱鹹水歌，因那次是調查該地的水上方言為主，加上行程較趕，未有機會聽到「嘆」類。

二 行船歌

（一）更路簿

《海道針經》有各種各樣的稱謂和不同的樣式，[204]中國海域遼

---

202 南沙區橫瀝鎮教育文化體育中心：《漁聲——橫瀝鹹水歌》（缺出版社資料，2011年12月）。

203 彭慧卿小姐是當地鹹水歌民間非遺傳承人。

204 《宣和奉使高麗圖經》、《海運紀原》、《漕運水程》、《瀛涯勝覽》、《星槎勝覽》、

闊，南北海域除了船型不同之外，用來導航的指南工具書也大不相
同。中國海南島地區的漁民，前往三沙市所轄的南海海域進行漁業生
產活動時，用來導航的海道針經，根據生產實踐的需要，長期經驗的
積累和歷代不斷的修訂與更正，編寫出了與其他海域不同、適合南海
海域使用的航海指南工具書。由於《更路簿》[205]僅在漁民中傳抄，[206]

《西洋番國志》、《鄭和航海圖》、《渡海方程》、《海道經書》、《四海指南》、《航海
秘訣》、《航海全書》、《籌海圖編》、《籌海重編》、《兩浙海防類考續編》等。見劉
義傑著：《中國古代海上絲綢之路》（深圳：海天出版社，2019年12月），頁59-61。

205 《更路簿》是帆船時代海南漁民在南海航行的航海指南，一般為船長或火表秘
藏，多以家族、親戚或密友之間師徒傳承的方式傳播。在帆船時代，海南每個船
長至少擁有一本：《更路簿》。「簿」即本子或冊子，紙質，上書更路條文。早期漁
民用的是草紙或綿紙。把大張紙裁剪成小張紙，抄寫更路條文後，在右側用棉線
或紙編線將各頁裝訂成冊，通常沒有標注頁碼，也不為更路條文標注順序號。漁
民在舊簿爛得不可用之前及時抄錄新簿，以保存和使用。較早時期保存下來的簿
品相老舊發黃，邊緣有磨損。「路」就是羅盤的針路，指示航向。「更」指航行的
里程，也大致指航行時間。「更路」二字合起來，表示從出發地到目的地之間的航
向、距離以及航行所需的大致時間。因此，海南漁民用於南海航海的海道針經稱
為「更路簿」。《更路簿》裡的更數都用中文文字記載，不見使用阿拉伯數字。「更」
表示航地與目的地之間距離，也表示兩地之間的航行時間。但是對於「更」的時
間與距離之計算方法，相關著作眾說紛紜。一般認為「更」原來是計時單位，一
個晚上為五更，一晝夜為十更。後來「更」用於計算船的航行距離，就轉變成計
程單位，即船在一更時間內的航行里程，主要是指帆船的航行距離。對於一更的
里程，有一更合一百里、六十里、五十里、四十里等多種說法。但是不同大小的
船隻所具有的抗風能力不同，在不同海域中安全行駛的速度也不同，因此，會導
致單位時間內航程的不同。筆者為此調查了眾多海南老漁民，所獲得的結果用當
今術語轉譯，一更合二小時，一更合十海里。這是漁民對於以前風帆漁船的大小
和抗風能力以及在南海安全航行的速度等經過折算後所得的結果。眾多海南老漁
民都說一天分為十二更，一更為兩小時。看來他們把；「時辰」理解為「更」。極
有可能是因為他們按十二時辰來記載「流水」，所以在認知上就採用了這種便捷的
算法。「流水」即某個港口的潮汐漲落時間，因南海為全日潮，且有顯著的日不等
現象，因此海南漁民的：《流水簿》記載的也是日潮，逐日記載，每日什麼時辰漲
潮，什麼時辰落潮。漁民必須熟悉流水簿的內容，因為關係到漁船出港的時間，
一般在潮水漲到最高峰後剛開始退潮，漁船便乘潮出港。久而久之，一天分為十

每個傳抄者都會根據自己的意思對更路簿進行命名，因此，南海更路簿又稱作《更流簿》、《更路經》、《水路簿》和《更路志錄》等。《更路簿》它可以是手抄本，也可以是口述記錄，是古代南海漁民出海必備的秘籍寶典。它記錄了南海海域的一百多處和重要的海洋資訊。就手抄本而言，《更路寶》有許多版本，如蘇德柳抄本《更路簿》、蘇承芬抄藏本《更路簿》、《中沙水路簿》、王詩桃抄本《更路簿》、鄭慶能藏本《瓊島港口出入須知》、《瓊州行船更路志錄》、許洪福抄本《更路簿》、郁玉清藏本《定羅經針位》、陳永芹抄本《西、南沙更路簿》、林鴻錦抄本《更路簿》、王國昌抄本《順風得利》、麥興銑《注明東、北海更路簿》、李根深《東海、北海更路簿》、蒙全洲口述《去西、南沙水路簿》、彭正楷抄本《更路簿》、盧鴻蘭抄本《更路簿》、李魁茂抄本《更路簿》、馮澤明藏本《更路經》、黃家禮祖傳本《駛船更路簿》、盧家炳藏本《更路簿》、陳澤明抄本《更路簿》、符宏光繪製的《西、南沙群島地理位置圖》等。[207]

可見每種更路簿又會根據各家航線的不同，在《更路簿》前冠以

二個時間段的概念在他們的認知經驗裡根深柢固。以前海南漁民的文化程度普遍不高，而且十二時辰已經足以應付他們在日常生活和航海中對於時間的把握，所以對於十二時辰與十更之間的換算關係不感興趣。見夏代雲著：《盧業發、吳淑茂、黃家禮《更路簿》研究》（北京：海洋出版社，2016年10月），頁1-2。

206 現在存世的，我們能尋找到的《更路簿》共有二十四種，另外有一幅帶有《更路簿》性質的一九三五年老漁民符宏光繪製的《西、南沙群島地理位置圖》（示意圖）以及一幅郭振乾二十世紀八十年代初據抄本《更路簿》所繪製的《西、南沙群島漁業更路圖》。歷史上到底存在過多少種《更路簿》，至今已無法統計。現存的二十四種《更路簿》抄錄或收藏人中多數是瓊海市潭門鎮人氏，少數分別是文昌市東郊鎮、鋪前鎮和清瀾鎮人。但這兩個市的抄錄、收藏者又有交叉。見周偉民、唐玲玲編著：《南海天書海南漁民「更路簿」文化詮釋》（北京：昆侖出版社，2015年8月），頁104。

207 董邙著：《南海「更路簿」非物質文化遺產的傳承與保護》（北京：中國紡織出版社，2018年12月），頁4。

海區的名字加以辨識，如《東海更路簿》、《北海更路簿》、《中沙更路簿》等。這裡的「東海」、「北海」是南海漁民對西沙群島和南沙群島的稱法。如前所述，針經起源於航海羅盤發明之後，時間在北宋中葉以後，至遲到十二世紀初，中國航海家就已經開始編撰海道針經。同理，海南漁民遲到十二世紀初，中國航海家就已經開始編撰海道針經。同理，海南漁民使用的種種更路簿，作為「海道針經」[208]的一種，它出現的時間也不會晚於十二世紀初。或者說，自從航海羅盤發明之後，在南海從事漁業生產或商貿活動的航海家就已經開始編撰更路簿。南海更路簿與其他地方編撰的海道針經，在主要形式和基本內容及其應用方法等方面都是一脈相承的。唯一不同的地方就是《更路簿》中的大部分針路都是中國南海各群島間的針路，尤其適合海南島漁民的作業生產。[209]

　　《更路簿》一般沒有標點符號，使用天干地支曆法計時，使用八卦、自然天象和羅盤、計量尺的用詞表明方位，再加上不斷變遷的漢

---

208 昔日航海時，火長依靠三樣物品進行航行：航海羅盤、針經和圖式（即航海圖）。「針經」就是「海道針經」的簡稱。歷史上，自三國以後，海道漸多，就像道路一樣，人們可以循著海道來往，便開始將其稱從「海道」。航海羅盤發明之後，將「浪道」的指南針針位和里程等記錄成冊，可以用來導航，這種冊子被稱為針經」，用「海道針經」總其稱，也就是今天所說的航海工具書。見劉義傑著：《中國古代海上絲綢之路》（深圳：海天出版社，2019年12月），頁58。《海道針經》作為航海指南，是一種工具書。針路，即記錄航線針位、里程和注意事項，是它的基本內容，以《順風相送》中的〈福建往琉球〉針路中福建往琉球那霸港海道為例：「太武放洋，用甲寅針，七更船，取烏坵。用甲寅並甲卯針，正南。東墻開洋，用乙辰，取小琉球。又用乙辰，取木山。北風，東涌開洋，用甲卯，取彭家山。用甲卯及單卯，取釣魚嶼。南風，東涌放流，用乙辰針，取小琉球頭，至彭家、花瓶嶼在內。正南風，梅花開洋，用乙辰，取小琉球。用單乙，取釣魚嶼。南邊，用卯針，取赤坎嶼。用艮針，取枯美山。南風，用單辰，四更，看好風，單甲，十一更，取古巴山，即馬齒山，是麻山赤嶼。用甲卯針，取琉球國，為妙。」見劉義傑著：《中國古代海上絲綢之路》（深圳：海天出版社，2019年12月）頁67。

209 劉義傑著：《中國古代海上絲綢之路》（深圳：海天出版社，2019年12月），頁98。

語以及海南俚語和漁民行話的表述等，往往被稱為「海南天書」。《更路簿》也要與時並進，不同歷史時期、每次航行的風向、水流都不同，因此每一次航海都有新的記錄，不斷修正，世世代代闖南海的漁民就是這樣，將《更路簿》上的經驗不斷完善、總結，最終成為一部漁民南海指路經。《更路簿》是南海漁民長期實踐和經驗總結後得出的航海針經書。它記錄了從海南島到西沙、南沙各群島島礁的航行方向和航海路線，最遠至東南亞等地的航路，以及航行中的注意事項等。《更路簿》的存在，使南海漁民對西沙、南沙島礁的自然情況、地理位置、到達島礁的路線、海產品分布、島礁命名等方面有了實質性的研究。[210]

　　以下分別摘錄其中《東海更路》、《北海更路》、《南洋更路》和《廣東下瓊州更路志錄》的部分針路加以說明。

1　東海（西沙群島）更路[211]

（1）自紅草門（今仍名）上雙帆（今名高尖石），用巽，二更，收向東南。

（2）自紅草門去貓興（今東島），用乙辛，二更，收向東。

（3）自二圈（今名玉琢礁）上貓興，用甲庚，三更，收向東南。

（4）自乾豆（今名北礁）回大潭門（今名潭門港）用壬丙，七更，轉回巳亥，五更。

（5）自貓興大潭門，用乾巽，十六更半，收[212]。

（6）自三峙（今名南島）回大潭門，乾巽，巳亥對，十五更，收。

---

210 董邯著：《南海「更路簿」非物質文化遺產的傳承與保護》（北京：中國紡織出版社，2018年12月），頁5-6。

211 劉義傑著：《中國古代海上絲綢之路》（深圳：海天出版社，2019年12月），頁100。

212 指收帆，即是指已到達目的地。

（7）自二圈下大圈（今名華光礁），用寅申，一更，收。

（8）自白峙仔（今名盤石嶼）回大圈，過頭上用丁未，平，更
半，收。

2　北海（南沙群島）更路[213]

（1）自紅草沙排（今名樂斯暗沙）下鐵峙（今名中業群礁），用
甲庚，二更，收，對西南。

（2）自紅草至伍風（今名五方礁）；用辰戌；四更，收，對東南。

（3）自雙門（今名美濟礁）去雙擔（今名興義礁），用乾巽，四
更，收，對東南。

（4）自斷節（今名仁受礁）去五風（用伍風），用癸丁，四更
半，收，對東西北。

（5）自羅孔（今名馬歡礁）去五風，用午丙，更半，收，對南。

3　南洋更路[214]

（1）自鳥仔峙（今名南威島）去地盤（今名雕滿島），用坤兼二
線申，駛十五更，轉回坤，收。

（2）自乙辛（今名日積礁）去地盤，用坤兼申一線，駛[215]十五
更，轉回坤，三十四更，收。

（3）地盤回昆侖（今名昆侖島），用丑未，三十八更，收。

（4）昆侖去地盤，用癸丁針，三十八更。

（5）自東竹（今名奧爾島）回昆侖，用癸丁，三十八更。

213 劉義傑著：《中國古代海上絲綢之路》（深圳：海天出版社，2019年12月），頁100。

214 東海（西沙群島）更路、北海（南沙群島）更路、南洋更路，見劉義傑著：《中國
古代海上絲綢之路》（深圳：海天出版社，2019年12月），頁100-101。

215 指駕駛。

（6）自昆侖過頭，用癸丁針，約拾二三更，取赤坎（今名葛嗟角），近坡用寅字，六更，收羅安頭（今名嗄那角），對東南。

4　鄭慶能藏本《廣東下瓊州更路志錄》（錄部分）[216]

（1）自萬山放下大洲、用艮坤，三十九更可見大洲船。在外離半更遠，東風用癸丁，十三更可見銅鼓萬洲山也。

（2）自石闌門放下大洲，用丑未，二十更到也。自鳳陽尾放下大洲，用癸丁，十九更可到也。自鳳陽尾放下七洲，用丑未，十一更到也。

（3）自鳳陽尾放下木闌頭，用艮坤，十更可見也。

（4）自七洲到銅鼓角，用丑未，二更到也。

（5）自連頭放下七洲，用子午兼一線壬丙，八更到也。自南憑放下七洲，用丑未兼癸丁二線，九更到七洲嶺也。

（6）自放雞放下七洲，用子午壬丙，九更到也。

從針路上看《更路簿》的特點，最主要的是《更路簿》上的針路基本是兩個島礁之間的針路，極少有需要經過中轉的針路，這是因為漁民生產活動基本是逐島進行，針路有各島礁間的針路即可。

《更路簿》是交代捕撈時所經過的島嶼、暗礁和當地天氣、海流、風向、風暴氣象等航行重要資料，並以海南潭門當地方言記載南沙、中沙、西沙群島島名。此外，還能兼用羅盤，一一詳列出來，清晰交代捕撈航行路線，十分科學，但香港的《東路程》、《大星與小星》，純然是交代所遇上的地名、山名、島礁名稱，沒有結合針經，所以香港的《東路程》、《大星與小星》能記錄下來並可以操作捕撈，

---

216 周偉民、唐玲玲編著：《南海天書海南漁民「更路簿」文化詮釋》（北京：昆侖出版社，2015年8月），頁395。

是十分難得的。《東路程》有不同版本，這個跟《更路簿》一樣，每個漁民根據自己捕撈路程而作出不同調整。香港的《東路程》、《大星與小星》，是押韻的，也是歌曲，是方便通過歌唱形式加強記憶的，這是與《更路簿》不同之處。

　　《東路程》、《大星與小星》是珠三角漁民長期實踐和經驗總結後得出的航海路線行船歌。

（二）大澳《東路程》[217]

　　十九世紀，香港地區水上人有一首名為《東路程》的行船歌，唱出船隻從廣東惠陽海岸出發，經香港入珠江口所經的行程。從前沒有地圖和導航儀的幫助，這類漁歌可以幫助水上人掌握珠江東岸沿海的地形、水文和聚落的位置，使航行順利。[218]香港的行船歌，在浙江一帶稱水路歌或嚮導歌、[219]福建廈門漁民也有海洋的行船歌。[220]行船歌，

217 饒玖才：《十九及二十世紀的香港漁農業傳承與轉變》（香港：天地圖書公司，2015年4月），上冊漁業，頁278-280，轉引自葉賜光：《香港漁民原聲歌樂文化》之〈行船歌〉一章。此歌主要記錄有關航海捕魚的知識，另一首的《大星與小星》也是如此。《香港漁民原聲歌樂文化》，葉賜光先生稱已由衛迹信文物基金安排出版。此行船歌又見申佳仁：〈出海行船歌〉，《新界鄉俗縱橫談》（香港華僑日報，1993年8月1日）。此剪報是葉賜光先生轉送給我參考。饒玖才：《十九及二十世紀的香港漁農業傳承與轉變》（上冊漁業）的〈東路程〉與呂烈：《大嶼山》第一版第三次印刷（香港：〔香港〕三聯書店，2006年3月），頁88-89相同。廖迪生、張兆和：《大澳》（香港：〔香港〕三聯書店，2006年1月），頁25-26的《東路程》與饒玖才《十九及二十世紀的香港漁農業傳承與轉變》（上冊漁業）的〈東路程〉是有極大差異。為了區分，故命名西貢〈東路程〉和大澳〈東路程〉。饒玖才先生的〈東路程〉是刪除了襯字襯詞。

218 饒玖才：《十九及二十世紀的香港漁農業傳承與轉變》（香港：天地圖書公司，2015年4月），上冊漁業，頁278、280。

219 殷文偉、季超編著：《舟山群島　漁船文化》（杭州：杭州出版社，2009年6月），頁115。

220 方友義、彭一萬主編；廈門市社科聯、廈門市閩南文化研究會編：《閩南文化研究論叢　下》（北京：文化藝術出版社，2006年12月），頁772。

是漁民多年行船於海洋，有經驗的船老大把沿途航船經過灘塗、海岸、海洋、島、排（礁，廣東白話漁民稱「礁」為「排」）的地理風貌、海流海洋特徵，以及沿途風景編成行船歌，用以掌握航向，行船歌既可以提醒行船的注意事項，又能解除打魚的疲勞、孤獨。除了從事海洋捕撈的漁民有行船歌，如廣東肇慶西江內河一帶捕魚者也是有行船歌；[221]廣西桂西一帶內河的漁民也有行船歌；[222]廣西賀州一帶內河漁民也有行船歌。[223]

《東路程》有底線者是地名。

出港行船是<u>小青</u>[eŋ]，[224]<u>小青山</u>對水清清[eŋ]。[225]
舉頭望過<u>東西碇</u>[eŋ]，風浪拋碇過<u>大星</u>[ɛŋ][226]。（轉韻）
<u>大星</u>過後是<u>小星</u>[ɛŋ][227]，<u>平海六甲</u>是<u>桃嶺</u>[ɛŋ]。[228]

---

221 黃小紅主編：《肇慶市端州區志》（北京：方志出版社，2012年1月），頁794。

222 黃德俊主編：《桂西文史錄》（南寧：廣西人民出版社，1995年12月），第6卷，頁169。

223 李曉明：〈廣西賀州族群生態多樣性述略〉收入第十一屆人類學高級論壇編：《多樣性 人文與生態──第十一屆人類學高級論壇文集》（缺出版資料，2012年10月），頁280。

224 《十九及二十世紀的香港漁農業傳承與轉變》（上冊漁業）的〈東路程〉與呂烈《大嶼山》首句是「出港行船是小青」，華僑日報是「出海行船是小青」。

225 小青山，在廣東惠陽不遠平海鎮附近的一個小島。以下〈東路程〉注釋主要轉引自饒玖才：《十九及二十世紀的香港漁農業傳承與轉變》（上冊漁業）一書資料。

226 大星即是大亞灣以東的大星山。星，讀作[ʃɛŋ⁵⁵]。在珠三角一帶，不論是漁民或農民，舉凡指天上的星星，一定讀[ʃɛŋ⁵⁵]，他們現在也懂得把「星」讀作[ʃɛŋ⁵⁵]，是新中國有了人做衛星後知道「星」的另一個讀音。所以，大星，在珠三角的漁人會講成[tai²² ʃɛŋ⁵⁵]。拋碇，把船碇放下海中。

227 小星即是大亞灣以東的小星山。星，讀作[ʃɛŋ⁵⁵]。

228 平海，是指平海鎮；六甲，古稱洛格；桃嶺，即陀嶺。大星、小星、平海、六甲、桃嶺，都是位於大鵬半島海域。

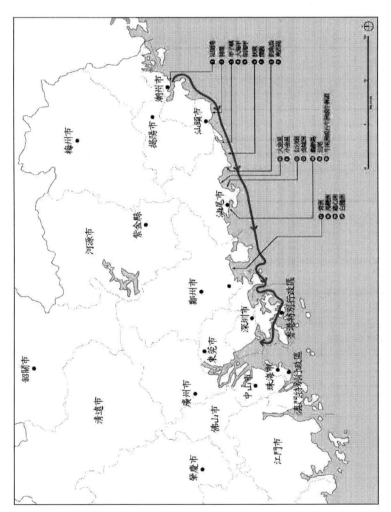

地圖三 《東路程》途經主要地標

（此圖也見於葉賜光先生新作《香港漁民原聲鹹歌樂文化》〔預計於二○二三年出版〕此地圖由好友葉賜光先生於二○二二年七月十五日提供筆者使用）

立緊<u>桃嶺山</u>對哼，望對<u>大良</u>是<u>大浪</u>[229]。
無火點煙是<u>黑雁</u>，<u>黑雁</u>旺船風仔猛。[230]
唔當[231]<u>鴨公</u>對旺船，犯人唔到犯<u>追洲</u>[ɐu]。（轉韻）
大船游入<u>金門口</u>[ɐu][232]，隻隻回轉<u>龍船頭</u>[ɐu][233]。

打<u>獨牛洋山</u>[234]外過，<u>南佛堂</u>[ɔŋ]、<u>北佛堂</u>[ɔŋ]。[235]（轉韻）
有魚[236]<u>馬友</u>好收藏[ɔŋ]，[237]<u>果洲</u>[238]種菜無下台。
丟了<u>將軍</u>[239]在後西，左邊西基磨六里。
船頭拋正<u>酒中灣</u>，[240]<u>金娘媽</u>[241]前山外過。
<u>細九龍</u>[oŋ]、<u>大九龍</u>[oŋ]，（轉韻）<u>九龍山</u>上九條龍[oŋ]。[242]
船頭對正<u>尖沙咀</u>[θy]，（轉韻）<u>裙帶</u>風吹歸吸水[θy]。[243]

---

229 饒玖才：《十九及二十世紀的香港漁農業傳承與轉變》（香港：天地圖書公司，2015
年4月），上冊漁業，頁278稱大良為即大鹿（灣）之誤，指它和西貢東部的大浪灣
遙遙相對。

230 黑雁為黑岩（角），黑岩在南澳對開。風仔懶是水上話，意思是指風勢不定，時大
時小。

231 唔當，即不適宜的意思。

232 金門口即大欽門。

233 龍船頭即糧船灣（又稱龍船灣）。兩句指船隻進入西貢海口，卸下貨物，再回轉糧
船灣出海向南行的航行路線。

234 獨牛洋山，又稱石牛洲。

235 南佛堂，即東龍洲（東龍島）；北佛堂，當指位於新界清水灣半島田下山的大廟。

236 有魚，正字是鮪魚。鮪魚就是吞拿魚。

237 有魚、馬友魚多用來製成鹹魚，曬成後易貯藏。

238 果洲，即果洲群島，附近產馬友魚，島上水源少，難種植。

239 將軍，指西貢將軍澳。指船隻經佛堂門，向西駛經將軍澳。

240 酒中灣即酒灣，位於香港鯉魚門北岸。船頭拋正，意即向著酒灣航行。

241 金娘媽，即天后，指佛堂門的天后廟。

242 九龍山脈大小共九峰。大、細九龍指大、小官富山。「細九龍、大九龍，九龍山上
九條龍」，此兩句指船隻進入了九龍灣。

243 裙帶，指裙帶路，今港島中環與尖沙嘴間的水道，昔日稱為「中門」。吸水，指汲
水門，指示西航方向。

拉緊船頭山對面，<u>大校椅</u>、<u>細校椅</u>。[244]

衝花<u>六甲</u>[245]五層樓，上<u>北門</u>[un]、下<u>北門</u>[un]。[246]（轉韻）

<u>青衣</u>落山<u>汲水門</u>[un][247]，<u>金人角</u>[248]下無鄉村。

北門有個<u>湯船勾</u>[249]，南面有個<u>打蠔塘</u>[250]。

<u>上磨刀</u>[ou]、<u>下磨刀</u>[ou]，[251]（轉韻）舉頭望見<u>青山</u>高[ou]。[252]

拉緊<u>琵琶洲</u>[253]外過，<u>銅鼓沙洲</u>[254]流水猛。

起頭拋碇[255]<u>西南灣</u>[an]，（轉韻）<u>後海</u>[256]無風<u>牛頭山</u>[an]。

行船阿哥心思家，左<u>伶仃</u>[257]右<u>大小劂</u>[an]。[258]

西邊二里是<u>赤灣</u>[an][259]，攞齊衣寶拜<u>新山</u>[an][260]。

---

244 船出維港西面後，便到了大、小交椅洲。

245 六甲，古稱洛格。

246 上、下北門指位於大嶼山東北面海域的咸陽門和雞踏門。兩處海道狹窄，水流湍急，浪花四起。

247 汲水門位於青衣島之西面。

248 金人角為企人角之訛，為青衣岸邊一巨石。該處並無民居。

249 湯船勾即是昂船坳。

250 打蠔塘即大蠔灣。指船沿大嶼山北岸航行。

251 上、下磨刀島北面對正屯門山（青山）的山峰。

252 「上磨刀、下磨刀，舉頭望見青山高」，此兩句指船隻繼續西行，以屯門的青山山頂作指標。

253 琵琶洲，今稱龍珠島。

254 此段行程水流很猛，今稱站龍鼓水道。

255 拋碇，把船碇放下海中。

256 後海即后海灣，該處風平浪靜。

257 伶仃指內伶仃島。

258 大小劂兩島在香港西貢區西貢內海。也可能是指小鏟島，位於深圳西部海域，地處珠江入海口，陸地面積約有○點一八平方公里，地勢西陡東緩，與大鏟島和南山蛇口隔海相望。這裡寫左伶仃，應該是指深圳南山蛇口機會較大。

259 赤灣在蛇口半島之西端。

260 拜新山可能是指船隻可順路到赤灣天后廟進香。

　　輕舟山水重舟返[an]，轉角望見<u>南頭州</u>[261]，船面功夫真刁蠻
[an]，[262]<u>溫州</u>對上是<u>沙山</u>[an]。[263]

　　今晚有錢今晚買，明朝水漲又行舟。[264]

　　船頭枕住在江邊[in]，（轉韻）<u>龍穴架杯</u>[265]兩山連[in]。

　　<u>校椅角</u>[266]頭風仔猛，起頭拋碇是神前[in]。

　　太平盛世無人情，[267]窮山僻嶺無火煙[in]。

　　<u>橫檔</u>[268]不離<u>大小虎</u>，借<u>西羅董</u>[269]亂琵琶。

　　<u>草尾生沙</u>[270]思石角，富水無潮是深井。

　　兩櫓拖埋江對江[ɔŋ]，[271]（轉韻）去到江邊船拋蕩[ɔŋ]。[272]

---

261 輕舟即平穩航行。南頭洲即寶安縣的南頭城。

262 指操縱船隻很考功夫。

263 溫州、沙山位置不明。溫州不是指浙江省溫州。

264 在「溫州」辦妥事務，休息一晚，明早乘潮漲入珠江。饒玖才《十九及二十世紀的
香港漁農業傳承與轉變》（上冊漁業）的〈東路程〉與呂烈《大嶼山》此句有點不
同。此兩本書是稱「明朝水漲又行舟」，華僑日報是「明朝水漲又行船」。

265 龍穴島和架杯（即玦杯洲）兩島鄰近，都在虎門之南。在此處船隻靠近江邊前進。
饒玖才《十九及二十世紀的香港漁農業傳承與轉變》（上冊漁業）的〈東路程〉與
呂烈《大嶼山》此句有點不同。此兩本書是稱「<u>龍穴架杯</u>兩山連」，華僑日報是「龍
穴架林兩山連」。看來是華僑日報誤植文字。

266 校椅角，並非香港島西面的大、小交椅，應是鮫魚角，漁民習慣以該地多某種魚類
而起地名。鮫魚角正因該處附近多鮫魚游弋，不過風浪頗大。魚，水上人是讀作
[ji²¹⁻³⁵]，所以「校椅[ji³⁵]角」即是「鮫魚[ji²¹⁻³⁵]角」。

267 饒玖才：《十九及二十世紀的香港漁農業傳承與轉變》（上冊漁業）的〈東路程〉
與呂烈《大嶼山》此句有點不同。此兩本書是稱「太平盛世無人情」，華僑日報是
「太平盛世冇山請」。可能是華僑日報誤植「山」和「情」字。

268 橫檔雙島位於虎門水道西側。

269 饒玖才：《十九及二十世紀的香港漁農業傳承與轉變》（上冊漁業）的〈東路程〉
與呂烈《大嶼山》此句有點不同。此兩本書是稱「借西羅董亂琵琶」，華僑日報是
「借西攞董亂琵琶」。可能是「借西羅」，不是「借西攞」。

270 草尾生沙，指萬頃沙末端多蘆葦草，因離海較遠，風浪少，水面平靜。

271 指在珠江水道搖櫓的航行技巧。

272 船拋蕩指水流急，船身波動。

船頭對正<u>海獅子</u>[273]，船尾得上<u>牛頭山</u>[an]。（轉韻）

行船阿哥真艱難[an]，秋深過後又冬寒。[274]

1 大澳何九《東路程》[275]

攪碇[276]棟網[277]過<u>大星</u>[εŋ][278]，過完<u>大星</u>是<u>小</u>（有）<u>星</u>[εŋ]，[279]

咽拋[280]<u>六甲</u>[281]（囉）是（到）<u>沱</u>（囉）<u>潯</u>[282]。<u>小浪澳</u>、<u>大浪澳</u>

[ou][283]，（轉韻）無風駛船[284]（又）浪（內囉）溚[ou]。

（重有）<u>大姐佗胎</u>，（咽個）<u>髻肚佛</u>[285]（啦），無油（哩）點火

（囉）是<u>黑</u>（囉）<u>雁</u>[an][286]，（轉韻）黑雁對返（有個叫）<u>大</u>

<u>浪環</u>[an][287]（呀）。

---

273 海獅子，指獅子洋。獅子洋是珠江水道，位於伶仃洋的北面。

274 「秋深過後又冬寒」是歎息行船生活艱苦。

275 〈東路程〉是大澳何九先生唱出。廖迪生、張兆和：《大澳》（香港：〔香港〕三聯
  書店，2006年1月），頁25-26。

276 攪碇，把船碇從海中收起。

277 棟網，指收起漁網。

278 大星即是大星山。星，讀作[ʃɛŋ⁵⁵]。小星即是小星山。大星、小星，都是位於大鵬
  半島海域，是指惠來縣海濱對開的兩座小山，古時是屬於惠陽府治。

279 （有）是演唱者即興增加的字，這些增加的字或詞語，使歌詞內容配合節奏，基本
  上，這些字或詞語都不應改變歌詞的含意。歌詞中增加的字或詞語以較少小字體標
  示。廖迪生、張兆和：《大澳》（香港：〔香港〕三聯書店，2006年1月），頁25。這
  些中字，筆者則將其藏在（ ）內表示。

280 咽拋，讓漁船停泊。

281 六甲，指大亞灣辣甲群島之大辣甲和小辣甲兩個島。

282 沱潯，指沱潯列島。

283 大浪澳，指大浪西灣。

284 漁船以風帆推動，沒有風的時候，漁船便會停下來。

285 「大姐佗胎」和「髻肚佛」是對所見地形的描述。漁民也稱該地為「賴屎洲」。「賴
  屎洲」是大亞灣上的一個小島，正對西涌海灘。

286 黑雁為黑岩（角），黑岩在南澳對開。風仔懶是水上話，意思是指風勢不定，時大
  時小。

287 大浪環，即大浪灣。

拋得在開（哩）風仔爛[an]²⁸⁸（呀），拋得在埋²⁸⁹（好多）紅
溝（囉）殘[an]²⁹⁰，竹仔篾纜壓斷晒（呀）。

啯蓬²⁹¹駛返南澳環[an]²⁹²，舺公²⁹³船尾望一望（呀），（望到）
西便（ê）有個（又）坪陽（呀）山[an]²⁹⁴（呀）。

攪蒲頭大悝²⁹⁵（由個）獨牛²⁹⁶山頭前過[ɔ]（呀），（轉韻）（望
埋）塔門（ê）山上（囉好）多嬌（囉）娥[ɔ]。

北佛堂[ɔŋ]、南佛堂[ɔŋ]，（轉韻）雙手掩門（呀都話）大廟
口²⁹⁷[ɐu]（囉啊）。（轉韻）

斧頭²⁹⁸臂落（哩啯）柴灣口[ɐu]（呀），丟了將軍²⁹⁹（哩又）
在裡³⁰⁰（囉）頭³⁰¹[ɐu]。

織定篩箕³⁰²掏定米（啦），篩箕（哩）對面（囉有個又）酒中
（囉）環³⁰³。

---

288 風仔懶是水上話，意思是指風勢不定，時大時小。

289 漁船停泊在接近岸邊的海面。

290 海中物體，何九先生說不清是何物。

291 啯蓬，那一次的意思。

292 南澳環，指南澳灣。

293 掌舵的漁民。

294 坪陽山，指坪洲。

295 攪蒲頭大悝，指升起及張開船帆。

296 獨牛，地名，位於塔門與南澳之中央。

297 大廟口，指佛堂門的天后廟為大廟。口，是海灣的意思。

298 斧頭，指佛頭洲，即是佛堂洲。斧頭洲，是它的形狀似斧頭。

299 將軍，指香港新界西貢區的將軍澳。

300 裡，水上人遇上「遇合三」與泥母、來母配搭時，會出現自由變讀，一時讀作
「裡」[løy¹³]，一時讀作「鯉」[lei¹³]。這裡的「裡」是指鯉魚門。香港魚民基本
把泥母讀作來母。但何九先生唱〈東路程〉時，是把鯉讀作「裡」[løy¹³]。

301 裡，是指鯉魚門。將軍澳是在鯉魚門海峽旁邊。

302 篩箕，指香港島的筲箕灣。「篩」的韻母是短元音[ɐ]；「箕」的韻母是長元音[a]。

303 酒中環即是酒中灣。酒中灣即是酒灣，位於香港鯉魚門北岸。

細面擋、大面擋[ɔŋ]（囉啊），（轉韻）對返（有個）牛屎塘[ɔŋ]。

（重有）細九龍[oŋ]、大九龍[oŋ]，（轉韻）九龍山頂（又有）九條（囉）龍[oŋ]（呀）。[304]

（重有）三條落坑（話）來飲水啦，三條（哩）放白（囉），三條（又話）放（囉）紅[oŋ]。

（就）船頭枕住[305]四層樓[ɐu]，（轉韻）（我）無風（駛）壓埋[306]昂船洲[ɐu]（胡）。

（重有）細交椅、大交（又有）椅（囉啊），[307]咁好交椅（哩都話）無人坐（嘛）。

船頭枕住大角（又有）頭[ɐu]（囉啊），（我）順風（嚜駛都）唔怕（你）汲水門（囉）流[ɐu][308]（呀）。

船頭枕住清明角（呀），嗰蓬唔駛返（都過得）琵琶洲[ɐu]（胡）。

（重有）上磨刀[ou]，下磨刀[ou]，（轉韻）磨利大刀（就）劏赤鱲[309]（啦）。

銅鼓沙洲（哩都係）流水猛（呀），無風（ê）拋碇[310]（囉）南（有）邊（囉）環[an][311]。（轉韻）

---

304 九龍山脈大小共九峰。大、細九龍指大、小官富山。此兩句指船隻進入了九龍灣。

305 枕住，朝著的意思。

306 壓埋，指飄向的意思。

307 船出維港西面後，便到了大、小交椅洲。

308 流，指水流。

309 赤鱲，指赤鱲角。

310 拋碇，把船碇放下海中。

311 南邊環，即南邊灣。

左邊（喺）伶仃，³¹²右（邊喺）邊大小鏟[an]（呀），³¹³
（我）起頭³¹⁴（哩就）拋碇（囉是喺）媽娘環[an]³¹⁵。
大石排[ai]（呀），白石排[ai]，³¹⁶（轉韻）咁多繒棚（哩就）
拗完（又）曬。

2 西貢《東路程》³¹⁷

大船拋落汕頭（呀）港[ɔŋ]（啦），

貨物落滿倉[ɔŋ]，

船主行埋孖巷子（就）港[ɔŋ]（啦），

航主（又）嗌封倉[ɔŋ]，

船主（又）嗌鄧得港[ɔŋ]（啦），

攪蒲大罌，駛得（又）駛，蕩得（又）蕩[ɔŋ]（啦）。

（嗰班）伙記又驚蕩開洋[ɔŋ]，

望一望（啦）望到嗰班蝦蛟還拖船上[ɔŋ]（啦），

水頭打落十八入（啦）床[ɔŋ]，

康苑神前（又）眉架（又）眼[an]，（轉韻）

望一望嗰班伙記，

又望見雞（呀）籠（呀）山[an]，

---

312 伶仃指內伶仃島。

313 大小磨兩島在香港西貢區西貢內海。也可能是指小鏟島，位於深圳西部海域，地處
珠江入海口，陸地面積約有○點一八平方公里，地勢西陡東緩，與大鏟島和南山蛇
口隔海相望。這裡寫左伶仃，應該是指深圳南山蛇口機會較大。

314 起頭，啟程的意思。

315 媽娘環，即媽娘灣。

316 排，海中的暗礁。

317 轉引自葉賜光：《香港西貢及其鄰近地區歌謠研究》（香港：香港中文大學音樂系碩
士畢業論文，1989年6月），頁199-201。演唱者是西貢區的蘇有福先生。

攬蒲（呀）大餓鴿尾（呀）又過<u>甲子欄港</u>，

<u>大海甲</u>（啦），<u>細海甲</u>（啦），<u>海甲</u>對落是<u>扶東</u>[oŋ]，（轉韻）

<u>扶東</u>打定蘇林纜又拋東（呀）風[oŋ]，

<u>扶東</u>對落有個<u>山頓</u>（啦），

<u>山頓</u>對面有個（又）約魚（呀）公[oŋ]，

東西結（啦），

（呀）秋公淨有「鍾」眼瞓[ɐŋ]（啦），（轉韻）

聽見東鑼（呀）西鼓（啦）就（而家）敲更[ɐŋ]，

……（蘇有福先生忘記）

（嗰個）破浪綿羊[318]四六排，

淨有擠左右[ɐu]（啦），（轉韻）

大船拋住（嗰個）東西碇（啦）一，

砧板撐埋<u>元洲</u>[ɐu]，

<u>元洲</u>對落<u>大石鼓</u>（啦），

開嚟表頭角（啦），

<u>大星</u>是<u>小星</u>[ɛŋ]（啦），[319]（轉韻）

駛拋<u>六甲</u>[320]又是<u>陀</u>（呀）<u>嶺</u>[ɛŋ][321]，

<u>陀嶺</u>山頭標記[ei]（啦），（轉韻）

<u>青州</u>（呀）山上（啦）又石標記[ei]（啦），

高山矮山來住嗰三門（就）尾[ei]，

……（蘇有福先生忘記）

冇火點燈（就）是<u>黑</u>（啊）<u>岩</u>[an][322]，（轉韻）

---

318 破浪綿羊，指海面下的暗排。

319 大星即是大星山。星，讀作[ʃɛŋ⁵⁵]。

320 六甲，指大亞灣辣甲群島之大辣甲和小辣甲兩個島。

321 陀嶺，位於大鵬半島海域。

322 黑岩在南澳對開。

黑岩對番有個打六灣[an]³²³，

打六灣拋船（呀），

開得埋時有兩盤棉花（就）撐[aŋ]，（轉韻）

拋得開時（呀）風仔就猛[aŋ]（啦），

船頭向著鵝公灣，

大鵝公[oŋ]³²⁴，細鵝公[oŋ]，（轉韻）

打定麻繩又拋東（呀）風[oŋ]（唔），

嗰蓬呀勒特獨牛³²⁵尾過（啦），

姑嫂鬧咬（呀）一味個有長短（啦）咀，

大浪澳[ou]³²⁶，小浪澳[ou]，（轉韻）

冇風駛船（又）在浪（呀）淘[ou]，冇米搖埋（嗰個）飯甑洲³²⁷
[ua]，（轉韻）

有個官門口³²⁸[ɐu]（啦），有個（又）破邊（呀）洲[ɐu]，³²⁹大
花山[an]，細花山[an]，（轉韻）

無風駛船又會撩蕊山[an]，大白臘[at]，細白臘[at]，³³⁰（轉韻）

冇風駛船悝打褶³³¹[at]（呀），光頭排，摘黎（嗰個）又黃泥
（呀）洲，……（蘇有福先生忘記歌詞）兩邊娘褥也坐金商
[ɔŋ]，³³²（轉韻）

---

323 一說是大鹿灣。位於深圳市南部的一個海灣，打六灣之南是黑岩角。

324 大鵝公是地名，在南澳對開。

325 獨牛，地名，位於塔門與南澳之中央。

326 大浪澳，指大浪西灣。

327 飯甑洲位於萬宜水庫東壩破邊洲對開的一個海島。

328 官門口，在破邊洲附近。

329 破邊洲是指萬宜水庫以東的一個小島名稱。

330 大白臘和小白臘都是位於糧船灣萬宜水庫之東南方，即是位於破邊洲和伙頭墳之間。

331 悝打褶，船帆因沒有風鼓吹，讓船不能前進，便要打帆使漁船能繼續行駛。縐褶
是帆像手搖扇一樣地打褶。

332 金商，可能是「官箱」，見:《大星與小星》。

大廟對面有個南塘[ɔŋ]（啦），沙橋對開斧（呀）頭洲[ɐu]³³³，（轉韻）斧頭劈落是柴灣³³⁴，筲箕裝住（嗰個又）鯉魚頭[ua]，³³⁵大便當[ɐŋ]，小便當[ɔŋ]，（轉韻）白排對面有間太古糖房[ɔŋ]³³⁶，……（蘇有福先生忘記歌詞）

《東路程》

演唱：蘇有福
記譜：李華準

1=B轉C 2/4 3/4
♩=52

| 6　6　　26·1 | 6612·1·　2 | 5645 5　654 |
| 大　船　抛落汕 | 頭(呀)港　(啦)， | 貨物　落滿　倉， |

| 5 2 6　6544 | 6 4　641　1 6 | 2645 1　654 |
| 船主 行　埋　 | 孖巷　子(就)港(啦)， | 航主(又)嗌封倉， |

| 4656 6·　0 | 2 2　72765·6 | 2667 2　76 |
| 船主(又)嗌鄧　 | 港(啦)，攪蒲　 | 大桿，駛　得(又) |

| 2　2　6　76 | 4 5　1　14 | 4　5 44 |
| 駛，　蕩　得(又) | 蕩　(啦).(嗰班) | |

| 0　1　　16 | 5161 1　654 | 2654 466 |
| 伙　記　 | 又驚蕩 開 洋， | 望一望(啦)望到嗰 |

| 1165 4·　5 | 4456 6525 6156 | 654　50 |
| 班蝦蛟還拖　 | 船上(啦)，水頭打落十八 | 入(啦)　床， |

1=C

| 2　12 6 6　6 | 6 1　6 6212 | 262　0 |
| 康 苑　神前(又) | 眉架(又)眼， | 望一望 |

| 1116 556 | 1 1 4 5 654 4 | 6·2　2 6 |
| 嗰班伙記，又望見 | 雞(呀)籠(呀)山， | 攪蒲 (呀)大餓鴿 |

---

333 斧頭，指佛頭洲，即是佛堂洲。斧頭洲，是它的形狀似斧頭。

334 指香港島的柴灣。柴灣、是位香港島東區的。

335 筲箕，指香港島的筲箕灣；鯉魚，指鯉魚門。鯉魚門是香港海峽之一，是香港維多利亞港東面入口，這海峽分隔香港島筲箕灣和九龍東部油塘（麗港城附近）。

336 太古糖房建於一八八一年，後改建成今天的太古坊，位於香港東區鰂魚涌，是港島的商業區。

尾(呀)又過甲子欄港，　大海甲(啦)細海甲(啦)，

海甲對落是扶東，　扶東打定蔴林

纜又拋東(呀)風，　扶東對落有個山頓(啦)，山頓對面

有個(又)約魚(呀)公，　東西結(啦)，

(呀)秋公淨有「鍾」眼瞓(啦)，

聽見東鑼　(呀)西鼓(啦)就

(而家)敲更，(忘記…)　(嗰個)破浪

綿羊　四六排，

淨有擠左右(啦)，大

6̄5̄ 4	1̄ 5̄ 1̄ 6̄	1	6̄5̄

船　　　　　抛　住（嗰個）東　　　西

1 2̄3̄	1̄ 6̄ 5̄	4̄5̄ 6̄5̄

碰　（啦），　砧　板　撐　埋　元　　　洲，

4 —	2̄ 6̄ 5̄	6̄5̄ 1

元　　　洲　對　落　大　石　鼓

1̄2̄1̄6̄ 1̄ 6̄ 1̄ 4̄	6̄ 6̄5̄	4̄5̄ 6̄5̄

（啦），開　嚓　表　頭　角　（啦），　大　星

4 —	5 2	1 1

是　　小　　星　　（啦），

1̄ 1̄ 1̄ 6̄ 5̄1̄	5̄6̄ 6 6̄5̄	4 5̄ 0

駛抛　六　甲　又　是　陀（呀）　　嶺，

2̄2̄ 6̄6̄ 4	1̄5̄ 7̄ 1̄2̄	1·2̄ 1 4

陀嶺　山　頭　上　標　記　（啦），青　州

4 —	5̄1̄ 7̄1̄ 1̄6̄	5̄ 5̄ 1

（呀）　　　山　上　（啦）又　石　標

6̄5̄ 4·	5 —	1̄ 6̄ 1̄ 2̄

（啦）　　記，　　　高　山　矮

| 1· 6 5 | 4 5 | 4 5 1 6 |
山 　 　 來 住 嗰

| 1 4 4 | 5 6 6 5 | 0 0 |
三 門(就)尾 (呀)， (忘記…)

| 6 1 6 | 1 4· | 4 5 1 6 |
冇 火 點 燈 (就)是 黑(啊)

| 5 4· | 6 2 5 6 6 5 | 6 4 6 |
岩， 黑岩對番有個打 六 灣，

| 6 5 1 6 | 6 5 4· | 5 | 1 1 5 5 |
打六灣拋 船 (呀)， 開 得 埋 時

| 6 6 5 5 | 1 5 1 | 1 2 1 2 1 4 |
有 兩 盤 棉 花(就)撐， 拋 得 開

| 4 5 6 5 4· | 5 | 1 1 4 | 5 6 6 5 |
時 (呀)風 仔 就 猛 (啦)，

| 4 5 6 1 | 4 5 6 | 6 5 4· |
船 頭 向 著 鵝 公 灣，

| 2 2 6· 5 | 5 4 6 | 6 5 5 6 |
大 鵝 公， 細 鵝 公， 打 定 麻 繩

| 5̣ 1 | 1· 2 | 6̣5̣ 4̣ | 1̣ 5̣5̣ 6̣ |

又 拋 東 (呀) 風 (唔)，　　　嗰 蓬呀勒 獨

| 5̣ ♭7̣ 7̣ | 1̣2̣ 1̣1̣ 4̣5̣ | 6̣5̣4̣　　5̣ |

牛 尾 過 (啦)，姑嫂 鬧 咬　　(呀)

| 1̣ 5̣ 1̣ 6̣ | 5̣ 1̣ 1̣ 1̣2̣1̣6̣ | 5̣ 5̣　6̣ |

一 味 個 有 長 短 咀，(啦) 大 浪 澳，

| 6̣ 5̣4̣ 5̣ | 6̣ 1̣ 1̣ 5̣ 6̣ | 6̣5̣4̣　　5̣ |

小 浪 澳，　冇風駛船(又)在 浪(呀)　　淘，

| 5̣ 5̣ 2̣ 2̣ | 1̣6̣ 5̣ 6̣ | 1̣ 5̣ 1̣ 6̣ |

冇 米 搖 埋 (嗰個)飯甑洲，　有 個 官 門

| 1̣ 1̣2̣1̣6̣ | 1̣ 1̣ 5̣ 6̣ | 1̣· 2̣6̣5̣4̣ |

口 (啦)，　有 個 (又) 破 邊 (呀)洲，

| 2̣ 6̣ 6̣ 5̣ | 5̣ 6̣　6̣ | 4̣ 6̣ 6̣ 5̣ |

大 花 山，　細 花 山，　無 風 駛 船

| 4̣ 6̣　1̣ | 6̣5̣4̣· | 2̣ 2̣　2̣ |

又會撩 蕊　山，　　大 白 臘，

| 5̣ 4̣　5̣ | 5̣ 1̣ 1̣ 6̣ | 5̣ 1̣　6̣ |

細 白 蠟，　冇風駛船 悝 打 褶

| 6̣5̣4̣· | 6̣ 2̣　2̣ | 6̣ 5̣ 1̣ 6̣ |

(呀)，　　光 頭 排，　摘黎嗰個

5̲	5	4̲	4	6̲ 5̲	4·		0		0	

又　黃　泥（呀）　洲，　　　　　　　（忘記…）

0	0	0	0	4̲	6̲	1	6̲ 5̲	4·		

兩　邊　娘　褦　也　坐　金　　商，

5	1	1	6	1̲	1̲	1̲ 6̲	6	2̲	2̲ 1̲	

大　廟　對　面　有　個　南　　　塘　（啦），

7	7	6̲	7	7̲	6̲	0̲	6̲	7̲	7̲	4̲	5

沙　橋　對　灣　有　個　（又）　斧（呀）頭

6̲ 5̲	4·		6̲	2̲	5̲	6̲	1̲	1̲	4̲	6̲	5

洲，　　　　斧　頭　劈　落（啊）是　　柴

6̲ 5̲	4·		1̲	1̲	6	1̲	1̲	1̲	6	

灣，　　　　箵　箕　　　裝　住（嗰個

5̲	6̲	6	1̲6̲5̲4̲	4·		4̲	2	2	4·	4̲

又）鯉　魚　　　　　頭，　大　便　當，　（啊）

6̲	4̲	5	5̲	4̲	5	6̲	1	1̲2̲1̲6̲	

小　便　當，　白　排　對　面　　　（啊）

1̲	1̲	5̲	1̲	6̲	6̲5̲	4·		5̲	0	0

有　間　太　古　糖　　房，　（忘記…）

3　《大星與小星》[337]

這是一首水上人的歌謠，屬於《東路程》一類的行船歌。[338]

大星與小星（哎）[εŋ]，
駛拋六甲[339]（囉）又駛陀（呀）嶺[εŋ]，
陀嶺駛埋有個黑岩岩[an]（囉）[340] 黑岩[an]（呢），（轉韻）
山上（囉）有個打六灣[an][341]，
打六灣拋船風仔懶[an][342]（啊），唔蕩（呀）
大鵝公[343]（囉）好灣（呀）船。

拋得開時風仔懶[an]（啦），
拋得埋時（啊），
撞斷嗰條三茄[344]黃麻花包纜（哪）嗰蓬[345]（呀）。

---

337 葉賜光：《香港西貢及其鄰近地區歌謠研究》（香港：香港中文大學音樂系碩士畢業
　　論文，1989年6月），頁199-201，合作人是張明合。張明合祖籍廣州市河南，合叔
　　對上五代均住西貢官門水道爛泥灣的官門漁村。一九七一年萬宜水庫工程動工，
　　因興建水庫受影響的當地陸上居民被遷安置於西貢對面海新建的官門漁村和萬宜
　　漁村。馬木池、張兆和、黃永豪、廖廸生、劉義章、蔡志祥：《西貢歷史與風物》
　　（香港：西貢區議會，2003年9月），頁182之〈大星與小星〉與《西貢風貌》的〈大
　　星與小星〉有六句有點差異。
338 《西貢風貌》編輯委員會編：《西貢風貌》（香港：西貢區議會編印，1996年2月），
　　頁106-107。
339 六甲，古稱洛格，是位於大鵬半島海域。
340 黑岩岩，指深圳之東南部的黑岩角。若然從黑岩角山峰往西看，可見香港的塔門和
　　浪茄。
341 一說是大鹿灣。位於深圳市南部的一個海灣，打六灣之南是黑岩角。
342 風仔懶是水上話，意思是指風勢不定，時大時小，便要拋錨固定下來。
343 大鵝公是地名，在南澳對開。
344 三茄即三截、三辮，指大纜繩由三辮麻扭編而成。
345 蓬就是桯。

起蓬東風由獨牛[346]身上過（哪），

過去獨牛（呀）又好（呀）行（呀）舟[347]。

大浪澳[ou][348]（呀）、小浪澳[ou]（哎），（轉韻）

咁多金銀[349]（囉），浪（啊）來（呀）淘[ou]。

三洲洲[ɐu]（哎），[350]（轉韻）

三洲山上有棵紅粉藕（哪）飯甑洲[ɐu][351]，

有個官門口[ɐu]，

有風駛船（囉）流至破邊洲[ɐu][352]。

大白臘（呀）、小白臘（呀），[353]

有風駛船（囉）又打褶[354]（啦）個蓬（呀），

由鎖匙門[355]過（啦），

過好鎖匙門（嘅），好（哎）行（呀）舟[ɐu]。

果洲洲[ɐu]（哎），[356]

---

346 獨牛，地名，位於塔門與南澳之中央。

347 過獨牛那個地方之後，便會不會翻起大風。

348 大浪澳，指大浪西灣。

349 金銀，指沙，因浪大時沙會翻來翻去似金銀。

350 三洲在大浪西灣對開三小個島，即大洲、尖洲、爛頭洲。

351 飯甑洲位於萬宜水庫東壩破邊洲對開的一個海島。官門口，在破邊洲附近。

352 破邊洲是指萬宜水庫以東的一個小島名稱。

353 大白臘和小白臘都是位於糧船灣萬宜水庫之東南方，即是位於破邊洲和伙頭墳之間。

354 悝打褶，船帆因沒有風鼓吹，讓船不能前進，便要打帆使漁船能繼續行駛。緔褶是帆像手搖扇一樣地打褶。

355 鎖匙門是由伙頭墳洲與糧船灣洲之間形成的一條海峽。

356 指果洲群島的東果洲、南果洲、北南果洲之小島。

果洲娘媽（囉）又坐（吔）單洲ɐu]。³⁵⁷

嗰篷由佛堂門過（哪）

南佛堂[ɔŋ]（呀）、北佛堂[ɔŋ]（囉），³⁵⁸（轉韻）

兩邊（啊）娘媽（呀）又坐（吔）（囉）官箱[ɔŋ]，³⁵⁹

大柴灣[an]（呀）、小柴灣[an]（哎），³⁶⁰（轉韻）

斧頭³⁶¹劈落（囉）能又是柴灣[an]。

九龍龍[oŋ]，（轉韻）

九龍山上（囉）又九（呀）條（呀）龍[oŋ]。³⁶²

嗰篷駛返赤灣³⁶³，

赤灣有間娘媽廟（啦）一起頭（呀）

拋碇（囉）是神（呀）前。³⁶⁴

---

357 娘媽即是天后娘娘。坐單洲即聖母坐在果洲群島當中的一個島上面。

358 南佛堂即東龍島天后廟；北佛堂即大廟。

359 即東龍島和大廟兩邊的天后娘娘，彼此相視對望。而事實上，東龍島以前有一座天后廟，建於宋朝，比大廟更早。

360 大柴灣即柴灣；小柴灣即是小西灣。

361 佛堂洲，又稱佛頭洲、斧頭洲，是它的形狀似斧頭。斧頭鋒口對正柴灣，遂有「斧頭劈落是柴灣」一語。

362 九龍山脈大小共九峰。大、細九龍指大、小官富山。

363 赤灣在蛇口半島之西端。

364 落錨把船泊好，然後上岸進廟拜神。

《大星與小星》

1=Bb $\frac{2}{4}$ $\frac{3}{4}$

演唱：張明合

記譜：李華準

| 6 3 | 21 23 | 3 2 3 | 2 32 6 2 212 | 6 7 5 6 |

大星 與 小 星（哎）， 駛拋六甲（囉） 又駛 陀（呀）

| 1 6 5 | 6 6 2 6 | 212 6 23 | 321 2 6 |

嶺， 陀嶺 駛埋 有個黑 岩 岩（囉） 黑岩

| 5 — | 2 62 2 16 | 2 2 2 65 | 2 2 2 6 |

（呢）， 山 上（囉）有個 打 六 灣， 打六灣拋 船

| 2 1 1 21 | 6 6 5 | 6 62 2 61 | 16 5 6 |

風 仔 懶（啊），唔 蕩（呀）， 大鵝公（囉）又好 灣 （呀）

| 5 — | 2 2 2 6 | 2 21 21 6 | 2 2 5 6 |

船。 拋 得 開 時 風仔懶（啦）， 拋 得 埋 時

| 5 0 | 6 6 2 6 | 2 2 6 6 | 2 2 1 |

（啊）， 撞 斷 個 條 三 茄 黃 麻 花 包 纜

| 2 6 1 | 5 6 5 | 2 6 2 32 | 6 2 6 6 |

（哪） 嗰 蓬 （呀）。 起 篷 東 風 由 獨 牛

| 2 1 1 | 2 1 5 2 | 5 6 5 | 0 6 2 2 |

身 上 過 （哪）， 過 好 獨 牛（呀） 又 好（呀）

行(呀)舟。　　　　大浪澳(呀)、小浪澳

(哎)，　　咁多金銀　浪(啊)來(呀)淘，

三洲洲(哎)，　三洲山上有棵紅粉藕　(哪)　飯甑

洲，　　有個官門口,　冇風駛船(囉)

流至破邊洲。　　　　大白臘(呀)、

小白臘(呀),冇風駛船　(囉)　又　打

褶　(啦)嗰篷(呀)　　由鎖匙門

過(啦)，　過好鎖匙門(嘅)，　好(哎)行(呀)

轉1=B

舟。　　果洲洲(哎)，　果洲娘媽(囉)又坐(呀)單

| 1 6 5 | 2 6 6 | 1 6 6 | 7 1 6 5 6 2 1 | 2 5 2 | 2 1 6 2 |

洲， 嗰蓬由 佛堂門 過(哪)。南佛堂(呀)北佛堂(囉)兩邊

| 5 6 5 | 6 2 2 1 6 | 1 1 2 1 6 5 | 6 6 2 1 |

(啊) 娘媽(呀)(囉)又 坐(呀)官箱。 大柴灣(呀)、

| 2 6 2 | 2· 3 1 2 1 6 | 2 6 6 2 | 2 1 6 7 5 6 |

小柴灣 (哎)， 斧頭劈落 (囉) 又是柴

| 1 6 5 | 2 6 1 2 | 2 3 1 6 5 | 2 6 2 6 2 |

灣。 九龍龍， 九龍山上

| 2 1 6 1 1 5 6 1 6 5 | 2 6 2 2 6 | 2 1 2 |

(囉)又 九(呀)條(呀)龍， 嗰蓬駛返赤 灣，

| 6 2 1 2 | 6 2 7· 6 7 7 6 2 5 6 5 | 2 6 2 |

赤灣有間 娘媽廟(啦) 一起頭(呀) 拋 頂

| 2 1 6 7 | 5 6 1 6 | 5 — ‖

(囉) 又是 神(呀)前。

不論《更路簿》、《東路程》、《大星與小星》都是中國漁民創作的航海捕撈指南，極為珍貴，值得作出深入研究。

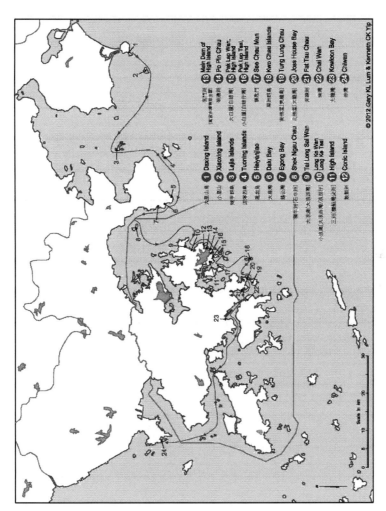

地圖四　張明合唱《大星與小星》途經主要地標

（此圖也見於葉賜光先生新作《香港漁民原聲歌樂文化》〔預計於二〇二三年出版〕此地圖由好友葉賜光先生於二〇二二年七月十五日提供筆者使用）

三　珠江口漁業諺語

　　諺語是人們生活經驗和感受的總結，反映了社會生產和生活的習俗，並保留了民俗文化的痕跡。諺語的內容極其豐富多彩，從日月星辰、風雲雷雨等天文現象，到山川湖海、鄉土風物等地理環境，再到生產活動和社會實踐等人事議題，無不有相應的諺語予以反映。這些諺語源自世界各地不同角落的知識和經驗，展現了人類對世界的感悟和思考，是人類文化的重要組成部分。

　　舸族族群的諺語被稱作漁諺，它是漁民先民傳遞信息的重要手段。漁諺通常由短小押韻的語句組成，但其中包含豐富的信息和智慧，讓後代能夠記憶和傳承。漁諺是漁民觀察魚類活動規律的結晶，因此掌握漁諺的含義以及魚類活動規律的變化，對個人的漁獲產量甚至整個漁村的生產效益都有著極大的影響。從另一方面來看，漁諺也是漁文化的重要載體，承載著漁民先民的知識和智慧，是珍貴的文化遺產。

　　珠江口的漁諺主要涉及漁業、海況和氣象三個方面。在漁業方面，漁民們會涉及漁汛、漁場、洄游、漁獲量、漁撈、魚類與氣象、魚類與海況，以及海水養殖等話題。海況方面，則包括海溫、海流、海浪和潮汐等。而在氣象方面，漁民們會討論氣候（天氣）、冷空氣、海霧、颱風、風和雨（暴雨）等話題。對於一個漁民來說，這些知識都是非常必要的。如果您對詳細的漁諺有興趣，可以參考拙著《兩廣海南海洋捕撈漁諺輯注及其語言特色和語彙變遷》，其中對中國南海各地區的漁諺都有詳細描述。現在只記錄廣東珠江口地區的漁諺，大部分內容稍作簡化。

（一）漁汛

1　三月三，鱸魚上沙灘。（珠海市）

$\int an^{55} jit^2 \int an^{55}$，$lou^{21} ji^{21-35} \int \eta^{13} \int a^{55} t^h an^{55}$

　　南方魚類通常在三月份產卵，這一點可以從多條漁諺中得知，例如「三月三，鱸魚上沙灘」、「三月三，黃皮馬鱭隨街擔」、「教子教孫，唔忘三月豐（汛）」、「三月打魚，四月閒，五月推艇上沙灘」等等。這些漁諺都是與魚群產卵有關的。鱸魚通常會在河口灣澳附近及島嶼間的近岸低鹽淺水區產卵，因此稱為上沙灘。除了鱸魚，其他魚類也會在這個時期游到河岸邊產卵，漁民會進行延繩釣捕捉。魚群會游到岸邊處產卵，是因為魚卵孵化後，岸邊的小草可以作為小魚的掩護，避免被大魚吃掉。漁民通常會掌握魚類產卵的特性，在魚兒產卵前進行大量捕撈。

2　三月三，黃皮馬鱭隨街擔。（珠海市、番禺）

$\int an^{55} jit^2 \int an^{55}$，$w\eta^{21} p^h ei^{21-35} ma^{13} t\int^h ei^{13} t\int^h \theta y^{21} kai^{55} tan^{55}$

　　「三月水」是黃皮頭和馬鱭的產卵期。每年農曆二月至三月，春暖花開之際，珠江口的鹹淡水交匯處成為這兩種魚類的主要繁殖場所。成群結隊的魚游到河口附近的草灘進行產卵，形成了著名的「三月水」漁汛。這是珠江口最大的漁汛之一，因為黃皮頭和馬鱭都是地方性種群，因此捕撈量很大。

　　由於三月三是黃皮頭（黃皮獅頭魚）和馬鱭是兩種魚類的漁汛期，在三月三，整個街道上，販賣的都是黃皮頭和馬鱭魚，這反映了產卵前的魚是最肥美可口的，因此漁民們會在這個時候進行大量捕

撈。中國人喜愛吃季節魚，因此捕撈的魚兒能夠以好價錢出售，從而
促成整個魚市場的隨街擔販售現象。然而，不只有黃皮頭和馬鱠出現
這種現象，其他季節魚類也可能出現相似情況。

3　三月打魚四月閒，五月推艇上沙灘。（珠江口）

　　　ʃan⁵⁵ jit² ta³⁵ ji²¹⁻³⁵ ʃei³³ jit² han²¹，
　　　m̩¹³ jit² tʰɵy⁵⁵ tʰɛŋ¹³ ʃoŋ¹³ ʃa⁵⁵ tʰan⁵⁵

　　三月是清明，也是很多魚的漁汛期。漁民們必須掌握好這個春分
前後的旺季，抓住每一分每一秒快速趕往漁場。在漁汛期間，魚群會
成群結隊到河口、海灘等地產卵，形成一個龐大的生殖場所。由於產
卵前的魚肉最肥美，漁民會優先捕撈這些魚，以獲取最好的價格。因
此，整個漁市場的魚都會出現隨街攤販賣的現象。相反，產卵後的魚
肉已不如產卵前肥美，因此失去市場價值。中山市南朗鎮橫門涌口漁
村那裡有一句諺語是說「三月魚乸狗唔㖭」（㖭，[lai³⁵]，南方方言，
舔的意思），就是說魚兒產卵（南方人只說散春）後，雌魚便體瘦，
只呈魚骨，不單人不吃，連狗也不舔，就是連狗也覺得不好吃，那麼
何來有市場價值。過了這個旺汛，海裡便沒有肥美的魚可捕撈，丈八
長的小漁艇和木帆船年代的漁民便沒魚可打，這時一般剛好是四月
了，漁民會在四月期間把魚網來曬，這就是四月閒的原因。再要可以
打魚便要等到六月天了，因此，五月時可以推艇上沙灘休憩。再者也
跟端午前後一般都要下大雨，漲端陽水，水就會混沌，混沌的水，魚
眼便看不清，便會游到深水處，而那個木帆漁船年代，不少漁船是出
不了大海，因此漁民便索性把漁艇推上沙灘休憩，等待六月天的來
臨，這就是五月推艇上沙灘的意思。這一條漁諺反映出那是一個丈八
長的小木漁船的打魚年代情況。

4　清明早，來得早；清明遲，來得遲。（珠海斗門縣）

tʃʰeŋ⁵⁵ meŋ²¹ tʃou³⁵，lɔi²¹ tɐt⁵ tʃou³⁵；
tʃʰeŋ⁵⁵ meŋ²¹ tʃʰi²¹，lɔi²¹ tɐt⁵ tʃʰi²¹

赤魚在每年有三個漁汛期，其中最大量的出現在清明期間。如果清明早（指在農曆二月），水溫低，魚群產卵期會推遲，進而延長汛期，這對漁民來說意味著可以捕撈更多的魚群。反之，如果清明遲（指在農曆三月），水溫升高，魚群產卵後便會快速離開，使得汛期縮短，可捕撈的魚也會相對減少。

5　四月八，三黎隨街撻。（珠海市）

ʃei³³ jit² pat³，ʃan⁵⁵ lɐi²¹ tʃʰɵy²¹ ka⁵⁵ tat³

這條漁諺也流傳於中山，橫門的漁民稱之為「四月八，三黎到處撻」。清明前後，市場上會出現大量三黎魚。三黎，又稱鰣魚，是珠三角地區常見的魚種，浙江地區稱其為三犁。鰣魚屬於溯河性魚類，生活在暖水中上層，具有深入江河索餌和集群產卵的習性。每年二至四月，隨著鹽度下降，魚群自珠江口南水、蒲臺、九澳角向珠江河口區洄游移動，先在香洲、白排、九洲外等處產卵，然後繼續向北洄游至內伶仃、龍穴一帶生殖。如水質、風向適宜，便會繼續向北洄游至生殖區。雨季期間的四至七月，水質過淡，不適宜生長，魚群會退向外海棲息。而八至十一月，魚群則會沿著相同的路線向珠江口內洄游覓食。[365]

365　海洋開發試驗區、中國水產科學研究院南海水產研究所：《萬山海洋開發試驗區人
　　工魚礁建設規劃　2001-2010年》（廣東省珠海萬山海洋開發試驗區、中國水產科學
　　研究院南海水產研究所，2000年11月），頁27。

6　七月正值休漁期，趕緊補網和修機。（珠江口）

tsʰɐt⁵ jit² tʃɐŋ³³ tʃek² jɐu⁵⁵ ji²¹ kʰei²¹，
kɔn³⁵ kɐn³⁵ pou³⁵ mɔŋ¹³ wɔ²¹ ʃɐu⁵⁵ kei⁵⁵

　　休漁期制度規定每年一定的時間和特定的水域禁止捕撈活動，通常安排在三伏季節。因為此制度休漁期剛好與三伏天重合，因此也被稱為伏季休漁。在此期間，漁民無論是用木船還是鐵船都要進行網具補修和漁船維護工作。

7　冬至前後，池汛來到。（珠江口）

toŋ⁵⁵ tʃi³³ tʃʰin²¹ hɐu²²，tʃʰi²¹ ʃɐn³³ lɔi²¹ tou³³

　　每年大約在十二月二十三日左右，池魚和澤魚會從外海洄游進入萬山漁場，並形成約為三個月的萬山春汛圍網漁汛期。[366] 在中山涌口門，漁民吳桂友表示池魚產卵的行為與三黎魚不同，池魚並不會前往鹹淡水交界處產卵，反而往珠江上游的方向洄游並在萬山群島附近的鹹水區產卵。

（二）漁場

1　春鮫西來東往。（珠江口）

tʃʰɐn⁵⁵ kau⁵⁵ ʃɐi⁵⁵ lɔi²¹ toŋ⁵⁵ wɔŋ¹³

　　南海北部大陸架的這些經濟魚類的區域分布和洄游都有一定規律，是漁場形成和開發利用的基礎。馬鮫是中上層結群洄游魚類，產

---

366 張憲昌、梁玉磷、馬振坤編：《南海漁諺拾零》（北京：海洋出版社，1988年4月），頁4。

卵期較早，一至三月從外海分批向水溫漸升的沿海港灣一帶作生殖和索餌洄游。[367]這裡所稱的外海是指南海，南海是中國最大的外海。[368]據中山南朗鎮涌口門的漁民吳桂友介紹，鮫魚的漁業旺季通常在春季。當春天初至，鮫魚就會陸續從西邊的深海鹹水區向珠江市西南端的淺海荷包島內灣淡鹹水交界處前來產卵。荷包島是一個良好的產卵場所，因此鮫魚往往會在河口灣、澳附近以及島嶼之間的近岸低鹽淺水區進行產卵。據吳桂友稱，湛江、陽江等西邊的海域沒有珠江那樣的淡水河流注入海中，因此魚群會游向珠江沿海的港灣，包括澳門、台山和廣海等地的淡鹹水區。當地沿岸的漁民們便會開始使用流網捕撈。鮫魚產卵後，便會向東邊分散至附近的漁場。

2　要食黃花大澳口，要食赤魚九洲頭。（珠海市）

jiu³³ ʃek² wɔŋ²¹ fa⁵⁵ tai²² ou³³ hɐu³⁵，
jiu³³ ʃek² tʃʰɛk³ ji²¹⁻³⁵ kɐu⁵⁵ tʃɐu⁵⁵ tʰɐu²¹

「口」，水上人會說風口、水口。口就是最邊皮、最深水地方。

屈大均《廣東新語》稱「黃花魚惟大澳有之……漁者必伺暮取之。聽其聲稚，則知其未出大澳也。聲老則知將出大澳也。」[369]嘉慶《新安縣誌》卷三稱：「黃花魚周身金鱗，頭有石瑩，潔似玉，長尺

367 司徒尚紀（1943-　）：《中國南海海洋國土》（廣州：廣東經濟出版社，2007年4月），頁137。

368 林靜編著：《資源豐富的海洋》（北京：中國社會出版社，2012年3月），頁52。

369 〔明遺民〕屈大均：《廣東新語》（北京：北京愛如生數字化技術研究中心據〔清〕康熙庚辰三十九年〔1700〕水天閣刻本影印，2009年），卷二十二〈魚語・魚〉，頁9上。〔清〕嘉慶二十五年舒懋官（1793年進士）修、王崇熙（active 18th century-19th century）等纂：《新安縣志》（廣州：嶺南美術出版社，2009年，據廣東省立中山圖書館鳳岡書院刻本藏本影印），卷三〈輿地二・物產・鱗〉，頁13下。

許，採於大澳，海中自九月至十一月，漁者暮聽其聲，用罟合圍，以
取則曰打黃花。色白者名曰白花，細小者名曰黃花。從其膠甚美。語
曰：黃白花味勝南嘉。」[370]光緒《香山縣誌》卷五〈輿地略〉：「石首
魚，黃花與白花皆鱸屬，黃花魚惟大澳海有之。」[371]於此足見香港大
澳的黃花魚是最出名，與大澳是黃花魚最理想的漁場有關，所以珠三
角的人也愛吃大澳黃花魚，因其味勝過嶺南肇慶端州西江河一帶出產
的嘉魚。

「九洲頭」就是九洲頭島，該島在香洲東南部六公里，大九洲北
一百米，北距雞籠山島七百五十米，東距茶壺蓋九十米，西距香洲大
陸二點二五公里。九洲頭在九洲之北，稱上洲頭。後來為便於記憶，
改稱九洲頭。[372]

「要食赤魚九洲頭」不是專指，只是泛稱吃「赤魚」要吃珠海九
洲洋對出一帶的赤魚，因珠海盛產赤魚。

整條漁諺就是說吃最好的黃花魚，就要吃香港新界離島區大澳捕
撈的黃花魚；要吃最好的赤魚，就要吃珠海市一帶捕捉的赤魚。

---

370 〔清〕光緒五年田明曜修、陳灃（1810-1882）纂：《香山縣志》卷五〈輿地下・物
產・魚〉（上海：上海書店出版社，2013年），頁27上。

371 〔清〕光緒五年田明曜修、陳灃（1810-1882）纂：《香山縣志》卷五〈輿地下・物
產・魚〉（上海：上海書店出版社，2013年），頁27上。

372 九洲島是九個島嶼的總稱，據〔明〕鄧遷纂、黃佐纂：《香山縣志》（日本國會圖書
館藏明嘉靖二十七年刻本影印本，日本藏中國罕見地方志叢刊），卷一頁16下；
〔清〕光緒五年田明曜修、陳灃纂：《香山縣志》卷四〈輿地上・山川〉（上海：上
海書店出版社，2013年），頁24下記載：「九洲星洋在城東南海中，有九島如星，稱
九星洲山」。九洲島是九個島嶼的總稱，包括大九洲、九洲頭、雞籠洲、橫山、橫
檔、海獺洲、茶罐洲、大尾灣、龍眼洲東灣九個島嶼。

3　一場風來一場色，打魚要在清水側。（珠海市萬山港）

jɐt⁵ tʃʰɔŋ²¹ fɔŋ⁵⁵ lɔi²¹ jɐt⁵ tʃʰɔŋ²¹ ʃek⁵，

ta³⁵ ji²¹⁻³⁵ jiu³³ tʃɔi²² tʃʰeŋ⁵⁵ ʃɵy³⁵ tʃɐt⁵

　　有風來的時候，水就會混沌，混沌的水，魚眼便看不清，所以魚便要跑到清水區的一側去。《捕魷魚》稱「北流開始向南移動，這時的東南季風還未全部消失，在不同流向的衝擊下，沿岸水混濁，中國槍烏賊逐漸向外較深水區移動，隨著海況變化呈時偏內，時偏外狀況」，[373] 水混濁確實會影響漁類改變移動方向，因此要想捕撈得更多的魚類，便要跑到清水那側捕撈。

4　池魚埋沙，澤魚靠泥。（珠江口）

tʃʰi²¹ ji²¹⁻³⁵ mai²¹ ʃa⁵⁵，tʃak² ji²¹⁻³⁵ kʰai³³ lɐi²¹

　　春汛（1-5月）是全年的第一大汛期，汛期長，漁汛好。由於春天雨水多，氣溫轉暖，近岸水溫回升，餌料多，是魚類洄游到粵東沿岸漁場覓食、產卵繁殖的主要季節，成為漁船捕撈作業的旺汛期，捕撈量一般占全年的百分之四十至四十五。主要漁獲有帶魚、馬鮫、澤魚、池魚及蝦蟹等，其中尤以池魚、澤魚較為大宗。[374] 藍圓鰺（池魚）為水性中上層魚類，具洄游習性，喜結群。當天氣晴朗、流緩並有東南風時易起群。白天魚群沿表層起群上浮時，在海面呈灰黑色水塊，出現波紋式漩渦。大風期間，魚群分散，打雷時潛伏海底，易受

373　蘇龍編著：《捕魷魚》（福州：福建科學技術出版社，1989年7月），頁16。

374　海豐縣地方志編纂委員會：《海豐縣志》（廣州：廣東人民出版社，2005年8月），上冊，頁359-360。

音響而驚動，[375]故此稱「池魚埋沙」。澤魚，學名是金色小沙丁魚，鯡科。一般在閩南至臺灣淺灘漁場，它是最重要的中上層魚類之一，也是燈光圍網作業的主要漁獲物。在中國，一般分布於東海至南海沿岸。[376]但澤魚到了珠江口一帶，因珠江口一帶灘塗多，澤魚跟流水上落時不及時逃跑，只能鑽泥，也有部分澤魚追小魚吃時一直追至泥灘，出現澤魚靠泥的現象。澤魚都是成群的，帶頭的魚沖上去泥灘其他魚群也照樣上去，上了泥灘就出不來了，故珠江口漁民稱「澤魚靠泥」。

5　白天看起水，晚上拉夜紅。（珠海市）

　　pak² tʰin⁵⁵ hɔn³³ hei³⁵ ʃøy³⁵，man¹³ ʃɔŋ²² lai⁵⁵ jɛ²² hoŋ²¹

珠江口是一個巴浪魚（學名為藍圓鰺）的漁場，而巴浪魚是珠江區海洋捕撈中的主要經濟魚類之一。巴浪魚屬於水性中上層魚類，喜歡光線，通常會結群洄遊。因此，在白天珠海市的漁民經常會觀察到珠江口附近的巴浪魚群在沿岸表層「起水」上浮，形成灰黑色的水塊，並且會出現波紋式漩渦，[377]便利用池魚、澤魚魚群性喜光特性決定是否晚上進行燈光圍網捕撈，這就是「晚上拉夜紅」的意思。

（三）洄游

二月初二，魚頭相間；二月十五，魚頭相鑒。（珠海市）

375　伍漢霖等編著：《中國有毒魚類和藥用魚類》（上海：上海科學技術出版社，1978年4月），頁103。

376　王鵬，陳積明，劉維編著：《海南主要水生生物》（北京：海洋出版社，2014年6月），頁9。

377　伍漢霖等編著：《中國有毒魚類和藥用魚類》（上海：上海科學技術出版社，1978年4月），頁103。

ji²² jit² tʃʰɔ⁵⁵ ji²²，ji²¹ tʰɐu²¹ ʃɔŋ⁵⁵ kan³³；

ji²² jit² ʃɐt² m̩¹³，ji²¹ tʰɐu²¹ ʃɔŋ⁵⁵ kan³³

在二月初二這時間，每年各有一批魚群向東和向西移動，於「三浪橫」漁場（在萬山西至三浪橫）相遇，形成每年較旺的漁汛，[378] 這便是「二月初二，魚頭相間」；在二月十五期間，魚兒會分叉向珠江口東西兩邊洄游而去，這便是「二月十五，魚頭相鑒」。[379]

（四）漁獲量

1　三四月晚上，南邊看月光，鱠白倒滿艙。（珠海市）

ʃan⁵⁵ ʃei³³ jit² man¹³ ʃɔŋ²²，

lan²¹ pin⁵⁵ hɔn³³ jit² kɔŋ⁵⁵，

tʃʰou²¹ pak² tou³⁵ mun¹³ tʃʰɔŋ⁵⁵

農曆三四月份是鱠白魚的春季繁殖期，此時魚群活躍，游動迅速，非常適合捕撈。同時，這也是產鱠白魚的旺季，鱠白魚因肉質鮮美而深受大眾喜愛，漁民們也趁此季節努力捕撈。

為了捕撈鱠白魚，漁民一般會在傍晚時分出海放置漁網。這是因為在傍晚時分，太陽下山後海水中的溫度會逐漸下降，這個時候鱠白魚會靠近水面覓食，游動的速度也會變慢，因此漁民可以更容易地捕捉到這種魚類。而當漁民完成捕撈後，月光往往正好出現在天際。

---

378 施主佑著：《科技興漁》（廣州：中山大學出版社，1995年2月），頁58。

379 張憲昌、梁玉磷、馬振坤編：《南海漁諺拾零》（北京：海洋出版社，1988年4月），頁7。

2　十冷九豐收。（珠江口）

ʃet² laŋ¹³ kɐu³⁵ foŋ⁵⁵ ʃɐu⁵⁵

　　解釋「十冷九豐收」之說，我們先行看春汛下的小黃魚情況。春汛時，小黃魚在山東煙威漁場適溫範圍較窄，對溫度要求嚴格。五〇年代資源好的時候，在底層攝氏五度等溫線和百分之三十二鹽線附近形成中心漁場。低於攝氏四點七度魚群較少。因而，四月分當攝氏五度等溫線由東向西推移時，海場也隨之由東而西移動。當攝氏四點五度等溫線消失，攝氏七度等溫線出現時，漁期即告結束。由此可見，每年攝氏五度等溫線在煙威漁場出現時間的早晚就決定了小黃魚的漁期。一般水溫偏高的年分，攝氏五度等溫線出現的早，漁期提前。反之，則推後。另外，北海冷水團低溫中心的強弱對中心漁場的影響也很明顯。凡是冷冬的年分，冷水團勢力強，範圍大，與沿岸水的交匯區靠近岸，魚群洄游也靠岸，漁場偏南。一般而言，冷水強的年分，水溫低，漁期則晚。若冷水團和沿岸水勢力都強，其混合水範圍窄，溫度和鹽度水平梯度大，因而魚群活動範圍小，最容易形成生產旺汛。相反，如果冬暖或冷水團和沿岸水勢力均很弱時，水溫偏高。這樣，漁期雖早，但因水溫梯度小，魚群分散，不利於捕撈（各種魚均存在這種情況）。所以漁民有「十冷九豐收」之說。[380]同一情況，中國四大漁場之一珠江口萬山漁場的春汛，對池魚、澤魚也存在「十冷九豐收」漁獲量產量的預測。

（五）漁撈

1　魚頂流，網順流，兩下一齊湊。（珠海市）

380　李繁華等編著：《山東近海水文狀況》（山東省地圖出版社，1989年8月），頁80。

ji²¹⁻³⁵ teŋ³⁵ lɐu²¹，mɔŋ¹³ ʃɐn²² lɐu²¹，
lɔŋ¹³ ha³³ jɛt⁵ tʃʰei²¹ tʃʰeu³³

「魚頂流，網順流」這句漁諺是各地漁民在長期的生產實踐中得出的共同經驗，不僅在珠海地區，也適用於全國各地的海洋和內河漁業生產作業。

每年一般在七月漲水，魚頂流而上，到上游泡沼廣闊水域中產卵、育肥。到了八月，水溫開始下降，水位也要下降，魚就要順流而下，到深水區準備越冬，這是魚類對環境的適應。[381]這是內河捕魚作業總結的漁諺。海洋拖網生產作業同樣也有「魚頂流、網順流」的獲高產經驗。如春汛期間，煙威漁場的魚群向西游去，此時拖網應從西向東拖迎頭魚才能獲高產，叫姑魚在大汛期間，如潮流方向和魚群游向一致時，則魚群起水移動快，漁場變化大；當流向和魚群游向不一致時，剛魚群貼底，游動緩慢，漁場穩定，小汛期的漁場也較穩定。[382]

2　巧拉慢起流。（珠江口）

hau³⁵ lai⁵⁵ man²² hei³⁵ lɐu²¹

這是海洋拖網生產作業的總結經驗，也是全國性捕魚的總經驗，並不是珠江口捕撈的獨有總結經驗。《南海漁諺拾零》書裡稱流為憩流，這是水利專業名詞，憩流是可以分成漲潮憩流和落潮憩流。[383]當海洋潮波侵入河口之初，河口水位開始上升，河道入海水流流速（落

---

381 中國人民政治協商會議大安縣委員會文史辦公室編：《大安文史資料》（第三輯）（缺出版資料，1986年12月），頁83。

382 陳大剛編著：《黃渤海漁業生態學》（北京：海洋出版社，1991年2月），頁20。

383 張憲昌、梁玉磷、馬振坤編：《南海漁諺拾零》（北京：海洋出版社，1988年4月），頁10。

潮流）漸減；但水流方向仍指向海洋，稱此水流為漲潮落潮流（即水位已上漲而水流仍流向海洋），此時，在海水（鹹水）與河水（淡水）交界處會發生異重流，上層為淡水流向海洋，下層為鹹水流向內陸。該處的流速垂直分布。隨著水位的不斷上升，河水的落潮流速漸漸為海水漲潮流速所平衡，繼而出現憩流，稱為落潮憩流……河口水位繼續下降，河水水流又出現了暫時的憩流，叫作漲潮憩流，此後不久流向指向下游，水面比降亦轉向海洋傾斜，稱此時的水流為落潮落潮流，直至再出現落潮憩流為止。[384]因此憩流實際就是潮汛與漁汛的關係。潮汛與漁汛的關係，漁民們也有著豐富的經驗，如捕撈太平洋鯡，膠東漁民總結了「大潮進魚、小潮起群、平流出大網頭」，即圍網漁業的高產時間主要出現在大潮和小潮之間的潮流較小的日子裡。一天中最佳生產時間，主要是抓緊四個「慢起流」，即抓緊晝夜兩漲兩落時出現的四個緩流階段，便能獲得高產、穩產，因為此時流速較小，魚群集群產卵或索餌，同時網具在水中較平穩，所以網獲率大大提高。[385]

（六）魚與氣象

1　春海大霧到，池魚結成堆。（珠江口）

　　tsʰɐn⁵⁵ hɔi³⁵ tai²² mou²² tou³³，tsʰi²¹ ji²¹⁻³⁵ kit³ ʃɐŋ²¹ tøy⁵⁵

　　池魚（學名藍圓鰺）的族群中，常和竹池（長體圓鰺）、石池（竹莢魚）、黃尾池（達中鰺）等同類型的魚混雜在一起，也會和不同種類的橫澤魚（沙丁魚）混合。因此，當有池魚出現時，就會有橫澤魚一同出現。「春海大霧到，池魚結成堆」指的是在春天，遇到海霧天氣

---

384 揚州水利學校主編：《水文測驗》（北京：水利出版社，1980年6月），頁306-307。

385 陳大剛編著：《黃渤海漁業生態學》（北京：海洋出版社，1991年2月），頁20。

時，由於氣壓較低，水中含氧量受影響，導致珠江口附近大量的藍圓鰺（池魚）和橫澤魚浮現在海面上呼吸，這是漁民捕撈的好時機。

2　春雨早來，春魚早到。（珠江口）

$tʃʰɐn^{55}$ ji^{13} $tʃou^{35}$ $lɔi^{21}$，$tʃʰɐn^{55}$ ji^{21-35} $tʃou^{35}$ tou^{33}

春魚是春汛期的魚統稱。春天若然出現了降雨適時，再加上是春雨適量的，這樣子對於漁汛（春汛）會有提早產生作用，對魚汛的早發極為有利。若然出現久旱無雨，或者春雨過多，直接會影響水質變化，直接會影響漁汛出現延遲，春汛延遲，對幼魚繁殖生長和生產極之不利。[386]

3　四月初八起東風，今年漁汛就落空。（珠江口）

$ʃei^{33}$ jit^{2} $tʃʰɔ^{55}$ pat^{3} hei^{35} $toŋ^{55}$ $foŋ^{55}$，
$kɐn^{55}$ lin^{21-35} ji^{21} $ʃɐn^{33}$ $tʃɐu^{22}$ $lɔk^{2}$ $hoŋ^{55}$

「四月初八起東風，今年漁汛就落空」這句漁諺指的是當四月初八起東風時，風勢會非常強烈。由於四月初八是佛誕，此時正值魚蝦春汛期，但由於風勢過大，魚蝦無法接近岸邊進行產卵繁殖，因此漁民的捕撈收成會受到不利影響。因此漁諺中也出現了「四月初八起東風，今年漁汛就落空」、「穀雨吹東風，山空海也空」表示若是在春季穀雨節氣期間，吹起東風，則山裡和海裡都會空空如也，漁民的收成會受到嚴重影響。

---

386 陳再超、劉繼興編：《南海經濟魚類》（廣州：廣東科技出版社，1982年11月），頁110。

4　出北回頭東，餓死大貓公。（珠江口）

tsʰɐt⁵ pɐt⁵ wui²² tʰɐu²¹ toŋ⁵⁵，ɔ²² ʃei³⁵ tai²² mau⁵⁵ koŋ⁵⁵

「出北」是指北風吹起；「回頭東」是指風向突然轉為東風。在海南省，有一條漁諺說「不怕西南風大，只怕刮東風」；在廣東南澳縣，有一條漁諺稱「穀雨吹東風，山空海也空」；而在珠江口一帶，漁民相傳「四月初八起東風，今年漁汛就落空」，這是因為東風風勢特別強大，即使在魚蝦春汛期，風大會使魚蝦無法靠近岸邊產卵繁殖，因此造成了不利於漁獲的情況，而「山空海也空」正是反映了這種情況。

所以這一條漁諺是說，當珠江口突然轉吹起東風時，會干擾漁汛，影響漁獲量，甚至連大貓公都難以捕到小魚，有可能導致漁民餓死。因此，有一條相似的漁諺說「四月初八起東風，今年漁汛就落空」。同樣地，廣東也有一條農諺與此相似，即「七月吹西風，餓死大貓公」、[387]也是與風有關的。陸上吹西風，會影響農作物收成，而海洋捕撈遇上東風，就破壞了漁汛期，影響漁獲量。

5　天氣暖柔柔，池魚向內游。（珠江口）

tʰin⁵⁵ hei³³ lin¹³ jɐu²¹ jɐu²¹，tsʰi²¹ ji²¹⁻³⁵ hoŋ³³ lɔi²² jɐu²¹

藍圓鰺是一種暖水性中上層汎游魚類，俗稱巴浪魚、緹咕、黃占或池魚，主要分布在南海北部海區。平時牠們棲息於底層群體，洄游

387　《東莞市厚街鎮志》編纂委員會編：《東莞市厚街鎮志》（廣州：廣東人民出版社，2015年1月），頁226。東莞市中堂鎮潢涌村志編纂委員會編：《東莞市中堂　潢涌村志》（廣州：嶺南美術出版社年2010年1月），頁406。廣東省地理學會科普組主編：《廣東農諺》（北京：科學普及出版社；廣州分社，1983年2月），頁4。

移動不明顯。但在冬春季節，隨著淡水範圍的退縮，外海水位逼近岸邊，這時產卵魚群就會大量聚集並洄游至沿岸海區進行產卵活動。漁諺傳承了這個知識，描述了藍圓鰺在冬春期間向內游的行為，也就是接近珠江口近岸地區進行產卵。淡水範圍的退縮，讓藍圓鰺能夠直接接近岸邊，因此被形容為「向內游」。

6　十月東北吼，毛蟹要豐收。（珠江口）

$\int$et² jit² toη⁵⁵ pet⁵ hau⁵⁵，mou²¹ hai¹³ jiu³³ foη⁵⁵ $\int$eu⁵⁵

這兩條漁諺，「十月東北吼，毛蟹要豐收」和「十月旱，毛蟹斷擔竿」（深圳），表達的意思相同，都是指農曆十月是毛蟹的汛期，蟹群洄游，從而出現毛蟹肥大豐收的現象。而深圳的漁諺更為誇張，用「斷擔竿」來形容大豐收的情況。[388]

7　十月旱，毛蟹斷擔竿。（深圳）

$\int$et² jit² hon¹³，mou²¹ hai¹³ tʰin¹³ tan³³ kon⁵⁵

「十月東北吼，毛蟹要豐收」的漁諺描述的是農曆十月是毛蟹的汛期，這時蟹洄游，水中的毛蟹肥大豐收現象就會出現。這個漁諺的背後其實有很多生物學上的原因。毛蟹在秋季會從深海向沿海洄游，進入江河入海口等淡水域產卵。而在冬季，蟹苗剛孵化出來時，它們需要吃食大量的浮游生物來生長，而正好秋季時大量的浮游生物也會隨蟹洄游進入淡水域。此時，蟹苗可以趁機大肆進食，成長迅速，最終在農曆十月時，成為肥美的毛蟹，為漁民帶來豐收。

---

388 廖虹雷著：《深圳民間熟語》（深圳：深圳報業集團出版社，2013年4月），頁80。

因此，這個漁諺不僅反映了季節變化對漁獲的影響，還涉及到生物學中蟹洄游、生長等方面的知識。

8　南風天澇海水清，魚群食水清；北風天陰海水濁，只有魚頭粥。（珠江口）

$lan^{21} foŋ^{55} t^hin^{55} lou^{13} hɔi^{35} ʃøy^{35} tʃ^hɐŋ^{55}$ ，
$ji^{21} k^hɐn^{21} ʃek^2 ʃøy^{35} tʃ^hɐŋ^{55}$ ；
$pɐt^5 foŋ^{55} t^hin^{55} jɐn^{55} hɔi^{35} ʃøy^{35} ʃok^2$ ，
$tʃi^{35} jɐu^{13} ji^{21} t^hɐu^{21} tʃok^5$

在漁業中，天氣狀況對漁獲有極大影響。南風和大雨會使海洋餌料減少，因為餌料會隨著水流漂到其他地方，而魚群因為缺乏餌料而不會聚集在該區域，這樣漁民就很難進行捕撈。相反，當北風加上天陰時，海水會變得混濁，這也不利於捕撈，漁民可能只能依靠吃魚頭來維持生計。因此，「只有魚頭粥」這一稱呼就寓意著漁獲的減少。這種天氣對漁業的影響不僅是經濟上的損失，還可能對當地居民的生活造成很大的影響。

9　南風南霧，池魚浮露。（珠海市）

$lan^{21} foŋ^{55} lan^{21} mou^{22}$ ，$tʃ^hi^{21} ji^{21-35} fɐu^{21} lou^{22}$

在廣東，當南風南霧來臨時，天氣通常會變得晴暖潮濕，氣溫較高、濕度較大，這種天氣對於捕撈池魚來說非常有利。此時，池魚會浮出水面露出頭部呼吸，讓漁民更容易捕獲。

10　池水面跳，會有大風到。（珠海市）

$$\text{t}\int^{h}\text{i}^{21}\ \int \text{ey}^{35}\ \text{min}^{22\text{-}35}\ \text{t}^{h}\text{iu}^{33}, \text{wui}^{33}\ \text{jeu}^{13}\ \text{tai}^{22}\ \text{fo}\eta^{55}\ \text{tou}^{33}$$

這條漁諺跟「魚蝦翻水面，大雨得浸田」密切相關，都與氣壓低有關。在大雨來臨之前，水中的氧氣會減少，池塘中的魚便會翻水面呼吸更多的氧氣，這表示氣壓正在下降，低氣壓風暴或氣旋風暴即將到來，天氣也會隨之變化，可能會出現大雨或暴雨，甚至颳起暴風。

（七）魚與海況

1　三月西南流，食魚唔食頭。（珠江口）

$$\int \text{an}^{55}\ \text{jit}^{2}\ \int \text{ei}^{55}\ \text{lan}^{21}\ \text{leu}^{21}, \int \text{ek}^{2}\ \text{ji}^{21\text{-}35}\ \text{m}^{21}\ \int \text{ek}^{2}\ \text{t}^{h}\text{eu}^{21}$$

拖網漁船作業，合風合流，產量必高。[389]意思跟粵西沿岸漁民的「正二月東風逢南流，食魚唔食頭」漁諺意思相同。

2　五月初五起南浪，魚群漁汛有囉行。（珠江口）

$$\text{m}^{13}\ \text{jit}^{2}\ \text{t}\int^{h}\text{o}^{55}\ \text{m}^{13}\ \text{hei}^{35}\ \text{lan}^{21}\ \text{lo}\eta^{22},$$
$$\text{ji}^{21}\ \text{k}^{h}\text{en}^{21}\ \text{ji}^{21}\ \int \text{en}^{33}\ \text{mou}^{13}\ \int \text{ai}^{33}\ \text{ho}\eta^{21}$$

每到端午節，常常會有急速的南風，引起大浪，這被漁民們稱作「五月初五起南浪」。大浪的出現會讓海洋餌料漂流到別處，減少了漁場的餌料供應。此時正值汛期，魚群會到南方覓食肥育和產卵，或在外海到近岸覓食肥育和產卵，但由於「南浪」的影響，餌料不足，

---

389 張憲昌、梁玉磷、馬振坤編：《南海漁諺拾零》（北京：海洋出版社，1988年4月），頁15。

魚群無法進行覓食，因此也無法在產卵前儲備充足營養，導致漁汛失效。因此，珠江口的漁民常說「魚群漁汛冇曬行」。

3　南湧一聲嘩，帶魚山上爬。（珠海市）

　　　lan²¹ joŋ³⁵ jɐt⁵ ʃeŋ⁵⁵ wa⁵⁵，tai³³ ji²¹⁻³⁵ ʃan⁵⁵ ʃɔŋ²² pʰa²¹

當南湧風浪大時，帶魚此時往往洄游到岸邊岩礁一帶棲息。

4　清流一把水，海底無魚游。（珠江口）

　　　tʃʰeŋ⁵⁵ lɐu²¹ jɐt⁵ pa³⁵ ʃɵy³⁵，hɔi³⁵ tɐi³⁵ mou¹³ ji²¹⁻³⁵ jɐu²¹

　　在漁業季節中，漁民需要密切關注海洋中的各種環境因素，以尋找魚群的蹤跡。其中，清流是一個特殊的區域，因為在這裡，漁民分析和觀測到了缺乏浮游生物棲息的情況，導致餌料短缺，魚群無法在此聚集進食。這種情況往往預示著漁汛的缺失，即使漁民捕撈也很難有好的漁獲。因此，對於漁民來說，及時地識別和避開清流區域非常重要，以便尋找到適合的漁場並獲得豐收。

（八）海水養殖

水淡則蠔死，太鹹則蠔瘦，淡水少處蠔易生，鹹水多處蠔易肥。（珠江口）

　　　ʃɵy³⁵ tʰan¹³ tʃɐt⁵ hou²¹ ʃei³⁵，tʰai³³ han²¹ tʃɐt⁵ hou²¹ ʃɐu³³，tʰan¹³ ʃɵy³⁵ ʃiu³⁵ tʃʰi³³ hou²¹ ji²² ʃaŋ⁵⁵，han²¹ ʃɵy³⁵ tɔ⁵⁵ tʃʰi³³ hou²¹ ji²² fei²¹

　　蠔是一種對生活環境要求極高的水生生物，它需要特定的水溫、

海水比重、混濁度、鹽度以及營養物質等環境因素。有句俗諺「水淡則蠔死，太鹹則蠔瘦，淡水少處蠔易生，鹹水多處蠔易肥」，說明了蠔只能在鹽淡水交匯的地區生長，這樣的環境才能提供適宜的生長條件。因此，了解蠔的生態習性和生長環境，對於蠔產業的發展至關重要。

（九）其他

1　南海經濟魚，丁三線立池。（珠江口）

　　lan²¹ hɔi³⁵ keŋ⁵⁵ tʃɐi³³ ji²¹⁻³⁵，teŋ⁵⁵ ʃan⁵⁵ ʃin³³ lat² tʃʰi²¹

　　丁三線立池是蛇鯔魚、金線魚、鯡鯉魚、二長刺鯛魚和藍圓鰺魚，[390]這幾種魚全是南海一帶的一些經濟魚，具有開發利用價值。

2　張口黃花閉口池。（珠海市萬山）

　　tʃɔŋ⁵⁵ hɐu³⁵ wɔŋ²¹ fa⁵⁵ pɐi³³ hɐu³⁵ tʃʰi²¹

　　當漁獲物被捕上來後，如果是張口狀態，通常表示這是新鮮的魚，因為魚在死後的一段時間內，肌肉仍會收縮，嘴巴也會自然地張開。而如果是閉口狀態，則可能表示這是已經死亡一段時間的魚，因為魚在死後嘴巴會漸漸地閉合，直至完全閉合。此外，閉口的魚在保存上也較為困難，容易變質，因此挑選漁獲物時要特別留意魚的口部狀態，以確保品質和新鮮度。

3　一鮏、二鯧、第三馬鮫郎；一鯧、二鮏、三馬鮫。（珠江口）

---

390 張憲昌、梁玉磷、馬振坤編：《南海漁諺拾零》（北京：海洋出版社，1988年4月），頁18。

jɐt⁵ mɔŋ⁵⁵、ji²² tʃʰɔŋ⁵⁵、tɐi²² ʃan⁵⁵ ma¹³ kau⁵⁵ lɔŋ²¹；
jɐt⁵ tʃʰɔŋ⁵⁵、ji²² mɔŋ⁵⁵、ʃan⁵⁵ ma¹³ kau⁵⁵

以上是一些品味海鮮的順口溜，不同地區有不同看法，如深圳認為是「頭鯧、二𩶘、三馬鮫」，[391]廣西方面，認為是「一鱅、二鯧、三馬鮫」的說法。[392]

4 沙井蠔，龍崗雞。（寶安縣）

ʃa⁵⁵ tʃɛŋ³⁵ hou²¹，lɔŋ²¹ kɔŋ⁵⁵ kɐi⁵⁵

「沙井蠔」是像香港九龍「深井燒鵝」一樣用地方命名的深圳著名特產。[393]沙井蠔的歷史可以追溯到宋朝沙井蠔產地分布在深圳市沙井、福永、鹽田、前海、後海和香港流浮山一帶。沙井蠔業從宋代開始插杆養蠔，距今一千多年，是世界上最早人工養蠔的地區。至明清，沙井蠔業有較大發展。一九四九年，沙井蠔業合作社持續發展，於一九五六年被國家評為「模範合作社」，一九五七年評為「全國勞模集體單位」。此後，沙井蠔發展迅速，產品遠銷海內外，蘇聯、日本、越南等專家紛紛前來考察，沙井蠔民也到各地傳授生產技術。[394]深圳寶安縣龍崗、坪山一帶所產的「龍崗雞」，毛黃、嘴黃、腳黃，故稱「三黃雞」，是廣東優良的雞種。這種雞肉質細嫩，皮鬆骨脆，

---

391 廖虹雷著：《深圳民間熟語》（深圳：深圳報業集團出版社，2013年4月），頁334-335。

392 中國農業百科全書編輯部：《中國農業百科全書　水產業卷》（北京：農業出版社，1994年12月），上冊，頁323。

393 廖虹雷著：《深圳風物志　民間美味卷》（深圳：海天出版社，2016年11月），頁22。

394 溫友平著：《文化的力量　深圳寶安文化紀事》（深圳：海天出版社，2012年1月），頁237。

味道鮮美，為席筵佳品，在港九市場深受歡迎。[395]

5　五月無閒人，六月無閒北。（珠江口）

m̩¹³ jit² mou²¹ han²¹ jɛn²¹，lok² jit² mou²¹ han²¹ pɛt⁵

「五月無閒人」是指在漁汛時期，漁民忙於捕撈漁獲，沒有閒暇時間。而「六月無閒北」則指夏季時，廣東地區多為吹偏南風，但如果突然刮起北風，且刮風時間長，就表示可能有颱風侵入南海。當颱風侵入南海時，廣東處於颱風中心的外圍，北方或西北方的風向也會因颱風影響而改變，所以夏季吹北風就意味著颱風要到來，需提前做好防備措施。

四　海況

（一）海溫

1　海水發臭，海冒氣泡，颱風不出一兩天。（珠海市）

hɔi³⁵ ʃɵy³⁵ fat³ tʃʰeu³³，hɔi³⁵ mou²² hei³³ pʰau⁵⁵，
tʰɔi²¹ foŋ⁵⁵ pɛt⁵ tʃʰɛt⁵ jɛt⁵ lɔŋ¹³ tʰin⁵⁵

「海水發臭天將變」。這是因為海水中本來含有一些氣體。天氣晴朗時，氣壓較高，這些氣體能夠溶解在水中，而當天氣變壞時，氣壓降低，水中容納不了較多的氣體，形成氣泡浮到水面上來。另外，淺海的海底，原來沉積有魚蝦等腐敗物，當氣泡浮到水面上來時，會

---

395 許自策、蔡人群編著：《中國的經濟特區》（廣州：廣東科技出版社，1990年7月），頁111。

把這些淺海海底的髒穢物帶到水面，所以，海水發臭、冒泡說明附近海面將有颱風或風暴。[396]

2　水皮冷，春東南，南海霧，日綿綿。（珠江口）

$$\text{ʃɵy}^{35}\ \text{p}^\text{h}\text{ei}^{21}\ \text{laŋ}^{13}，\text{tʃ}^\text{h}\text{ɐn}^{55}\ \text{toŋ}^{55}\ \text{lan}^{21}，\text{lan}^{21}\ \text{hɔi}^{35}\ \text{mou}^{22}，$$
$$\text{jɐt}^2\ \text{min}^{21}\ \text{min}^{21}$$

　　諺語有「春東南，多雨水；夏東南，燥烘烘」在南海海區，來自海洋的風，濕度大，天氣還是因此而較寒，陰雨天氣連綿，所以「水皮冷」。

　　（廣東）十二月至五月為南海霧季，其中以三月分霧日最多⋯⋯多霧海區和多霧季節，海面上能見度較差，所以漁民作業時要留意，以免漁船相碰撞。[397]，然而，在全國而言，南海霧日較少，僅在廣東省沿岸一至四月分有海霧日出現，海霧日最多的月分有十天左右，[398]所以大部分日子是天空依然是強盛的日光，這就是「日綿綿」。

（二）海流

　　朝北晚南午來東，駛船打漁好流風。（珠江口）

$$\text{tʃiu}^{55}\ \text{pɐt}^5\ \text{man}^{13}\ \text{lan}^{21}\ \text{m̩}^{13}\ \text{lɔi}^{21}\ \text{toŋ}^{55}，$$
$$\text{ʃɐi}^{35}\ \text{ʃin}^{21}\ \text{ta}^{35}\ \text{ji}^{21\text{-}35}\ \text{hou}^{35}\ \text{lɐu}^{21}\ \text{foŋ}^{55}$$

---

396 廈門水產學院、江仁主編：《氣象學》（北京：農業出版社，1980年9月），頁149。

397 廣東省地方史志編纂委員會編：《廣東省志　地理志》（廣州：廣東人民出版社，1999年12月），頁173。

398 虞積耀、王正國主編；錢陽明、賴西南、陳伯華副主編：《海戰外科學》（北京：人民軍醫出版社，2013年1月），頁61。

「駛船打漁好流風」是指在秋風頭這季度，是拖網船一年生產中的黃金時代。至於跟此漁諺意思一致的是「朝北晚南晏時東」，也是講述秋天的作業。秋風頭（七月十五至十二月底）是東北風盛行季節，風力大，漁船有足夠的拖速，是一年生產中的黃金時代。初期天氣的特點是「朝北晚南晏時東」，即早上吹北風，傍晚吹南風，中午吹東風。漁船在上東航行途中，可在適宜的漁場爭取沿途作業，若在泥口側等漁場，最好拖橫蓬（直拖），使船易回步（回原來作業漁場）。到了八月間，東北風已開始到來，早上風力較大，傍晚即趨減弱，整天有風生產。[399]

（三）海浪

鹽田風，平沙浪。（寶安縣）

$$jin^{21} t^hin^{21} foŋ^{55}，p^heŋ^{21} ʃa^{55} lɔŋ^{22}$$

鹽田和平沙兩地位於深圳市的西部沿海地區，此兩地以風浪著明。[400]

（四）潮汐

1　十一行，十二走，十三十四大潮流。（珠江口）

$$ʃet^5 jet^5 hen^{21}，ʃet^2 ji^{22} tʃeu^{35}，$$
$$jet^2 ʃan^{55} ʃet^2 ʃei^{33} tai^{22} tʃ^hiu^{21} leu^{21}$$

---

399 東省水產廳、南海水產研究所工作組：〈閘波公社深海拖風漁船是怎樣掌握漁場漁汛〉，收入廣東省水產廳技術站、漁汛站編印：《廣東省海洋漁業技術資料彙編　第2輯》（廣東省水產廳技術站、漁汛站編印，1965年），頁3。

400 張憲昌、梁玉磷、馬振坤編：《南海漁諺拾零》（北京：海洋出版社，1988年4月），頁25。

每月流水時間，十一日開始增大，十二日更大；到十三、十四日是最大潮流。[401]

2　水頭魚多，水尾魚少，不如杳潮，魚無大小。（廣州）

$\int\!\!\theta y^{35}\ t^h\!\mathit{e}u^{21}\ ji^{21-35}\ t\mathit{o}^{55}$，$\int\!\!\theta y^{35}\ mei^{13}\ ji^{21-35}\ \int\!iu^{35}$，

$p\mathit{e}t^5\ ji^{21}\ tat^2\ t\!\int^h\!iu^{21}$，$ji^{21-35}\ mou^{21}\ tai^{22}\ \int\!iu^{35}$

廣州城瀕海，珠江每天都有漲潮和落潮現象。古代人們對於廣州潮汐觀察卻很深入細緻。如《羊城古鈔》卷二：「以溯日長至初四而漸消，以望日長至十八而消，謂之水頭。以初四消至十四，以十八消至廿九三十，謂之水尾。春夏水頭盛於晝，秋冬盛於夜。春夏水頭大，秋冬小」。由這段嘉慶前的記載可知：第一，一日有兩次高潮和兩次低潮，每次相隔約六小時。這和月球近天頂有關。第二，兩次高潮，有一次高些，一次低些。故被為非正規半日混合潮，反映了廣州受離海洋遠，進潮退潮路徑複雜影響結果。第三，潮汐分水頭（即大潮）和水尾（即小潮）。即一日中有朔望大潮的存在。水頭即大潮，初一到初四潮水特大，十五到十八又來一次特大潮水期。一在朔，一在望，都是因為這時太陽和月亮正好位於同一直線上，引力為日、月合力，故漲潮特大。水尾是在上、下弦時。這時，日和月正好成直角位置，故它們對地球所起潮力是互相抵消的，所以漲潮不大。第四，春夏水頭大，秋冬小。在朔望大潮中，尤其在春分、秋分時，因日月同時運行於地球的赤道上方，故起潮力比一般朔望大潮要高，稱為「二分大潮」。故沿海一帶「三月三觀潮」和「八月十八觀潮」是很

---

401 張憲昌、梁玉磷、馬振坤編：《南海漁諺拾零》（北京：海洋出版社，1988年4月），頁28。

有名的。這種精密的觀測是由於人們生產上的實際需要。俗稱「水頭（即大潮）魚多，水尾（即小潮）魚少，不如沓潮，魚無大小」。這是因為漲潮特大時，大的魚才能進入珠江，數量也多的緣故。廣州潮還有一特殊的「沓潮」，是北方少見的。「沓潮」即「潮之盛也」。一名合沓水，即謂「水之新舊者去來相逆」。「沓者重沓也。故重沓時，舊潮之勢微劣不能進退。」為什麼潮水應退不退，反而新漲潮又可以漲上來？這是多由於颱風在珠江口吹襲時引起的。沓潮時，漲水期長，江河成大海，魚退而復來，漁人最喜歡。[402]

五　氣象

（一）氣候（天氣）

十月十六天色晴，無風無雨到清明。（珠江口）

$\int$et² jit² $\int$et² lok² tʰin⁵⁵ $\int$ek⁵ t$\int$ʰeŋ²¹，
mou²¹ foŋ⁵⁵ mou²¹ ji¹³ tou³³ t$\int$ʰeŋ⁵⁵ meŋ²¹

農曆十月以後轉入旱季，以後直至清明難得有雨。[403]

（二）冷空氣

未食裹蒸粽，天氣還會凍。（珠江口）

mei²² $\int$ek² kɔ³⁵ t$\int$eŋ⁵⁵ t$\int$oŋ³⁵，tʰin⁵⁵ hei³³ wan²¹ wui³³ toŋ³³

---

402 曾昭璇（1922-2007）：《廣州歷史地理》（廣州：廣東人民出版社，1991年5月），頁197-199。

403 廣東省地理學會科普組主編：《廣東農諺》（北京：科學普及出版社；廣州分社，1983年2月），頁39。

即五月前出海捕魚時，還會遇上冷空氣，故不能不帶上防寒衣物。[404]

（三）海霧

一朝大霧三朝風，三朝大霧冷攣躬。（珠江口）

$$jet^5 \, t\int iu^{55} \, tai^{22} \, mou^{22} \, \int an^{55} \, t\int iu^{55} \, fon^{55} ,$$
$$\int an^{55} \, t\int iu^{55} \, tai^{22} \, mou^{22} \, lan^{13} \, lin^{55} \, kon^{55}$$

這句漁諺所描述的情況是，在秋冬季節，若連續多日出現大霧，接著又刮起風來，天氣便會急轉直下，變得極為寒冷，令人不禁彎腰垂首，甚至需要尋找遮蔽處躲藏。此外，雨水也可能隨之而至，進一步加劇天氣的寒冷程度。

（四）颱風

1　六月北風，水浸雞籠。（珠江口）

$$lok^2 \, jit^2 \, pet^5 \, fon^{55} , \, \int \theta y^{35} \, t\int en^{33} \, kei^{55} \, lon^{21}$$

「六月北風，水浸雞籠」是沿海漁民觀察颱風的經驗，因為颱風多從東南方向而來，當前半圈外圍氣流影響到時，常常出現西、北、東等風向。當這些風向持續半天以上時，就是颱風即將到來的預兆。當六月刮北風時，更是表示颱風即將來襲，此時潮水漲幅會加大，使得海水可以漫過雞籠，警示人們要做好颱風防備工作。[405]

---

404 張憲昌、梁玉磷、馬振坤編：《南海漁諺拾零》（北京：海洋出版社，1988年4月），頁33。

405 《氣象知識》編寫組編著：《氣象知識》（上海：上海人民出版社，1974年12月），頁212。

2　回南唔回西，唔夠三日又打回。（寶安縣）

wui²¹ lan²¹ m̩²¹ wui²¹ ʃei⁵⁵，m̩²¹ kɐu³³ ʃan⁵⁵ jɐt² jɐu²² ta³⁵ wui²¹

　　颱風接近，多數吹西北風；颱風離去，多數吹西南風。如颱風過境，未見吹回西南風，則表示颱風尚未離去。[406]

3　紅雲蓋頂，找艇搬錠。（珠海市）

hoŋ²¹ wɐn²¹ kʰɔi³³ teŋ³⁵，tʃau³⁵ tʰɛŋ¹³ pun⁵⁵ teŋ²²

　　「紅雲蓋頂，找艇搬錠」和海南的「紅雲過頂，趕快收船，有颱風」（海南）意思相同。當熱帶氣旋逼近之前幾天，通常會出現晴朗少雲、陽光強烈的天氣，使人感到悶熱。當熱帶氣旋逐漸接近，天空中會出現輻射狀的卷雲，並逐漸變厚變密，輻射中心的方向就是熱帶氣旋中心所在方向。在中緯度地區，高空的雲隨著熱帶氣旋從偏東向偏西方向移動。此時，早晚還可以看到紅色或紫銅色的雲霞。

（五）風

　送年南。（珠海市）

ʃoŋ³³ lin²¹ lan²¹

　　這預報是基於漁民長期生產經驗而來，例如「送年南」的觀察，即每年春汛前後，若連續幾次刮起南風，通常預示漁汛會旺盛。[407]

---

406 廣東省地理學會科普組主編：《廣東農諺》（北京：科學普及出版社；廣州分社，1983年2月），頁30。

407 鄧景耀、趙傳絪等著：《海洋漁業生物學》（北京：農業出版社，1991年10月），頁514。

（六）雨（暴雨）

有雨山戴帽，無雨雲拱腰。（珠江口）

jɐu¹³ ji¹³ ʃan⁵⁵ tai³³ mou²²⁻³⁵，mou¹³ ji¹³ wɐn²¹ koŋ³⁵ jiu⁵⁵

雲蓋住山頂叫「山戴頂」。雲層繞住山腰，可見山頂，叫「雲拱腰」。當陰雨天氣來臨時，雲層比較低，雲蓋住山頂，故兆雨；拱腰的雲，一般都是由於夜間冷卻生成的地方性雲，雲層不厚，故兆晴。[408]

「口承文化」是指人類利用口頭傳承的方式，將各種人生經驗和知識表達和傳遞的文化現象。在珠三角舡族族群中，口頭傳統主要體現在諺語上，其中以漁諺最為突出。漁諺是舡族族群集體創造、廣泛傳播、言簡意賅並較為定型的藝術語句，通常是押韻的。

漁諺是舡族族群民眾豐富和普遍經驗的規律性總結，反映了他們在漁業生產和生活中的智慧和經驗。這些漁諺不僅是在漁業生產中傳承和應用，還被廣泛運用於日常生活和社交場合。漁諺言簡意賅、詼諧幽默，能夠表達人們的感情和情感，具有很高的藝術價值和社會價值。它們不僅可以傳承和保存族群的文化傳統，還可以為後人提供有價值的參考和借鑒，同時也豐富了漁民文化的多樣性和豐富性。

漁諺雖然不是詩歌，也不是歌謠，但是漁諺有一半以上是押韻的，即使是閩語的漁諺，來自陽江、台山、北海、海南的漁諺，用上石排灣方音來讀，依舊是押韻的，所以南海漁諺便能流傳於各地。漁諺的押韻，讓漁諺韻律增強和諧感。

本文是用上香港石排灣 黎金喜 （1925）口音，金喜叔生前不單提供石排灣水上方音，也提供了大量詞彙、語法、漁諺等。因此，這本書的漁諺標音就以石排灣作代表。

---

408 廣東省水產學校主編：《氣象與海洋》（北京：農業出版社，1983年5月），頁335。

1.南湧一聲嘩[a]，帶魚山上爬[a]。

2.三月三[an]，鱸魚上沙灘[an]。

3.三月三[an]，黃皮馬鱭隨街擔[an]。

4.三月打魚四月閒[an]，五月推艇上沙灘[an]。

5.二月初二，魚頭相間[an]；二月十五，魚頭相鑒[an]。

6.四月八[at]，三黎隨街搓[at]。

7.魚頂流[ɐu]，網順流[ɐu]，兩下一齊湊[[ɐu]。

8.要食黃花大澳口[ɐu]，要食赤魚九洲頭[ɐu]。

9.天氣暖柔柔[ɐu]，池魚向內游[ɐu]。

10.三月西南流[ɐu]，食魚唔食頭[ɐu]。

11.十一行，十二走[ɐu]，十三十四大潮流[ɐu]。

12.清明遲[i]，來得遲[i]。

13.南海經濟魚[i]，丁三線立池[i]。

14.水頭魚多，水尾魚少[iu]，不如杳潮[iu]，魚無大小[iu]。

15.七月正值休漁期[ei]，趕緊補網和修機[ei]。

16.南風天澇海水清[eŋ]，魚群食水清[eŋ]。

17.十月十六天色晴[eŋ]，無風無雨到清明[eŋ]。

18.紅雲蓋頂[eŋ]，找艇搬錠[eŋ]。

19.三四月晚上[ɔŋ]，南邊看月光[ɔŋ]，鱠白倒滿艙[ɔŋ]。

20.五月初五起南浪[ɔŋ]，魚群漁汛冇囉行[ɔŋ]。

21.一鯹[ɔŋ]、二鯧[ɔŋ]、第三馬鮫郎[ɔŋ]；一鯧[ɔŋ]、二鯹[ɔŋ]、三馬鮫。

22.南風南霧[ou]，池魚浮露[ou]。

23.清明早[ou]，來得早[ou]。

24.四月初八起東風[oŋ]，今年漁汛就落空[oŋ]。

25.出北回頭東[oŋ]，餓死大貓公[oŋ]。

26. 朝北晚南午來東[oŋ]，駛船打漁好流風[oŋ]。

27. 未食裹蒸粽[oŋ]，天氣還會凍[oŋ]。

28. 一朝大霧三朝風[oŋ]，三朝大霧冷攣躬[oŋ]。

29. 六月北風[oŋ]，水浸雞籠[oŋ]。

30. 北風天陰海水濁[ok]，只有魚頭粥[ok]

第七節　漁民的神祇信俗

　　千百年來，在中國社會的各種民間信仰活動能否被概括為「宗教」，在學術界一直有著爭論。林國平先生在《關於民間信仰研究中的幾個問題》一文中對學術界幾年來關於民間信仰定義討論的各種意見進行了綜合的比較，把這些定義歸納為三類；第一類認為民間信仰不是宗教，而是一種信仰心態，此看法以宋兆麟、烏丙安等民俗學家為代表；第二類認為民間信仰本質上是宗教，此看法以李亦園、王銘銘、金澤等人類者或宗教人類學者為代表；第三種看法認為只要方便研究，民間信仰是否界定為宗教，並不是太重要。緊接著林國平提出了自己的看法，他認為「民間信仰是指信仰崇拜某種或某些超自然力量（以萬物有靈為基礎，以鬼神信仰為主體），以祈福攘災等現實利益為基本訴求，自發在民間流傳的、非制度化、非組織化的準宗教」。[409]筆者認同林國平所言民間信仰是「準宗教」。

　　信仰屬於意識形態範疇，它的產生與人們的各種心理狀態密不可分。信仰心理是人們對支配自己的外部力量的感受、感情、情緒、意願等感覺和意識活動。信仰心理並不是純粹的內心體驗，而是人們與

---

409 林沐衍：〈人類學視野下的民間信仰研究探討〉收入西南民族大學、人類學高級論壇秘書處編：《第六屆人類學高級論壇論文集》（缺部分出版資料，2007年10月），頁243。

支配自己的自然力和社會力之間的種種複雜關係的體現。也就是說，信仰心理既不是先天帶來的，也不是憑空產生的，而是在人們對自然現象和社會現象的歪曲反映中產生的。

　　民眾受到自然界和人類社會的雙重威脅，就出現恐懼，恐懼感是產生神靈崇拜的重要心理根源。由於自給自足的自然經濟長期支配著人們的社會生活，因此民眾的思想意識長期保留著濃厚的原始色彩，原始社會就已產生的神靈觀念和自然崇拜，這是從古到今依然存在。自然崇拜是在「萬物有靈」的觀念基礎上產生的，是人類對大自然依賴與畏懼心理的反映。人們把與自身生存密切相關的日月星辰、風雨雷電、山川河海、土地植物等自然現象與自然物，皆當作崇拜的對象，認為每一種自然物都有一個主宰著人們的神靈。

　　祈福避禍是廣大民眾的共同願望，所以民眾奉祀各種神靈，是期待著神靈能夠幫助他們解決現世問題，其目的在於借助神靈的護佑，獲得人生幸福，擺脫人間苦難。為了實現其願望，人們用祈禱和奉獻祭品來求得神靈賜予長壽、富貴、豐收、健康、子嗣，目的性十分具體、明確，人和神的關係也就始終帶有很濃的實用主義色彩。

　　從本質上來說，信仰是人類需求的心理折射，心理需求則是信仰的深層底蘊，因而人類便依照著自己的需要而創造了靈。人的全部發展的一個最簡單的原則就是滿足多層次的需要。其中最低層次的需要是生存的需要。它是人類最低級，也是最重要的需要，是人類活動的原始動力。這一需要又以獲得食物和肉體的保存為基礎。在原始社會，人類的生存環境極其險惡，生命常常受到飢餓和自然力的威脅。於是，求生成為人類的優勢需要。人們對為其提供溫暖和保護，同時又帶來災難和威脅的自然界頂禮膜拜。他們依靠神的威力來減輕自然界巨大的異己力量帶來威脅，平衡了心理上的恐懼感，使自身的生存

需要得到了一種虛幻的滿足。他們也借助對神靈的信仰克服了對死亡的畏懼。

人隨著社會的發展進步，人們的需要也不斷增加，趨向多元化、細微化。人們的需要多種和多樣，就需要不同職能的神祇解決，從而形成多神崇拜。任何神靈都具有能滿足信仰者某種或幾種需要的職能。這些職能與百姓的日常生產、生活均有十分密切的關係，是們根據自己的不同需要賦予不同神靈的。其職能極少是單一的，而且也不是固定不變的。一般來說，每個神靈都有一種主要職能，同時兼掌其他職能，這樣才能滿足民眾的各種需要。

民間信仰是充滿實用主義的色彩，一切崇拜都是為了實際的功利目的。各種實際需要和願望是人們崇拜各色神靈的主要動因。在百姓觀念中，多一個神靈，就多一層保護，神靈越多，庇護也就越多。因此，他們的崇拜不會太專一，而往往表現出多多益善，來者不拒的特點。只要能保佑自己實現願望和要求，就對它頂禮膜拜。正因為在神靈崇拜方面缺乏理性的思辨，因此，民間信仰也就不可避免地表現出龐雜、含混、不穩定的特徵，帶有很大的隨意性。[410]珠三角舸族族群的信仰是民間的信仰，是充滿實用主義的色彩特點。

珠三角有著很長的海岸線，這裡的漁民自古以來就利用大海資源，發展海上捕撈。漁民終年海上漂泊，風裡走，浪裡行，全靠一艘漁船為家[411]。保平安，圖豐收，全憑大海的恩賜。他們敬畏海洋，崇拜海洋，但還不具有太多的認識海洋和征服海洋的知識。漁民經常處於海洋的危險當中，所以會祈求神靈護祐成為他們惟一的心理安慰和

---

410 賈艷紅著：《漢代民間信仰與地方政治研究》（濟南：山東大學出版社，2011年10月），頁202-255；賈艷紅、馬新、李浩著：《中國古代民間信仰　遠古——隋唐五代》（上海：上海人民出版社，2010年12月），頁33-54；賈艷紅、馬新：《兼容並包中國傳統信仰》（濟南：山東大學出版社，2018年8月），頁8-11。

411 珠三角的漁艇一般是一丈八尺長，漁民一般說成丈八長。

精神寄託。他們把每一次順利返航，滿載而歸，都歸於神力所助，而每一次海難都是鬼怪所迫，對神的敬仰和對鬼的畏懼已成為相輔相成的漁村民俗心理定勢。珠三角沿海一帶的漁民信仰，主要神祇是海龍王、龍母、洪聖爺、天后。香港筲箕灣的漁民也會拜譚公，這些小神或細小區域性小神靈，在這裡便不講述。

關於海龍王信仰，可從珠三角的漁民把漁船船頭稱作「龍頭」，[412]漁船底部稱「龍骨」，[413]而廣州沙南蜑民的信仰神祇在船尾安奉護舟龍神。[414]明代鄺露《赤雅》卷上記載：「蜑人神宮，畫蛇以祭，自云龍種，浮家泛宅，或住水滸，或住水欄，捕魚而食，不事耕種，不與土人通婚，能辨水色，知龍所在，自稱龍人，籍稱龍戶，莫登庸其產也。」[415]屈大均《廣東新語》卷十八〈舟語・蜑家艇〉：「諸蜑以艇為家，是曰蜑家。……昔時稱為龍戶者，以其入水，輒繡面文身，以象蛟龍之子，行水中三四十里，不遭物害，今止名曰獺家。」[416]從《赤雅》、《廣東新語》記載，珠三角水上人會自稱他們是龍戶，又自稱他們為龍人，這是交代了南越一帶的水上人與龍的關係，所以水上人信仰龍王已是很悠久的。

香港粉嶺南涌天后宮廟內供奉天后娘娘外，也供奉觀音及海神龍王等。南涌還有海龍王廟，供奉了天后外，還供奉西海龍王、東海龍

412　徐川：《石排灣的漁業》（2001年5月，未刊報告），頁36。筆者是徐川報告的指導老師。

413　馮國強：《珠三角水上族群的語言承傳和文化變遷》（臺北：萬卷樓圖書公司，2015年）頁293。

414　伍銳麟（1904-1971）：〈沙南疍民調查報告〉，《嶺南學報》第三卷，第一期（廣州：嶺南大學，1934年），頁139。

415　〔明〕鄺露（1604-1650 or 1651）：《赤雅》（北京：中華書局，1985年），卷上，頁14。

416　〔明遺民〕屈大均：《廣東新語》（北京：北京愛如生數字化技術研究中心據〔清〕康熙庚辰三十九年〔1700〕水天閣刻本影印，2009年）卷二十二〈魚語・魚〉，頁11上下。

王、南海龍王、北海龍王、鎮海龍王。

龍母方面。在廣東的西江肇慶悅城，有一座龍母廟，是臨近江邊，這龍母廟除了西江一帶漁民崇拜的守護神，每年珠三角水上人都會來此朝拜，特別是珠江內河與沙田區的漁民，目的祈求保祐人與船艇平安，也祈求水產豐富，網網千斤。香港坪洲也有一座龍母廟。

粵東、粵面、珠海一帶漁民除了有當地特色小眾神靈信仰外，其核心信仰是洪聖爺和天后。

洪聖爺就是南海神。南海神廟位於廣州黃埔區廟頭村旁邊。

肇慶悅城龍母廟，左圖為其廟鐘

（來源：筆者攝於二〇〇二年七月二十一日）

南宋（1127-1279）人王象之（1196年進士）《輿地紀勝》「斗村」之下引東晉裴淵《廣州記》云：「廣州東一百里有古斗村，自此出海，溟渺無際」。[417]唐李吉甫（西元758-814年）《元和郡縣志》記：「南海

---

417 〔南宋〕王象之（1196年進士）：《輿地紀勝》（臺北：文海出版社，1962年初版，

縣……南海在縣南水路百里，自州東八十里，有村號曰古斗，自此
出海，浩淼無際……海廟在縣東八十一里。」⁴¹⁸「斗村」在東晉時稱
「古斗村」，唐時叫「古斗」，北宋時易稱「斗邨」（見北宋樂史（930-
1007）《太平寰宇記》）⁴¹⁹、南宋時則叫「斗村」。元大德七年（1303）
〈重建波羅廟記〉：「隋文帝始命於近海立祠……南海祀於南海鎮南，
即今扶胥鎮，距城八十里者也。」⁴²⁰從方位距離描述上看，古扶胥鎮
就是裴淵所稱的古斗村，即今天的南崗鎮（街）廟頭村（社區），此
村位於今天黃埔區黃埔老港與新港之間。以上記載，也反映古斗村的
村公所曾經遷移，東晉時的古斗村公所在廟之東，唐時的古斗村公所
在廟之西，整個海廟（南海神廟）是在村內，情況跟今天完全一致。

　　〔唐〕魏徵（西元580-643年）《隋書》卷七，志第二，禮儀二：
「開皇十四年閏十月，詔東鎮沂山，南鎮會稽山，北鎮醫無閭山，冀州
鎮霍山，並就山立祠；東海於會稽縣界，南海於南海鎮南，並近海立
祠。及四瀆、吳山，並取側近巫一人，主知灑掃，並命多蒔松柏。」⁴²¹

1971年10月第二版），卷第八十九〈廣東東路・廣州・景物上〉，頁7上。〔東晉〕裴
　淵（晉代人，生卒不詳）：《廣州記》，已佚，現在能見到的是元人陶宗儀輯錄的。

418　〔唐〕李吉甫（758-814）：《元和郡縣志》（廣州：廣雅書局據武英殿聚珍版書刊
　　刻）卷三十五〈嶺南道一〉，頁3下記：「南海縣，上，郭下。本漢番禺縣之地也，
　　屬南海郡，隋開皇十年以其地置南海縣，屬廣州。番山，在縣東南三里。愚山，
　　在縣西南一里，尉佗葬於此。南海在縣南水路百里，自州東八十里，有村號曰古
　　斗，自此出海，浩淼無際」；又頁5下：「海廟在縣東八十一里。」

419　〔北宋〕樂史（930-1007）：《太平寰宇記》（乾隆五十八年化龍池刊本）卷一百五
　　十七〈嶺南道　一〉，頁8上：「斗邨。裴氏《廣州記》：『廣州東百里有邨號曰古斗
　　邨，自此出海，溟沵無際。』」

420　〔清〕李福泰（1807-1871）修、史澄（1840年進士）等纂：《番禺縣志》（據同治十
　　年冬廣州月光霽堂刊刻本影印，臺北：成文出版社，民國五十六年十二月），卷三十
　　〈金石略三〉，元大德七年（1303）：〈重建波羅廟記〉，頁4上。

421　〔唐〕魏徵（580-643）等撰：《隋書》（臺北：藝文印書館據清乾隆武英殿刊本景
　　印，民國四十五年），卷七〈志第二〉〈禮儀二〉，頁17上下。

由此可知東晉時的古斗村，大概在隋文帝開皇十四年（西元594年）或以前由村升格為鎮。隋唐建鎮條件有三，一為人口，二為軍事要地，三為錢糧。南海鎮（扶胥鎮）必定在稅鈔上有其貢獻，故有條件設鎮。[422]古斗村設鎮，除了建基於此地人口多，經濟發達，處於交通要道，稅鈔上有其貢獻外，可以說是隋朝的統治者對南海神的敬畏和對廣州商港的高度重視，否則不會把土人所建的小廟升格為中央政府管轄的大廟——南海神廟。

〔唐〕韓愈（西元768-824年）〈南海神廟碑〉云：「海於天地間為物最巨，自三代聖王莫不祀事。考於傳記，而南海神次最貴，在北、東、西三神河伯之上，號為祝融……由是冊尊南海神為廣利王。」[423]

宋仁宗趙禎康定二年（1041）這一年，宋朝廷對四海神進行了一次集體加封，其中加以南海神洪聖封號。《康定二年中書門下牒》其牒曰：「勑南海洪聖廣利王（篆額）中書門下牒廣州南海廣利王，牒奉勑，四瀆淵流，歷代常祀，物均蒙於善利，禮未峻於徽稱，載考國章，式崇王爵，四瀆竝襃封為王，其四海，仍增崇懿號，宜封為洪聖廣利王……」[424]由此南海神封稱作洪聖，此廟今人稱作洪聖爺廟。此後，這座廟於農曆二月十三日是南海神菩薩誕，民間稱作洪聖王誕、洪聖爺誕或波羅誕，各地水上人都會駕舟前來朝拜，其他各地的南海神廟則稱作「洪聖廟」。因此，從屬中央的南海神成了珠三角民間信仰的南海神，成了珠三角漁民的主要信仰。香港仔鴨脷洲旁便有一座洪聖爺廟，每逢菩薩誕，石排灣的漁民便踴躍來朝拜求出海平安和網網千斤。

---

422 曾昭璇：《嶺南史地與民俗》（廣州：廣東人民出版社，1994年12月）頁235。

423 〔清〕李福泰修、史澄等纂：《番禺縣志》（據同治十年冬廣州月光霽堂刊刻本影印，臺北：成文出版社，民國五十六年十二月），卷二十八〈金石略一〉，韓愈：〈南海神廟碑〉，頁10上。

424 黃兆輝，張菽暉編撰：《南海神廟碑刻集》（廣州：廣東人民出版社，2014年5月），頁218。

廣州黃埔區廟頭村南海神廟

（來源：筆者攝於二〇〇一年十二月二十六日）

香港仔鴨脷洲洪聖爺廟

（來源：筆者攝於二〇〇二年三月
二十一日）

香港灣仔洪聖爺廟

（來源：筆者攝於二〇〇二年三月
二十一日）

香港新界滘西洲洪聖爺廟

（來源：筆者攝於二〇〇二年二月
十九日）

江門市新會大鰲鎮洪聖爺廟

（來源：筆者攝於二〇〇一年十二月
十五日）

廣州市黃埔區長洲島洪聖古廟

（來源：筆者攝於二〇〇二年十二月
十日）

深圳大涌洪聖爺廟

（來源：筆者攝於二〇〇二年四月三日）

香港仔鴨脷洲洪聖爺誕

（來源：筆者攝於二〇〇一年三月四日）

香港仔鴨脷洲洪聖爺誕。
廟公恭迎天后像入轎

（來源：筆者攝於二○○一年三月七日）

　　天后信仰方面。漁民本信洪聖爺，後來漁民也信了天后，跟清朝皇帝先後替默娘多番封后（仁慈天后、福祐群生天后、誠感咸明天后、顯神贊明天后、垂慈篤祜天后、安瀾利運天后、慈雲灑潤天后）有關。

表六　媽姐歷朝加封表[425]

順序	朝代	皇帝	年號	西元	封號	加封對像	原因
1	北宋	徽宗	宣和5	1123	順濟（廟號）	莆田寧海神女祠	護使
2	南宋	高宗	紹興26	1156	靈惠夫人	同上	無具體事蹟
3	南宋	高宗	紹興30	1160	昭應夫人	莆田江口張天師祠中的神女祠	擒寇
4	南宋	孝宗	乾道3	1167	崇福夫人	莆田白湖廟	治病
5	南宋	孝宗	淳熙12	1185	善利夫人	同上	捕盜
6	南宋	光宗	紹熙4	1193	靈惠妃	同上	治病解旱
7	南宋	寧宗	慶元4	1198	助順妃	同上	解旱捕盜

425 鄭彭年：〈媽祖歷朝加封的歷史背景〉，收入劉月蓮、黃曉峰編：《1995年澳門媽祖信俗歷史文化研討會論文集》（澳門海事博物館・澳門文化研究會，1998年）頁16。

順序	朝代	皇帝	年號	西元	封號	加封對像	原因
8	南宋	寧宗	嘉定1	1208	顯衛妃	同上	助戰
9	南宋	寧宗	嘉定10	1217	英烈妃	同上	捕盜
10	南宋	理宗	嘉熙3	1239	嘉應妃	杭州艮山廟	護塘
11	南宋	理宗	寶祐2	1254	協正妃	不明	解旱
12	南宋	理宗	寶祐3	1255	慈濟妃	同上	不明
13	南宋	理宗	寶祐4	1256	善慶妃	同上	同上
14	南宋	理宗	景定3	1262	顯濟妃	同上	擒寇
15	南宋	理宗	景定5	1264	善佑妃	莆田長壽靈應廟	同上
16	元	世祖	至元18	1288	護國明著天妃	上海媽祖廟	保護漕運
17	元	世祖	至元25	1295	廣祐明著天妃	不明	同上
18	元	成宗	大德3	1299	護國庇民明著天妃	泉州媽祖廟	同上
19	元	仁宗	延祐1	1314	廣濟明著天妃	不明	同上
20	元	明宗	天曆2	1329	福惠明著天妃	不明	保護漕運
21	元	順宗	至正14	1354	輔國護聖明著天妃	同上	同上
22	明	太祖	洪武5	1372	昭孝，純正，孚濟，感應聖妃	湄州媽祖廟	同上
23	明	成祖	永樂7	1409	普濟天妃	南京媽祖廟	同上
24	清	聖祖	康熙19	1680	普濟天妃（沿襲前朝）	湄州媽祖廟	助戰
25	清	聖祖	康熙23	1684	仁慈天后	同上	助戰等
26	清	高宗	乾隆2	1737	福祐群生天后	南臺媽祖廟	保護航海
27	清	高宗	乾隆22	1757	誠感咸明天后	琉球久米島廟	救使船
28	清	高宗	乾隆53	1788	顯神贊明天后	沿海各廟	保護軍運
29	清	仁宗	嘉慶5	1800	垂慈篤祐天后	福州媽祖廟	助風擊賊

順序	朝代	皇帝	年號	西元	封號	加封對像	原因
30	清	宣宗	道光6	1826	安瀾利運天后	上海媽祖廟	保護漕運
31	清	德宗	光緒13	1887	慈雲灑潤天后	臺灣嘉義廟	解除旱災

由於默娘的地位得到歷朝皇室的重視和策封，特別是在清朝七次策封天后，因此，洪聖爺地位漸漸為天后取代。今天漁民拜天后的數目比拜洪聖爺為多。[426]

天后成為漁民朝拜的對象，跟她由人成為神有關。她成神後，拯救了海上遇險的漁民有關。不同地區，不同天后廟宇派發給人的「善書」在細節上會有差距。今舉香港新界元朗十八鄉慶祝天后寶誕會景巡遊特刊所載。書刊稱天后是福建莆田的一名少女，其父親林願，是一名小地方官。由於天后在出生後不會哭泣，家人便為她取名「默」，人們也稱她為「林默娘」。她在十三歲的時候跟一名道士學法術。到十五歲時，她得一仙女授予銅符。之後，她便漸漸學會替人驅邪治病。在她十七歲時，一艘商船在暴風雨中沉沒，天后把墮海的船員救起。在她十九歲時，她從父親及兄長在海中遇險，天后在睡夢中救起她的父親，但她的兄長卻溺斃了。到她二十二歲，福建一帶發生旱災，天后成功為當地求雨。之後天后不時收服水中的妖怪，拯救海上遇險的漁民，使海面變得安全。到她二十八歲時，她升天而成為神。[427]但另一本邱漢添《天后（媽祖）經》的「善書」說她在海中救起是她的兄長。[428]但這些差別對香港的信眾來說似乎並不構成一個大問題，對很多信士來說，崇拜天后的原因並不在她的歷史，天后的靈

---

426 徐川：《石排灣的漁業》（2001年5月，未刊報告），頁41-42。筆者是徐川報告的指導老師。

427 元朗十八鄉編：《十八鄉慶祝天后寶誕乙亥年會景巡遊大會特刊》（香港，1995年）。

428 邱漢添：《天后（媽祖）經》（未交代出版日期及地點），頁11-12。

驗才是重視的因素。他們大都認為每個地方各自有天后，而每個天后
掌管著每個地方的超自然領域……在香港，人們都認為天后廟的建立
與海洋經商活動有很大關係。一般認為崇拜天后的主要是漁民，因為
漁民出海作業風險巨大而需要天后保護，促使他們在不同的港灣蓋建
天后廟。[429]

　　最後，珠三角的天后廟逐漸取代洪聖爺廟，原因如下。從歷史發
展來看，媽祖信仰還是逐漸占了上風，取代了洪聖王。如廣州西關第
十甫南海西廟，在元代還是御祭廟宇，在明代，不稱南海神廟或西
廟，而稱為「洪聖廟」。清中葉以後，乾脆改為「湄洲廟」（即天妃
廟」。尤其在沿海，天后廟在清代興建甚多，而洪聖廟則不多，只在
縣城中，間或有之。造成這種變化的原因顯然是洪聖王是朝廷御用的
神，而天妃是民間信仰。所以御用的南海神在很多方面都不易與天妃
競爭。比如天妃有一大幫船員、海商的信徒，隨著貿易而到各地宣
傳，建廟奉祀，福、潮商賈走遍天下，而南海神就沒有這種條件，故
神廟的分布只限於珠江三角洲一帶。再者，南海沿岸又多講閩南、潮
汕方言，故天后信仰自比南海神為普遍。[430]

429　廖迪生：《香港天后崇拜》（香港：〔香港〕三聯書店，2000年9月），頁27-30。
430　曾昭璇著：《天後的奇跡》（北京：中華書局，1991年），頁141-143。

香港新界將軍澳坑口田下灣村天后廟

（來源：筆者攝於二〇〇一年九月
二十九日）

香港柴灣天后古廟

（來源：筆者攝於二〇〇二年三月
二十日）

香港南丫島天后宮

（來源：筆者攝於二〇〇二年二月十五日）

深圳市龍崗區南澳鎮北漁村天后廟

（來源：筆者攝於二〇〇四年四月四日）

香港赤柱天后古廟

（來源：筆者攝於二〇〇二年三月十日）

香港九龍茶果嶺天后宮

（來源：筆者攝於二〇〇一年十二月
三日）

珠海市桂山鎮媽祖廟

（來源：筆者攝於二〇〇二年三月
二十一日）

香港新界塔門天后古廟

（來源：筆者攝於二〇〇二年二月
二十日）

香港新界吉澳天后宮

（來源：筆者攝於二〇〇二年十二月
一日）

香港新界佛堂門天后古廟（俗稱大
廟），始建於南宋咸淳二年（1266）

（來源：筆者攝於二〇〇一年九月
二十九日）

香港仔天后廟

（來源：筆者攝於二〇〇二年
三月十一日）

第八節　舟居和水欄

　　舺民是源自古代水居越族的後裔，他們的生活完全依賴於水。他們的居所和生產單位是他們的小艇，船艙被用作居住空間，而船尾則用來捕魚。由於他們的艇船是生活的核心，因此他們被認為是家庭的

象徵。家族的老少三代常常一起居住在艙中，船艙上面覆蓋著席篷，
一般是以竹篾夾闊大的蒲葵葉編織成的，船篷分為兩至四節，可以前
後推移，十分輕便。在捕魚時，篷可以疊放於後艙上；晚上，則可以
拉開覆蓋全船，遮蔽風雨霜露，讓居住舒適。舡民非常重視艇船的潔
淨，因為這是他們生活的空間。每天都會清洗多次，並且用桐油刷過
船板，保持它們的光潔。在船內，無論是主人還是客人，都會赤足行
走，這種風俗在他們的生活中扮演著重要的角色。

船艙上覆的席篷

（來源：廣東佛山三水黃塘漁村，筆者攝於二〇〇三年十二月二十七日）

筆者與學生正在艇上進行調研

（來源：廣東肇慶高要南岸江口社區，筆者攝於二〇〇二年七月二十二日）

廣東佛山三水黃塘漁村

（來源：筆者攝於二〇〇三年十二月二十七日）

　　明人田汝成《炎徼紀聞》卷四〈蠻夷〉：「蛋人瀕海而居，以舟為宅，或編篷水滸，謂之水欄。」[431]由此看見「以舟為宅」是舸民由來已久的居住形式。此外，也會在岸邊聚居，田汝成稱這些「水滸」作「水欄」，就是今天香港所稱的「水棚」或「棚屋」。這些古代的「水欄」上面和周邊都是「編篷」而成屋。方式是在水邊以杉木或坤甸木架在木樁成石樁上，然後再架起棚架，再以平滑木板作為地板。周邊可以用上木板，也可以用上水杉皮，東莞麻涌鎮漳五坊角尾東街那邊的水棚的周壁是用上水杉皮。木欄上邊基本用上水杉皮蓋成。臨水那邊，特別開了一個門，然後築起一把木梯，直接延伸到水裡，下邊便安放一艘作業的漁艇，漁艇就泊在梯旁，今天的香港大澳，新會會城鎮崗洲管理區還是如此。這些水欄（水棚、棚屋）是在涌邊數百座聚成一起，水欄與水欄之間有木板作為通道。以水欄作居室，有悠久的歷史，大概有二千多年。楊豪、楊耀林於〈廣東高要縣茅崗水上木構建築遺址〉結語稱：「茅崗遺址是嶺南首次發現的一處水上柵棚木構

---

431 王雲五主編；〔明〕田汝成（1503-1557）、〔明〕高拱（1513-1578）撰：《炎徼紀聞 綏廣紀事》（上海：商務印書館，民國25年6月），卷四，頁63。

遺址。作長方形，一端靠山，一端臨水，靠山崗一段略高，臨水一段
稍低，從而形成臺階式居住面。其略高一段用來住人，稍低一段用以
撈捕水中生物。遺址附近的內河，至今亦還保留有這種建築形式。棚
架的周壁和上蓋，都用樹皮板和茅草搭蓋（遺址內亦見保留有樹皮
板）。」[432]這木構建築跟今天珠三角的木構建築水棚一致。從楊豪論
文來看，還發現遺址有漁獵工具和貝殼堆積層。楊豪〈茅崗遺址遠古
居民族屬考〉稱：「茅崗遺址是一處水上棚居類型的遺址，其經濟結
構以漁獵為主。這種居住方式及經濟結構，在今天嶺南水上聚居的
『疍家』（『疍』音『但』通。古籍習慣稱作『蜑』）仍有保留。據陳
序經《蛋民的研究》中載：其柵棚『後面接近堤岸或磯圍，全部基礎
都用彬木插入河邊沙泥中，普通高出水漲得最高時一尺左右。故在水
漲時，從遠處看去，好像是浮在水面一樣』。茅崗遺址中的居住柵棚，
位置雖一依磯圍、堤岸，但卻瀕依湖泊沼澤；棚距水面的高度，因淤
泥逐年上積，已無從分辨，然浮於水面之特徵，卻無庸置疑。」[433]關
於肇慶高要縣茅崗的年代有多遠，中山大學人類學家張壽祺《蛋家
人》稱：「至於高要縣金利區茅崗這座古遺址的年代，意見極為分歧；
經碳十四分析，樹輪校正年代為四千幾百年前遺址。目前廣東考古工
作者對之仍有著兩種意見；『一種認為這是屬於新石器時代晚期遺址
無疑，另一種認為其年代上限當在戰國，下限則在秦漢。（戰國到秦
漢，在時間上，相當於離開現在二千二百多年到二千年之間。）」這
兩組對茅崗遺址的識別和判斷差距甚大。儘管目前仍未能取得一致意
見，惟這個遺址反映出水上干欄（水欄）的建築已有二千多年的歷史，
則是無疑。我們可以說：今天嶺南水上居民殘存的「水欄」住所，其

---

432 楊豪、楊耀林：〈廣東高要縣茅崗水上木構建築遺址〉，《文物》第十二期（1983年
12月），頁41。

433 楊豪：〈茅崗遺址遠古居民族屬考〉，《文物》第十二期（1983年12月），頁47。

形式早在幾千年前已形成；從幾千年遠古時代傳承到現在。」[434]由此遺址而看，這遺址是古舺民民族的先祖的居所。

今天珠三角部分舺民仍居住在水棚中。這些水棚是在沿海築造的，靠近堤岸，底部使用水杉或木杉，以樁子固定在水底沙泥中。在建造水棚時，考慮到水位變化，會建造高於漲潮高度的結構。水棚內搭建木棚架，內部地板和牆壁則使用平滑的木板，而上方的覆蓋則由水杉皮構成。在水棚旁邊設有小梯子，方便從漁船上登上水棚。進入水棚後，可以看到大廳，大廳通常會放置神位，而神位後面的房間則稱為「神後房」。水棚與船艙一樣，分為大邊和細邊，廁所位於右邊，稱為細邊；廚房位於左邊，稱為大邊。這種水棚在珠三角仍有保留，也被稱為「水欄」或「水寮」。建造方法與上述相同。現今香港的大澳、新會和東莞等地仍有保留。在漲潮時，水棚看起來像是浮在水面上的小鄉村，而在退潮時，水棚的底部會露出水面。大澳早期的水棚通常位於一涌、二涌和三涌等地。

東莞市虎門新灣和佛山市三水區政府幫助舺民會把舊漁艇搬上沙灘或岸上，讓他們搬進小社區，但一些老漁民堅持居住在沿岸的船屋。在東莞虎門新灣和三水地區，仍可見到這樣的船屋。這些船屋都是老年人的住所，他們不喜歡搬到樓房上。由於船屋通常位於社區漁民新村旁邊，做兒子的會搬到新居，並將自來水駁到船屋下方，老年人也可以用上自來水。僅虎門新灣就有三十多戶船屋。

---

434 張壽祺：《蛋家人》（香港：〔香港〕中華書局，1991年11月），頁134-135。

香港新界大澳棚屋

香港新界大澳棚屋

（來源：筆者攝於二〇〇一年三月十日）

（來源：筆者攝於二〇〇一年十一月十八日）

香港新界大澳棚屋

佛山三水西南

（來源：筆者攝於二〇〇二年二月二日）

（來源：筆者攝於二〇〇三年十二月二十六日）

廣東江門市新會會城鎮崗洲管理區棚屋

（來源：筆者攝於二〇〇一年十二月二十四日）

廣東東莞市麻涌鎮漳五坊角尾東街棚屋

（來源：筆者攝於二〇〇二年七月二十日）

廣州南沙橫瀝鎮馮馬二村漁村棚屋

（來源：吳水田提供，攝於二〇一〇年二月二日。吳水田先生是廣州大學管理學院
　　　副教授）

東莞虎門船屋。帶領筆者到此一睹船屋者是虎門有線電視臺副臺長

（來源：筆者攝於二〇〇二年七月二十一日）

東莞虎門船屋

（來源：筆者攝於二〇〇二年七月
二十一日）

廣東佛山市三水蘆苞鎮內河江灣船屋

（來源：筆者攝於二〇〇二年七月
十七日）

三水蘆苞鎮漁民新村內河江灣船屋

（來源：筆者攝於二〇〇二年七月
十七日）

香港新界大澳船屋

（來源：筆者攝於二〇〇一年十一月
十一日）

第九節　四行命名的民俗

五行命名，反映了中國傳統的陰陽五行觀念，命名的折射，首先
是民間對語言的信仰。

關於漁民的名字，是有其特色。漁民命名文化，文獻方面，部分

專節提及過的有徐川《石排灣的漁業》[435]，另一篇是筆者的《珠三角水上族群的語言承傳和文化變遷》[436]、《中山沙田族群的方音承傳及其民俗變遷》[437]和《廣州黃埔區方音與漁農諺和鹹水歌口承民俗的變遷》[438]，以專題論文探討則有兩篇，一篇是香港理工大學萬小紅《從香港漁民姓名的特色看漁民文化》[439]；另一篇是陳贊康、何錦培、陳曉彬《香港四行人命名文化》[440]。所謂四行，是指珠三角沿海的白話水上人，其命名只採用金、木、水、火四行，因此有陸上人稱漁民為四行仔。[441] 海洋捕撈的漁民不用「土」字，跟廣州一帶的內河水上人金、木、水、火、土五行並用不同明顯有區別。黃埔區九沙漁民陳金成和江瀝海漁民彭炳坤、盧九也說他們那邊就有漁民用上「土」字來命名。韶關北江區北江水道上的漁民命名不用五行，只用甲、乙、丙、戊、己等。[442]如駱甲有、封甲順、駱乙貴、駱丙祥。珠三角和韶關，駱姓是水上人，可參看《廣東疍民社會調查》[443]。

---

435 徐川：《石排灣的漁業》（2001年5月，未刊報告），筆者是徐川報告的指導老師。

436 馮國強：《珠三角水上族群的語言承傳和文化變遷》（臺北：萬卷樓圖書公司，2015年12月），頁271-276。

437 馮國強、何惠玲：《中山市沙田族群的方音承傳及其民俗變遷》（臺北：萬卷樓圖書公司，2018年8月），頁285-287。

438 馮國強：《廣州黃埔區方音與漁農諺和鹹水歌口承民俗的變遷》（臺北：萬卷樓圖書公司，2021年8月），頁243-248。

439 萬小紅：《從香港漁民姓名的特色看漁民文化》（香港理工大學中文及雙語學系碩士論文，1996年）。

440 陳贊康、何錦培、陳曉彬：《香港四行人命名文化》（2002年5月，未刊報告）。筆者是陳贊康等報告的指導老師。

441 廣東省民族研究所編：《廣東疍民社會調查》（廣州：中山大學出版社，2001年8月），頁82。

442 韶關水上人不用五行命名，卻是用天干而命名。

443 廣東省民族研究所編：《廣東疍民社會調查》（廣州：中山大學出版社，2001年8月），頁127-128。

萬小紅的論文資料是來自來
自海魚養殖場（吉澳、塔門、馬
灣）及已上岸漁民聚居處（大埔
大元村），統計時，以三十一至七
十歲作為研究對象，但不區分白
話漁民和鶴佬漁民的命名文化，
這樣子混成一體，不加區別，是
不好的。筆者學生寫的《香港四
行人命名文化》，是採用《香港碑
銘彙編》[444]、何格恩的〈番禺縣
第三區南蒲村調查報告〉[445]、香
港漁民互助社《香港漁民互助社
五十周年會慶特刊》[446]、深圳市
龍崗區南漁村漁民名單、珠海市
桂山鎮漁村桂山小學二〇〇一至
二〇〇二學年度小學在校學生名
冊、中山市南朗鎮橫門社區漁村
村民名單、中山市黃圃漁村村民
名單、中山市小欖漁村漁村民名

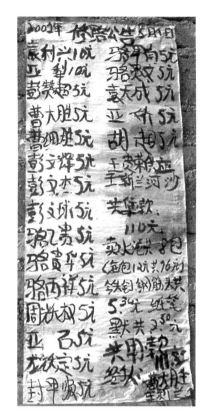

韶關北江區湞江邊小漁村一則公告

（來源：筆者攝於二〇〇二年十二月
二十六日）

單等進行漁民命名拿來研究。至於《中山市沙田族群的方音承傳及其
民俗變遷》水上人命名資料 ，除了運用了中山市南朗鎮橫門社區漁

---

444 科大衛、陸鴻基、吳倫霓霞合編：《香港碑銘彙編》（香港：香港博物館編製、香
　　港市政局出版，1986年3月），第三冊。

445 何格恩：〈番禺縣第三區南蒲村調查報告〉，《蜑民調查報告》（香港：東亞研究所廣
　　東事務，1944年）。

446 香港漁民互助社編：《香港漁民互助社五十周年會慶特刊》（香港：香港漁民互助
　　社，1997年）。

村村民名單、中山市黃圃漁村村民名單、中山市小欖漁村漁村民名
單，還有部分是來自鎮書記安排漁民座談會時，記錄下其特點名字拿
來分析。

　　在中國文化中，五行指金、木，水、火、土五種物質。中國古代
的先哲提出了「五行相生相剋」的原理，「相生」意味著相互保進。
如「木生火、火生土、土生金、金生水、水生木」等。「相剋」意味
著互相排斥，如「水剋火、火剋金、金剋木、木剋土、土剋水」。

　　所謂金，是指物質的堅固性，凡是堅硬，凝固的事物都有金的屬
性；木則代表事物的生長力，事物像草木一樣具有強力的生命功能，
被稱作具有木的屬性；水，指的是物質的流動性；火，指熱能；土，
指承載萬物於其上生息變化，而自身也參與生息變化的土地。[447]

　　如魯迅小說《故鄉》中的人物「閏土」一名的得來，就是用五行
學說所取的。用五行學說來命名，說明這一古老的理論模式中的智
慧，已與人名發生聯繫。隨著五行學說理論日益完善及推廣，很早人
們就開始用五行學說來命名，以此來尋求一種命名的理論依據。最初
人們發現運用五行學說的相生來代表父子之間的關係，更顯得有序和
符合道理。於是，唐朝有人命名就採用了了五行相生的順序，取有
金、木、水、火、土偏旁的字為名，按家人長幼順序代代相承。

　　從唐宋起，民俗已經用五行命名。明清沿襲唐宋舊俗，仍以五行
取名字。唐宋時，以金、木、水、火、土五行命名成了當時的一種時
尚。唐朝人畢構，他名字是木字旁，他的兒子名叫畢炕，用的是火字
旁，他的孫子叫畢增，用的是土字旁。自畢構以下每代均用五行中
金、木、水、火、土的偏旁輪流為名，隱含著生生不息、子孫綿延的
意思。人們若把祖孫整代的名字排列在一起，能夠一眼就分辨出他們

---

447 周震麟、金瑾著：《禦窯金磚》（南京：江蘇鳳凰教育出版社，2016年9月），頁9。

之間的世系次第關係。這裡足見以五行序輩在唐朝已出現，是當時的時尚。又如南宋朱熹（火），父名松（木），兒名（土），孫名鉅、鈞、鑒、鐸（金），曾孫名淵、泠、潛、濟、浚（水），剛好是五行一個循環。這是五行思想的一個明顯的實踐。這一種命名，以道學家為多。

古人在命名上，對五行順序相對重視。自身或子輩的稟賦如何，並試圖運用際陽五行學說來加以調節，通過命名來達到一種彌補，彌補自身或子孫身上的五行不足。運用五行學說來考慮人的稟賦，並且根據人的稟賦五行的情況來命名，正是借助於中國理學家們的理論發展而成的以生辰八字命名的方式。在命名中，採用五行中的金、木、水、火、土而加在名字中，借以補救「生辰八字」[448]的欠缺，是許多父母給子女命名的常見現象。

從下頁圖表五到圖表十，無論是前綴或後綴，香港水上人和珠三角海洋捕撈漁民最常使用「金」字來命名，如金喜、金勝、金貫、金福、金富、金興，其次高頻的五行字為水和火。[449]使用「金」字來命名，是父母對子女內心的期望，希望他們能出人頭地，並為新生命求取吉祥，也代表著發家致富的願望。「木」是屬於「五行」之一，「木」能尅「水」，以「木」為名字，也是一種取其在水中能浮起，能順應「水性」克服「水害」之意思。[450]漁民常常和水打交道，依靠水中的資源維生，因此他們也會以「水」等字來命名。總的來說，四行命名已成為這一地區海舡命名的特徵。

---

448 姬明春主編：《開運姓名學》（北京：中國物資出版社，2007年10月），頁40：「所謂「生辰八字」是指一個人出生的年、月、日、時，這種天干地支配合的標記，每項用兩字，共有年、月、日、時四項，共用八字。如甲子年；戊戌月、丙辰日、壬子時，就稱為八字。」

449 馮國強：《珠三角水上族群的語言承傳和文化變遷》（臺北：萬卷樓圖書公司，2015年12月），頁275。

450 陳贊康、何錦培、陳曉彬：《香港四行人命名文化》（2002年5月，未刊報告），頁22。

　　《香港四行人命名文化》提到香港的水上族群不喜歡以「土」字命名，原因是因為「水沖土」，相信這會對他們的工作造成不利影響。另外，香港的舸族群屬於海上漁民，因此在逝世時只會葬於土地上，而非海上，這也是他們不用「土」字命名的原因之一。然而，珠三角地區主要是內河地帶，江水靠近岸邊，所以當地人較不介意使用「土」字作為命名的一部分。在筆者進行廣州黃埔南崗鎮西基、大沙鎮九沙村、長洲鎮江瀝海的方言調查時，當地人提到有以「吳土坤」、「彭土海」等字命名的人存在。這再次印證了海洋和內河命名方式的最大區別。

　　在香港，水上人命名時也常使用「火」或「伙」字。當受訪者被問及此種命名方式是否有更深層的意義時，他們卻難以明確地回答。另外，我們也注意到一位名叫黃火金的朋友，其名字所蘊含的意義是「火剋金」，但她本人卻不理解其中的深意。

　　關於五行命名有三種方法。第一種是在命名中直接使用所缺乏的五行元素，並試圖表達某個元素的發達和繁榮的意思，比如缺乏木元素的可以取名為「森」或「木森」，缺乏土元素的可以命名為「閏土」，缺乏金和水的可以命名為「金水」。第二種方法是選擇具有金、木、水、火、土偏旁的漢字作為名字，比如「鐘」、「銳」等。第三種方法是將天干、地支與五行相配合，比如如甲順、乙貴、丙祥。等。在珠三角一帶，水上人的命名方式通常是採用第一種方法，直接使用金、木、水、火、土，而不是採用偏旁部首，這是水上人與陸上人在命名方面的最大差異。而在韶關一帶，水上人則使用第三種方法進行命名。

　　用五行命名，其實是一種曲折表達了人們祈求代代興旺的願望。

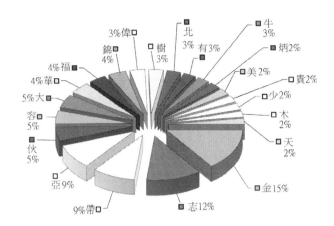

統計人數：372人

人名來源：《香港漁互助社五十周年會慶特刊》（1996年）

圖表五　香港水上人前綴高頻率取名傾向

（數據來源：陳贊康、何錦培、陳曉彬：《香港四行人命名文化》〔2002年，未刊報
　　告〕，頁23。）

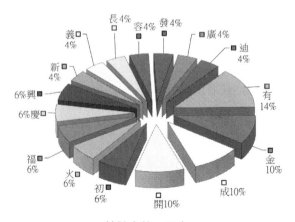

統計人數：51人

資料來源：《香港碑銘彙編第三冊》，頁601-602

圖表六　東龍島洪聖廟碑文人名前綴高頻率取名傾向

（數據來源：陳贊康、何錦培、陳曉彬：《香港四行人命名文化》〔2002年，未刊報
　　告〕，頁24。）

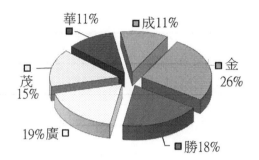

統計人數：24人

資料來源：《香港碑銘彙編第三冊》，頁708

圖表七　蒲臺島天后古廟鐘文人名前綴高頻率取命傾向

（數據來源：陳贊康、何錦培、陳曉彬：《香港四行人命名文化》〔2002年，未刊報
　　　告〕，頁25。）

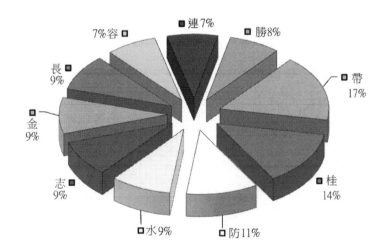

統計人數：66人

資料來源：南漁村全村人數

圖表八　深圳南漁村村民人名前綴高頻率取名傾向

（數據來源：陳贊康、何錦培、陳曉彬：《香港四行人命名文化》〔2002年5月，未
　　　刊報告〕，頁26。）

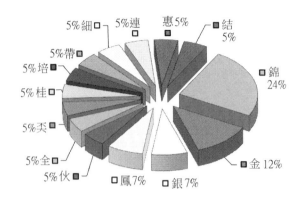

統計人計：41人

資料來源：小欖村全村人數

圖表九　中山南朗鎮小欖村村民前綴高頻率取名傾向統計圖

（數據來源：陳贊康、何錦培、陳曉彬：《香港四行人命名文化》〔2002年5月，未
　　刊報告〕，頁27。）

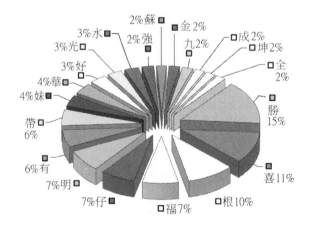

統計人數：414人

人名來源：《香港漁互助社五十周年會慶特刊》

圖表十　香港水上人後綴高頻命名傾向圖

（數據來源：陳贊康、何錦培、陳曉彬：《香港四行人命名文化》〔2002年5月，未
　　刊報告〕，頁29。）

第三章
漁文化的變遷

第一節　婚俗的變遷

　　習俗是隨著歷史進程而形成的社會生活規範，既有穩定性，也隨著社會經濟和文化的發展而演變。因此，婚禮習俗在不斷變革中繼承和創新。解放前，傳統婚禮習俗相對穩定，多以維持傳承為主。解放後，隨著城鎮化進程，水鄉地區也漸漸改用汽車接新娘。改革開放後，特別是八〇年代以來，商品經濟發展迅速，水鄉也逐漸轉變成城鎮區，大多數人改用汽車接新娘，只有少數地區（如中山市坦洲）仍保留傳統方式。婚姻習俗最大的變革是「明婚」取代了「盲婚」，男女自主選擇對象，父母則提供意見和支持。當雙方到法定年齡時，向當地人民政府辦理婚姻登記，領取結婚證書，然後選擇婚禮日期。婚禮儀式不斷創新，從七〇年代用漁艇、花轎接新娘，到九〇年代改用摩托車隊，再到地區公路完善後使用汽車隊，路上燃放鞭炮。許多城鄉青年放棄傳統繁瑣的婚禮禮儀，改以茶會、集體婚禮或旅行結婚方式舉行。由於漁民轉型，過去的舊禮儀如歐角、掛新字、脫殼、開面、嘆唱、打轟轟、回腳步、凌晨禮艇接新娘、歌堂吃喜酒、渡水飯、對嘆、送娘歌和哭嫁歌都已經被丟棄。這一切是為了學習和投入先進文化，甚至有意排除疍族族群文化。

第二節　歌謠的沒落

在珠三角裡，鹹水歌保留得較好是中山市，該市的鹹水歌歌唱活動由於融入到民眾的日常生活，具有歷史的延續性。但廣州市黃埔區、廣州老四區鹹水歌的消亡。張壽祺教授稱他於一九八五年，在廣州市濱江路向一些陸居的原日水上居民家庭調查這類歌詞，已不可得。[1]「主要是受到市場經濟、都市化和人口流動等現代社會的基本動向導致傳統社區逐漸解體，並促使當地城社會發生了巨大變遷，從而使以社區和地域社會為依托的文化傳承機制難以維繫。」[2]大量中青年人外流求職打工，導致傳統的社區鹹水歌無法正常進行。隨著城市化的加速，傳統的生活方式也在迅速發生變化，現代的聲光電娛樂逐漸取代了傳統的娛樂方式。以廣州市黃埔區為例，該地鹹水歌的傳承者要麼無法傳承，要麼不再願意傳承，導致其文化傳承面臨危機。同時，當黃埔區的水上話在陳金成、陳富一代之後便逐漸失傳，包括大沙鎮九沙、南崗鎮南灣西基、長洲鎮江瀝海、安來市、洪福市等漁村，其水鄉話的韻母極為接近廣州話，或因強勢推廣普通話教育政策，新一代甚至不再說廣州話而直接說普通話。這代表著地域文化特色的水鄉方言將成為歷史和絕唱，年輕一代已淡忘了他們水鄉話的語言體系。可以說，隨著這些「瀕危語言」的消失，依附於這些「瀕危語言」的民間鹹水歌也必將跟隨其「母體」的消失而相應消失。

1　張壽祺：《蛋家人》（香港：〔香港〕中華書局公司，1991年11月），頁177。
　現在廣州市海珠區的鹹水歌，是謝隸英努力地去修復。在她之前，筆者於一九八二年走訪過廣州老四區，當地人稱已沒有人懂得唱和對嘆。現在可以出現，是鄭女士把中山鹹水歌再帶進廣州市區，讓當地部分疍家人對疍家文化愛好者重新學習唱鹹水歌。

2　周星：〈從「傳承」的角度理解文化遺產〉，收入周星主編：《民俗學的歷史、理論與方法》（北京：商務印書館，2006年3月），上冊，頁139。

　　水上話的語言瀕危現象，基本在廣州老四區的荔灣區、海珠區、東山區、越秀區也曾發生。當漁村消失、變成高樓大廈時，鹹水歌傳承母體也隨之消失，造成行業語、詞彙和整個水上話音系的弱化和消失。另外，由於水上話是粵海片，其韻母系統與廣州話系統非常相近，因此水上話的改變更容易，這已經在珠三角老年人身上出現。現在，廣州老四區已經很難找到會唱鹹水歌和對嘆的傳承者，也因為當地已經失去會聽鹹水歌和對嘆的傳承者。黃埔區的情況更為嚴重，不僅缺乏「嘆類」的對嘆承傳者，也沒有會唱「唱類」鹹水歌的傳承者。這種瀕危現象不僅令人擔憂，更需要重視文化傳承和保護的問題。

第三節　漁諺的消逝

　　「口承」和「書承」是傳承文化遺產的兩種不同方式。「口承」是指人們通過口頭傳遞的方式將文化傳承下去，如漁諺、鹹水歌等，這些傳統知識和技能往往是通過口耳相傳的，而且在傳遞的過程中會隨著時間、地域和族群而有所變化，因此具有多樣性和流動性。「書承」則是指通過書面文字的方式進行傳承，如《南海漁諺拾零》、《兩廣海南海洋捕撈漁諺輯注與其語言特色和語彙變遷》[3]都是書承的作品，這種方式可以將文化遺產保存下來，使之得以延續和傳承，並且可以進行比較和研究，有利於更好地理解和傳承文化。在民俗學和文化人類學的研究中，對於文化遺產的傳承方式進行區分和分析，有助於深入了解傳統文化的特點和價值，以及如何保護和傳承這些文化遺產。尤其是在現代社會中，由於全球化和現代化的影響，很多傳統文

3　張憲昌、梁玉磷、馬振坤編：《南海漁諺拾零》（北京：海洋出版社，1988年4月）。
　　馮國強：《兩廣海南海洋捕撈漁諺輯注與其語言特色和語彙變遷》（臺北：萬卷樓圖書公司，2020年12月）。

化遺產面臨著失傳的危機，因此，對於傳承方式的研究和保護變得尤為重要。

　　《南海漁諺拾零》所記錄的是古老的木帆船年代的漁諺，而現在進入了機帆漁船的時代，漁民可以借助專業團體提供的最新捕撈技巧，以及先進的科技設備來進行捕撈。現代的機動船都安裝了各種先進的設備，如遙感器、魚群探測器、淺海聲傳播器、深海聲傳播器、聲學魚探儀、定位儀、漁用雷達9、衛星導航儀、遠程兩話機等，漁民不再需要依賴古老的漁諺來進行捕撈。這些新技術和設備讓捕撈更加精確和高效，並且減少了對傳統漁諺的依賴。因此，現代沿海捕撈和近岸海捕撈已不再需要古舊的漁諺。[4]黃埔區九沙漁村只有幾個漁民方有較大漁船可以離開珠江水道，到珠江口附近捕撈，而黃埔的長洲鎮江瀝海、安來市、洪福市等小漁村，全是古舊丈八長小漁艇，都是在珠江河道上打魚，或在河涌打魚。至於順德陳村方面，也是昔日丈八長的古舊河涌漁艇，以上內河捕撈的漁民是不用通過漁諺去打魚，珠江口數十條的漁諺將會消亡。劉冬雲《廣福鄉粹》編後記也提及上海市廣福村出現鄉音與習俗農諺等傳統文化日漸式微，[5]這裡雖言農諺與方音問題，也可以用於漁諺的探討，所以方音與漁諺的日漸式微是全國問題，已不是珠三角漁家沿海捕撈的獨個兒問題。

4　「一看羅經二看鐘，三看泥沙水混清」（這一條漁諺除了見於汕頭地區，也見於陽江閘坡。羅經是漁船上最主要的航海儀器。船舶在茫茫大海上航行，海員就要端靠磁羅經（磁羅經又稱磁羅盤，是一種測定方向基準的儀器，用於確定航向和觀測物標方位）和鐘錶來辨識方向和看時間。時至今日，即使最先進的電子航儀也無法取代磁羅經。此諺語是說捕撈前要分析水深，底質的特點，以確定船位，然後方結合當時的風向和流水情況，找尋最適宜作業的漁場位置）。
　　「白天看日頭，夜間看星斗；陰天無得睇，關鍵睇流水」（指落網打魚，白天時便要看日頭，夜間時便看星宿，在陰天時看不見太陽或星斗，漁民便要在落網前觀察流水的水流的方向、流速）。
5　劉冬雲主編：《廣福鄉粹》（上海：文匯出版社，2018年12月），頁480。

駕駛艙▲ ▶

來源：筆者攝於二〇〇四年
三月二十二日

第四節　行業語的消失

　　珠三角地區的快速經濟發展和人們對美食的追求，尤其是海鮮食品的需求，促進了漁業的蓬勃發展。許多漁民紛紛將小艇和木帆漁船轉換為大型機動漁船，裝備了魚群探測器、方向儀、雷達、無線對講機和衛星導航器等現代化設備，使生產方式發生了巨大變革，新技術得以應用。當地海事單位的導師們向漁民教授了如何操作這些機動漁船，他們使用本地語言或普通話與漁民交流，並使用科技術語來進行指導。在這種交流和接觸中，最初漁民可能會同時使用新舊詞彙，但最終漸漸放棄了傳統的行業語言，採用科學表達方式代替舊有的落後表達方式。

　　如他們過去稱「東、南、西、北」，分別是說「上、開、落、

埋」，現在這種說法基本以東、南、西、北取代，這是語言接觸後的改變，也是心理上的因素而出現的改變。「上、開、落、埋」隨著時間的推移，許多舡族的行業語和方向詞逐漸消失，只存在於一些老人的深層記憶中，甚至有些已經被遺忘了。同時，新的語言辭彙和表達形式不斷湧現，讓舡族族群感到自我進步的標誌，並成為一種具有導向力量的社會言語。這種語言的擴展、延伸、滲透甚至影響了該族群其他部分的行業語。因此，舊式的行業語不可避免地消失了。

隨著舡族族群進入工廠工作，他們的生活環境發生了巨大的轉變。不再接觸海洋、進行海排和捕魚活動，也不再感受海洋風浪，轉而專注於機器操作，不再需要觀察天象。這些變化帶來了影響，所有與漁業相關的行業語言和諺語，漸漸淡出了他們的生活，工廠中也沒有了這些詞語的使用，與捕魚相關的詞彙很快便被遺忘。因此，舡族族群的詞彙庫變得越來越貧乏。

在調查舡族族群的方言和行業語言時，筆者會發現他們已經遺忘了部分詞彙，或者需要透過回憶和相互啟發的討論才能夠記起來。這些語言正在進行自然消亡的過程，這也代表著一種文化的消失。實際上，語言與文化是相互關聯的，語言的消失也意味著文化的消失。因此，語言所面臨的危機並不僅限於語言本身，而是涉及到整個文化的存亡。

在珠三角地區，舡族族群逐漸失去使用過去時的行業詞彙，這種現象與陸地居民對他們的歧視逐漸減少有關。隨著歧視減少，舡族族群現在有機會上岸和進入陸地學校接受教育，並且引入新的詞彙到他們的語言中。這種情況通常稱為借詞。然而，如果本族語已經有了這些詞彙但沒有使用，卻還要去借用其他語言的詞彙，用借詞來代替本族語詞，這是語言功能衰退的一種表現。大量借詞進入本族語，一方面可以推進舡族語和本地語之間的相似度，另一方面也會對本族語的

語音、辭彙和語法系統產生深遠的影響。最終，這種現象會對舡族的
文化和語言產生影響。

第五節　舟居水欄的消亡

在新中國成立後，政府積極推動舡民上岸定居，並提供資助和組
織協助。以廣州為例，政府專門為舡民建設了漁民新村，並陸續將他
們遷往不同的區域，如廣州市荔灣區漁民新村再建設，把漁民新村的
舡民集體遷到白雲區陽光花園；廣州大橋腳下的舡民安置到天河珠江
新城譽城苑；在廣州二沙涌、科甲涌的漁艇，部分安置在獵德東方漁
村和黃埔九沙圍。在中山坦洲，舡民則自建樓房，形成了沙田臨水聚
落。深圳福田的舡民被安置於南漁村，羅湖區的舡民則安置於羅湖漁
民村。此外，福田口岸對出的舡民也建有漁民新村（也稱金地名
津）。最後，佛山順德區陳村勒竹吉洲沙舡民也從江邊的瓦房搬遷到
新建的漁民新村。政府的積極幫助使得舡民能夠有更好的生活環境和
更穩定的住所。

香港方面，石排灣的舡民主要被安置在漁光村，部分被分配到華
富村和鴨脷洲利東村。九龍灣的一些漁民則被安置在牛頭角，而西貢
地區的舡民則被安置在漁民新村、伯多祿村、官門漁村和萬宜漁村。
曾經存在的沙頭角水欄在一九八八至一九八九年時，將二千二百名舡
民安置到沙頭角村落。大埔三門仔舡民被安置在漁民新村，而三門仔
之外的舡民被分配到大元邨和太和邨。在柴灣地區，舡民被安置在興
華邨，而在屯門地區，他們被安置在三聖邨。青衣島的舡民則被安置
在青衣邨。

舟居的舡民搬上陸上的漁民新村，而居於水欄的漁民，因樹林萎
縮，坤甸木也日漸見少，作為水欄的支撐吊腳因木材萎縮而見少，所

以水欄已近乎絕跡。水欄是「干欄」[6]的延續，「干欄」是古百越的建築特色，但現在這種水欄建築能夠整條漁村完整保留越來越少，暫時保留得較好是香港新界的大澳。此外，還有江門市新會會城鎮崗洲管理區還有保留，但是規模不及大澳。吳水田稱：「目前廣州新洲、南沙橫到瀝等地仍然有水欄存在，但一些已經沒有疍民居住，基本成為放雜物的場所。」[7]似乎水欄文化也逐漸面臨無法繼承的危機，其建築技術和文化將面臨失傳瀕危的現象。水欄不僅擁有著悠久的歷史和獨特的地位，同時也是舡族人繁衍後代、延續舡族歷史的重要基石。然而，隨著時間的推移，許多年輕人逐漸失去族群認同感，不再希望居住在陳舊的木屋中，認為住在木質結構的水欄已經過時落後，而更喜歡住在現代化的大樓中。隨著歷史的變遷，海洋文化的傳承逐漸斷裂，昔日的舟居、水欄和船屋的海洋民俗傳統也發生了變化，讓人難以再見到昔日的小艇和水欄。漁文化的延續性已面臨危機，因此保護和搶救海洋文化已迫在眉睫。

第六節　四行命名的亡逝

在珠三角地區，水上人的五行命名傳統仍存，但這種特色命名已經漸漸消失。現今的水上人，尤其是年輕一代，已經不再使用這種特殊命名方式，而是採用陸上人的命名方法。這是因為五行命名容易暴露他們是舡族族群的身分，可能會受到歧視，因此他們學習使用陸上

6　居「干欄」之俗，古代主要廣泛分布於長江以南地區的百越族中，據陳國強、蔣炳釗、吳綿吉、辛土成：《百越民族史》（北京：中國社會科學出版社，1988年5月），頁43-44一書考證，越人的「干欄」建築，「早在六七千年前的原始社會時期，他們的先祖就已經普遍地採用了。」

7　吳水田：《話說疍民文化》（廣州：廣東經濟出版社，2013年7月），頁109。

人的命名方式，讓自己的小孩不會受到歧視，進而讓族群邊界變得模糊。此外，隨著教育水平的提高和上岸工作的增加，他們更了解如何保護自己和自己的孩子，不再重視傳統文化中的特色命名方式。現今的水上人年輕一代已經無法透過名字看出自己的族群身分。儘管五行命名逐漸消失，水上人並不感到可惜，他們反而認為使用陸上人的命名方式是一種先進的文化，並且仰慕這種命名方式。

第七節　行船歌的沒落

香港的〈海道針經〉、〈更路簿〉就是〈東路程〉和〈大星與小星〉。到現在，由於沒有太多歷史學家、民俗學家和音樂家[8]注意和收集整理香港的更路簿，香港的更路簿就會逐漸失傳，主要原因是捕撈生產手段的改變，香港漁民在海上作業已經由木帆漁船轉成機動漁船，船上並裝置了衛星定位導航系統、魚群探測器、雷達、方向儀、無線電話機，古老的行船歌便一早退出了歷史舞臺。

第八節　瀕危方言與瀕危漁俗

一　語言轉用急速

齊武帝的時候，他有一個大官叫胡諧之，江西南昌人，一口南昌話。齊武帝很想改變一下胡諧之及其全家的口音，讓他們都學會南京

8　音樂家方面，葉賜光：《香港西貢及其鄰近地區歌謠研究》（香港：香港中文大學音樂系碩士畢業論文，1989年6月）有作出交代〈東路程〉和〈大星與小星〉。葉賜光：《香港西貢及其鄰近地區歌謠》（香港：香港中文大學音樂系中國音樂資料館，2012年）。此書附有四張光碟。當中有歌唱者唱出〈大星與小星〉和〈東路程〉。

話。因為自三國時的吳，到東晉、宋、齊，以至後來的梁、陳，都城全在南京（當時稱建業、建康），南京話在當時是通行的官話。齊武帝在宮廷裡選派了四、五個說南京話說得標準的人到胡家去，教胡家的人講官話。過了兩年，齊武帝想起了這件事，就問胡諧之是否家裡的人都學會官話，胡諧之回答表示派來的宮人少，我家的人口多，結果那幾個宮人都是滿口南昌話。[9]這段歷史，充分說明往往是多數人把少數人同化了的。石排灣舡家人是弱勢語言，給說粵語的人大量包圍，所以除了上年紀的人未能改變其口音，但其子孫等已可以操得一口正宗粵語，道理都是一樣的。

許多方言族群從單語過渡到雙語，經歷了上百年才能完成這一轉化，然而在對石排灣舡家人的語言轉用情況的調查中，發現石排灣舡家人的語言轉用並不是緩慢的，而是急促型的。在石排灣舡家族群僅僅經歷兩代入就發生根本變化。[10]

語言轉用急速，跟權力的不平等異常導致石排灣舡家人的弱勢語言群體較之強勢群體許許多多方面出現處於一種社會劣勢有密切關係（香港別的漁村也是）。與強勢語言群體相比，石排灣舡家人的弱勢語言群體在香港的政治權力上較弱，霍英東算是一个很例外的人。[11]

9　〔唐〕李延壽（七世紀）撰；楊家駱主編：《南史》（臺北：鼎文書局，1998年11月）（元大德本）卷四十七〈列傳第三十七〉〈胡諧之〉，頁1176：「胡諧之，豫章南昌人也……建元二年，為給事中、驍騎將軍。上方欲獎以貴族盛姻，以諧之家人語僕音不正，乃遣宮內四五人往諧之家教子女語。二年後，帝問曰：『卿家人語音已正未？』諧之答曰：『宮人少，臣家人多，非唯不能得正音，遂使宮人頓成僕語。』帝大笑，徧向朝臣說之。」

10　約二十多年前，筆者曾在石排灣工作過十六年，每一個班級基本有三分之一是水上子弟，他們只會說廣州話，基本聽不明舡家話。十六年裡，筆者常有空在這全港最大的漁港裡進行深入調查。

11　馮國強：《珠三角水上族群的語言承傳和文化變遷》（臺北：萬卷樓圖書公司，2015年12月），頁10-11提及二○一四年七月一日前往廣東佛山三水調查：中國國家領導人霍英東先生稱他是香港仔石排灣水上人，在香港仔出生，他的祖先從番禺新造鎮

一般舡家人受教育較少，富裕程度較低，這種情況常常導致的結果是人們經常把這種社會劣勢與當地的語言文化相聯繫，甚至有時就把它們等同起來，於是當地語言的知識就會被看作是社會和經濟進步的阻礙。學校教育無疑也是導致石排灣舡家話瀕危的原因之一。在舡家人小孩就讀的小學和初中、高中等學校中，唯一使用的語言是香港的粵語，此外就是世界語的英語，這樣就預先設定了舡家話是沒有用處的這一觀念。石排灣舡家人不管是父母還是孩子，在他們心中，已經

練溪村遷来香港仔，真相不是如此，他應該是佛山三水人。練溪村被稱為前國家領導人之一霍英東的家鄉。筆者希望探討練溪村水上話與香港仔石排灣水上話之間的方言的傳承。霍英東先生稱自己是香港仔石排灣水上人，也生於石排灣，坊間稱霍英東是番禺練溪村人（現在還存在許多爭議），原因如下：第一，是廣東省一些語言學者（不知道是誰）通過語音決定霍英東是練溪村人，這是我前往調查原因。調查了，發現霍英東的口音與練溪村完全不同；第二，練溪村霍氏的人七成務農，三成人從事工商行業，從來沒有人從事打魚和水上運輸工作。練溪村確實有水上人，他們還有打魚的，他們卻是姓陳的，不是姓霍的，前村書記霍煥然稱一九七三年這些陳姓水上人全部遷調到新墾鎮紅海村（現在已劃歸南沙區萬頃沙鎮），我猜是所謂專家是找到練溪村姓陳的水上人對口音而已。雖然對上，但不是霍氏村民口音。第三，霍英東說祖家附近有條鐵路，但霍書記稱練溪村遷村行動之前（因建大學城），是在一個孤島上建村，沒有鐵路經過。我的調查合作人是練溪村前村書記霍煥然（1941-　），他的口音根本與霍英東不同。霍英東先生先前在香港無線電視一次訪問中強調自己是水上人，更以水上話說了幾句，當中說了洗腳上床四字。霍英東說「洗腳上床」時，是講成「洗角爽床」。練溪村前書記在我們一起吃午飯時便說起曾跑到香港仔的漁村，發現漁村的人說話跟他們不同，練溪村說「香港」二字，是說成「鄉講」[hœŋ⁵⁵ kɔŋ³⁵]，就是跟香港陸上人說成一樣，沒有特點，但他說到香港仔水上人說「香港」是說成「糠港」[hɔŋ⁵⁵ kɔŋ³⁵]，竟成了他們口中的趣事，很新鮮。這一笑，便表明練溪村村話不是霍英東的家鄉母語了。霍英東生前稱其父說老家附近是有鐵路的，練溪村卻是沒有鐵路經過，那麼只有佛山三水西南董營村可能是霍氏家鄉。筆者稱可能，這個與筆者前於二〇一四年八月底前往董營村進行過方言調查，得到區、鎮政府協助，陪同一起調查。調查時，發現當地上霍村和下霍村霍氏村民，操的是流利廣州話，不是水上話。有火車經過此村，確是實事。董營村的村民很強調祖先是從珠璣巷而來，不是水上人，筆者猜霍英東的父輩是三水董營霍家的人，來了香港，為了生計，只能跑到石排灣跟水上人一起過水上生活，方習得水上話，霍英東也因此錯判自己的家族是水上人。

預先設定了疍家話沒有用處的這一觀念。石排灣疍家人的孩子，如果
希望學業取得更大的進步，未來可以獲得更好的就業機會，都會努力
學會使用廣府話和英語。如此一來，學校教學就明顯推動了疍家話的
消亡。

　　學校教育無疑也是導致疍家話瀕危的原因之一。疍家話缺乏文字
記載，沒有辦法展開族群語言教學。在當地學校中，只有很少比重的
學生是疍家人，這種條件下，無法在學校中施行族群語言教學或是族
群語言與粵語共同教學。只有與其他族群的同學一起上課。在珠三角
沿海一帶，內地小學的課堂教育無疑是用普通話完成。疍家人的小孩
課下與同學的交往也用漢語進行的。初中高中更是如此。至於住所比
較偏僻，疍家人的小孩大多需要到鄉鎮或縣城完成中學教育，這樣他
們就必須在學校住宿，每個月回家兩三次，這就使得這些孩愈發脫離
疍家話的語境。當他們回到家，父母也會順應孩子，用漢語和他們交
流。因此，筆者認為教育語言是定了疍家話的生死。

　　香港開埠初期，沒有統一語言教育政策，本地人便以粵語來教學，
客家人用客家話來教學，潮汕、福建便以閩語進行教學。早期疍族族
群是受到嚴重歧視，疍族族群子弟少有上學機會，這個族群當然沒有
自己的學校和教學語言。那個時候，香港是以英文為合法語言，教學
語言也是如此。一九六九年到七〇年，一批專上學生發起了推動中文
成為官方語言的運動，該運動迅即受到廣泛支持。當時港督馬上委任
中文問題研究委員會主席馮秉芬先生就使用中文成為香港的官方語言
提供建議。委員會最後公布了四分報告書，涵蓋了一系列涉及立法局
會議乃至教育制度的主題。委員會的建議，部分得到接納。於一九七
四年一月十一日，憲報公布了《一九七四年法定語文條例草案》，一九
七四年二月十四日，該草案被制定成為《一九七四年法定語文條例》[12]

---

12 一九七四年第一〇號條例，現載於：《香港法例活頁版》第五章內。

條例規定，中英文都是香港的法定語文，供政府或任何公職人員與公眾人士之間在公事上往來之用，[13]這個中文就是指粵語，因此，從這時開始，粵語便成確立為正式教學語言。上文提及用潮汕話、客家話教學便要取消，一律改成粵語教學。眾所周知，學校的教學語言是一種極其有效地推廣或者排斥某一語言、方言的利器。[14]不用說，本地話（粵語）便成了最具有活力的語言，不是疍語可比，也不是客家話、閩語可比，結果疍族族群只能認同了本地族群文化，進一步轉用本地話，這是促使疍族族群母語瀕危的直接原因，也是香港操閩語者和客家話的危機，同樣是其族群母語瀕危的原因。

　　在這樣的學校中接受教育的石排灣疍家人的小孩自然就不會願意學習疍家話，因為疍家話無論是對他們的學業還是人際交往都毫無用處。相反，為了學業的進步和將來就業的成功，學好粵語（內地珠三角沿岸操疍家話的小孩唯一使用學習語言是全國通用語——普通話）是必須的，學好英語也是必須的。當孩子們回到家裡，他們也不願和父母及其他家人說疍家話，通常是父母們為了順應孩子而開始學說粵語，內地則是跟他們說普通話。這樣，學校教育就進一步加速疍家話的流失和石排灣疍家人的語言轉用。

　　石排灣疍家人如果想要在自然條件非常惡劣的當地環境中繼續生存，就必定要依靠廣府族群，一定要學會使用廣府族群的強勢族群語言。一旦開始同時使用廣府族群的強勢族群語言，疍家人族群的母語

嚴元浩（香港前律政署法律草擬專員、律師）：〈在華人社會的雙語立法：香港的經驗〉論文發表於（同化與差異——非西方背景下的西方法律研討會，澳門主辦，1996年2月7日至10日），頁5。

13　同上第3條第（1）款。參看嚴元浩：〈在華人社會的雙語立法：香港的經驗〉（論文稿）。

14　張振江：〈試論早期香港華人族群語言的競爭與選擇〉，《中山大學報》（社會科學版）第二期（廣州：中山大學編輯部，2008年），頁198-200。

功能自然受到了削弱。例如，如果強勢語言內有了可以直接表達新事物與新現象的詞彙，石排灣舡家人群成員就不會再給本族群語言創造新的詞彙。即使真的創造了，也沒有人使用。關於新現象的詞彙，以香港石排灣舡家人為例，漁民的行業語出現了問題，跟一九四七年香港石排灣的漁船由風帆進入機動有密切關係，因生產方式改變了，新技術出現了，教授他們機動操作的海事處老師們正是廣府人，石排灣舡家人要以半鹹半白的廣府話跟師傅交流，以科技術語跟他們交流，這個交流，這個接觸，最初漁民還會新舊詞彙兼備，最後徹底只用上借詞，放棄本族群的行業語，以科學說法代替舊的落後的表達，如過去他們過去稱「東、南、西、北」，分別是說「上、開、落、埋」，現在這種說法基本以「東、南、西、北」取代，這是語言接觸後的改變，也是心理上的因素而出現的改變。「上、開、落、埋」方向的表達方法，現在只留在部分老人的深層記憶裡，有些更是遺忘了。方向詞以外的其他的行業語也是這樣子進入消亡。[15]

隨著時間的推移，石排灣舡家話的語言表述系統與功能都會明顯衰退，再也無法滿足現實的交流需求。人們會在思想上和行動上逐漸將本族的語言視為交流中的輔助性工具，這使得石排灣舡家話的使用區域進一步縮小，語言功能進一步退化，形成了一個惡性循環。這樣造成的結果一定是石排灣舡家話的使用功能持續退化，作用不斷被削弱，使用領域持續萎縮，最終只能走上消亡的道路。

石排灣舡家人的語言態度是開放的，他們願意學習其他族群的語言，究其原因是石排灣舡家人對學習使用廣府話的要求迫切，並願意付諸行動。所有的石排灣舡家人都願意把子女送到學校接受教育，因為石排灣舡家話與粵語語音、語法結構方面，都有相似之處。從語言

---

15 馮國強：《珠三角水上族群的語言承傳和文化變遷》（臺北：萬卷樓圖書公司，2015年12月），頁314。

接觸來看，在影響舡族族群的周邊語言中，廣府話影響力最大，由於舡族族群處於本地族群粵文化重重包圍之中，因此，本地話在地緣上占了很大優勢。舡語是粵海片粵語，本地的廣府話也是粵海片，舡語與本地人同屬於同一語系內的語言，具有發生學上的親屬關係，在聲、韻、調等方面與本地話極為接近，因此，舡族族群學習本地話較之客家話、閩語容易得多。因此，作為強勢語言的本地話，在語音、辭彙、語法等方面對舡語的影響是主要的，這決定了石排灣舡話不利發展。[16]

石排灣舡家話目前已經處於極度瀕危的狀態，隨著族群成員中長者的離世，這種語言將很快消失。再加上石排灣舡家人本身是人口極少的群體，也是弱勢族群，更加快了這種語言消亡的速度。可以預見，如果不採取如語言挽救和語言復興等措施，在若干年後，石排灣舡家話將不再有使用者，最終走向滅絕。

二　舡族族群語言發展的危機

操水上話的人數在減少方面。珠三角在改革開放以前，舡族族群人口相對固定在漁村，漁民與外界接觸相對較少，自然使用著母語水上話進行交際。改革開放以後，不少舡族族群人口湧到珠三角大城市去打工。他們不少一去就是多年，不僅在珠三角學會了廣州話，而且在外面立了業，安了家。即使他們回到漁村，也不太講水上話。打工者之間回家探親、過年和辦事等相遇在一起，往往改用了廣州話交流思想感情。

有不少上了岸的水上人並未到外地打工，而是在岸上或在漁村所

---

16 馮國強：《珠三角水上族群的語言承傳和文化變遷》（臺北：萬卷樓圖書公司，2015年12月），頁312。

在地經商，每天都與流動人口接觸，與不認識的外鄉人接觸，如果堅持講水上話，有的顧客就聽不懂。為了方便，也學習講廣州話交際。如香港石排灣漁港就有不少這類水上人在避風塘的旅游景點擺攤或開店，為了能與外賓溝通交際，還學習講英語，使用英語與外賓談貨論價。在他們的常生活中，結果水上話便已經失去了部分交際的功能。

隨著香港九年免費教育的普及和高等學校的招生，珠三角和石排灣的水上人本來講水上話的青年學生完成了初三、部分甚至上了大學，在城裡找到了工作以後，往往放棄了水上話，操起了廣州話，因為廣州話是廣東重要的方言，是最權威的方言。再者，改革不久，廣州話也北上，成了內地熱門學習的方言。

在語言環境發生變化的珠三角漁村，從一個家庭來看，其成員使用語言的情況是，祖父母們講水上話；父親母親既講水上話，也講廣州話；兒女們基本講廣州話，能聽得懂水上話；第四代徹底告別了水上話。使用水上話的水上人人群在不斷減少，在改革開放的新時期就已經是快速。到如今，已經有很多水上人不再使用水上話交際。

舡族族群的母語地位在動搖。現在水上族群的年輕人，在社會交往中與其他陸上族群人士戀愛結婚越來越多。他們把妻子娶進漁村後，在漁村生兒育女。由於妻子是其他族群人士，說水上話不行，便用廣州話與人交際，用廣州話教育兒女，兒女從小受到廣州話灌輸，結果是從小會用廣州話交際。如香港仔的石排灣舡家人，於當地來說就是人口比較稀少。在昔日，陸上人基本不容許舡家人上岸，所以往往容易導致近親結婚。到了今天，香港與珠三角的陸上人已經不排斥舡家人，舡家人便喜歡與陸上人通婚，而且這已成為非常普遍的現象。自從上世紀五六〇年代起，香港本地人對於與舡族族群跨族群男女約會和通婚起了明顯態度的變化，就是普遍都能接納舡族人，是對舡族族群少了歧視和偏見，也可以說廣府人要模糊自身的族群邊界，

減卻族群間的緊張關係和仇視，縮短族群分層距離，對舡族族群關係相對較為融洽和和諧，因而接納了族群通婚。舡族族群娶了本地人作媳婦，這些媳婦是操正宗廣府話，其出生的孩子，他們習得的第一語言均為正宗的廣府話。這些小孩，已不知曉舡語。筆者有不少舡族族群的學生，已聽不懂舡語了，或者知曉的程度很低。至於本地人娶舡族族群女子作媳婦，也只能在家裡說本地話而不能說舡語。因此，李錦芳說族際通婚是弱勢語言（方言）的殺手。[17]

電視對兒童的巨大影響力。隨著漁船用上移動電池，所以也能在漁船上看電視，如今幾乎沒有哪一個漁村還沒有電視。自從電視機走進千家萬戶之後，就打破了昔日的恬靜單純，不再有了純粹講水上話的漁村。時間一長，步不出漁村的水上人，從來不會講廣州話的水上人，耳聞目睹久了，也會看懂了大多數的電視節目，聽懂了電視機裡所說出的話。

尤其是少年兒童，機靈，接受得快，三四歲的兒童到七八歲的少年，大都會學說電視機裡的廣州話，而且說得比大人們有水平。有了電視，小孩們說廣州話已經是無師自通，這也就說明了水上話作為舡族族群母語的地位在漁村已經發生動搖，通過其他的種種途徑，正讓漁村地區產生巨大的影響。

三　漁文化對語言的影響

語言不能脫離文化而存在，它總受到文化的制約和影響。任何一種語言中某類詞彙的構成，往往與以下三個因素有關：一是該類詞彙在社會中的重要性；二是社會環境中所出現的各種實際現象；三是基

---

17 李錦芳：《西南地區瀕危語言調查研究》（北京：中央民族大學出版社，2006年），頁7。

本詞彙（必須使用的詞語）的量的大小。因此，文化對整個語言系統，包括詞彙、語法、語音和語句等方面都有影響力。這種影響大量通過詞彙來表現。[18]民眾遇到需要用語言來描述客觀的事物時，他們便會創造出各種名詞。語言和文化，兩者之間是存在著千絲萬縷的聯繫，不同的民俗文化及歷史時代背景變遷，便對語言有著不同的影響。這些的影響，語言會在時間的推移而產生變更，可以是增加了辭彙，可以是表達法的改變，也可能是對於那些低頻詞出現淘汰現象。不單如此，甚至某些詞彙會完全的淘汰，所以文化對語言產生了很大的影響。也可以這樣子說，當社會出現更迭，民俗便出現變遷，這時候，語言就會發生質的改變。

詞語是社會發展在語言中的文化沉積，它的產生與消亡都客觀地反映了社會的動態變化過程。通過對詞語的產生與消亡的研究，便可以觸摸到特定時代的脈搏與律動，對了解社會的變遷具有重要意義。

文化所包含的範圍很廣，它包括政治文化、制度文化、民俗文化、應用文化、觀賞文化，還包括物質文化、心理文化。這些文化，無不對語言產生種種影響。在本節中，只談談漁文化對語言的影響。

漁諺是口承文藝的文化，漁諺是舡族的文化特徵，通過獨特的語言流傳於民間。這些漁諺反映舡民的文化特色，也體現了舡族的文化底蘊。但是，當舡族人因海上捕撈不再有合理的價錢和收入，舡民便會選擇上岸，[19]捕撈對他們來說已是不甚重要，所以漁諺、行話、禁忌語和特有詞彙便逐漸在舡民口頭裡慢慢消亡。

再者，昔日從漁文化遺傳下來的婚嫁程式，是水鄉一大特色。當遇上經濟改革後，這些漁文化的婚嫁程式便壓縮下來或轉變，不再出

---

18 周大鳴主編；秦紅增副主編：《文化人類學概論》（廣州：中山大學出版社，2009年2月），頁253。

19 馮國強：《兩廣海南海洋捕撈漁諺輯注與其語言特色和語彙變遷》（臺北：萬卷樓圖書公司，2020年12月），頁294-297。

現婚嫁儀式上，這些詞兒也不再出現他們的口頭裡，年輕人結婚時，不會再有哭嫁、脫契、掛新字、開面、打轟轟、回腳步、鹹水歌、嘆唱（包括生禮嘆唱和死禮嘆唱）、凌晨迎親也一一消失。老人家跟年輕人說起，年輕人也不知道是什麼一回事。

　　四行命名的文化，在漁文化的年代裡，是他們祖先遺留下來的一種特別的命名文化，這種命名文化雖然是還有留存的，但已是稀有的，基本只保留在年長者的姓名，再不是普遍現象，這正是漁文化對語言的影響，也是說漁文化的消亡，也會慢慢反映於語言上，語言不再出現漁文化的詞彙，這便是漁文化對語言的影響。

　　舸民的漁文化變遷是一種大變化，是從許多的小變化而積累的結果。由於紛繁多變的歷史及文化背景的消亡，舸家話未來的發展和變化，其語言必將失去活力而枯竭。

四　語言對漁文化的影響

　　語言記錄了歷史，一種語言的消失就是一種文化傳承的斷絕。[20]再者，語言不脫離文化而存在，就是說，語言不脫離社會流傳下來的，語言決定了我們生活面貌的風俗和信仰的總體。[21]

　　語言關乎著族群的集體意識或集體無意識。族群文化的傳承離不開語言，族群之間的區分也主要借助於語言。語言是族群文化的活化石，沉積著一個民族的文化積澱，也累積著族群的意識。因此，語言與文化之間是有著互相影響的關係，而語言對文化的影響主要在語言

20　張振著；李輝審訂：《人類六萬年基因中的人類歷史》（北京：文化發展出版社，2019年9月），頁191。

21　Sapir, Edward, *Language: An Introduction to the Study of Speech* (New York: Harcout, Brace And Company, 1921), p.221.

在文化的建構、傳承以及不同文化之間的交流等方面發揮著不可替代的作用。

人類對文化的建構，離不開對客觀世界的認識，而對客觀世界的認識又離不開人在實踐過程中所進行的一系列思維活動，而思維活動的物質外殼則是語言。作為思維成果的思想，自然必須依附於語言，這個物質外殼加以固定。只有如此，思想才具有可以感知的物質形式，並且用來進行傳播和交流。一旦個人的思想成為集體的財富，為大家所共享，這就形成了民俗文化⋯⋯由此可見，語言在文化的建構中所起的作用是多麼的重要⋯⋯語言是文化的凝聚體，建構起來的文化系統大都儲存在語言之中。人們常說的文化遺產、文化傳統，主要是通過語言傳承給後人。換言之，後人通過學習前人的語言，也就同時學會了前人的文化。[22]

語言是文化的凝聚體，語言是文化的載體，語言是文化傳播和延續的工具，語言要素都蘊含著一定的文化內容，體現著一定的文化特點。因此，語言不僅反映人們的思維方式，還反映著一定的社會文化。

疍家話是最能反映出地方社會發展的進程。珠三角漁村的漁諺、行話、禁忌語和生活詞彙等都是反映疍族民眾的漁文化發展，所以語言是文化發展的一面鏡子。但由於過度捕撈，讓大量漁民要上岸從事別行工作，於是疍家話便不再反映漁文化，漁文化便漸漸消亡，不知不覺地轉成陸上的工商業語言文化。特別最能如此反應是香港漁村，而當中最具特色便是香港仔石排灣的疍民。當漁諺、行話、禁忌語和生活詞彙等漁作語言習慣開始退下來，疍民便在岸上從事各種工作，他們的語言慢慢由漁文化轉成了工商業語言文化，這就是語言對疍族漁文化的影響。

---

22 杜道明著：《杜道明中國文化與美學文集》（北京：北京語言大學出版社，2018年6月），北語學人書系，第2輯，頁82-83。

　　語言和文化是互相聯繫的，一定要指出它們之中的因果關係幾乎是不可能的。所以，語言與文化的關係是一種相互交織、糾纏的共變關係。

後記

　　首先我要感謝珠三角各市領導對我調查珠三角漁家所涉及生活詞彙、漁家行業用語和生活用語、漁家禁忌習俗、婚姻儀禮民俗、喪葬儀禮民俗、民間文藝、神祇信俗等方面的配合和支持。在我調查的過程中，各市領導提供了極為寶貴的資源和幫助，為我的研究提供了重要的參考和依據。他們的貢獻不僅讓我更加深入地了解珠三角漁家的文化和生活，也為本書的撰寫提供了重要的素材和內容。在此，我向各市領導致以最真摯的謝意和敬意，感謝他們對我的調查工作的支持和協助，也感謝他們為維護和傳承珠三角海洋漁俗文化所做出的努力和貢獻。

　　我也要感謝友人黃妙秋教授對於本書的鹹水歌部分提供了許多寶貴的意見和建議。黃教授是廣西南寧師範大學音樂舞蹈學院院長，同時也是兩廣白話鹹水歌專家，其博士論文《兩廣白話疍民音樂文化研究》（中央音樂學院音樂學系）以及碩士論文《海韻飄謠——廣西北海鹹水歌研究》。她是研究這一領域的權威人士之一。在我撰寫《珠三角海洋漁俗文化探微》的過程中，她給予了我許多寶貴的建議和意見，為我深入了解鹹水歌的特點和文化背景提供了極大的幫助。此外，本書中所有的歌譜也都是由黃教授的高足李華準小姐（南寧師範大學二〇二〇級藝術碩士生）精心扒譜，其專業技能和辛勤付出也值得我對她深深感激。在此，我要再次向黃妙秋教授和李華準小姐表達我最衷心的感謝之情！

　　在我寫作《珠三角海洋漁俗文化探微》的過程中，香港著名地名

專家饒玖才先生和音樂家葉賜光先生，給了我不少幫助和支持。葉先生退休後移居加拿大，我們不曾見面，我是透過饒先生的介紹認識葉先生。葉先生從加拿大寄來他的大作《香港西貢及其鄰近地區歌謠》給我學習，先生還慷慨地給了我兩張地圖，這些地圖是他為自己將出版的新書《香港漁民原聲歌樂文化》裡所用的，一張是〈東路程〉途經主要地標，另一張是〈大星與小星〉途經主要地標。此外，葉先生還給我提供了申佳仁的〈出海行船歌〉《新界鄉俗縱橫談》（香港華僑日報，1993年8月1日）一文，讓我有更多的參考來源。在此，我要向葉賜光先生表達我最真摯的謝意，感謝他的慷慨和支持，這三分資料，豐富了我這一本新書。

同時，我也要跟吳水田教授道謝，他給筆者送來兩張珍貴的南沙區的漁村水棚（「水滸」、「水欄」、「棚屋」）照片。這些南沙區漁村水棚照片不僅僅是珍貴的歷史文獻，更是反映了當地傳統文化和生活方式的重要見證。這些水棚具有獨特的建築風格和製作工藝。它們既能作為漁民捕魚和儲存漁獲的工具，又能為漁民提供居住的場所。隨著現代化的發展和城市化進程的加快，越來越多的水棚正在被拆除或者淘汰，尤其是在南沙區這樣的城市化進程較快的地區。因此，這些珍貴的照片不僅具有歷史價值，還具有文化價值和保育價值。通過這些照片的保存和分享，可以幫助更多人了解南沙區的傳統文化和生活方式，從而促進文化多樣性和文化傳承的發展。這些水棚是越來越少，筆者能提供的也已一一放上書裡。

在此，我要向何廣棪大師兄表達最深刻的謝意和敬意。感謝他對我的新書《珠三角海洋漁俗文化探微》的推薦和支持，使它得以出版在臺灣萬卷樓出版社。何廣棪大師兄是前臺北華梵大學東方人文思想研究所所長、博導教授、前香港樹仁大學教授、前新亞研究所教務長，他對於中華文化的研究和推廣做出了卓越的貢獻。在書的出版過

程中，他的推薦讓我倍感欣慰和感動。他的鼓勵和支持，讓我更有信心和動力去探索和創作。我再次感謝何廣棪大師兄的推薦和支持，願他身體健康、萬事如意。

　　《珠三角海洋漁俗文化探微》是我第六本在萬卷樓出版的書，在出版這本書的過程中，我深刻體會到了萬卷樓圖書公司對於文化事業的高度重視和承擔。他們的支持和幫助，為我提供了一個展示和分享自己學術成果的平臺，讓我能夠更好地傳承和弘揚中華優秀的漁俗文化。梁總經理對文化事業的堅持和追求，讓我深刻體會到文化事業的價值和意義。他的支持和幫助，不僅提供了一個展示和分享自己學術成果的平臺，也為中華文化的傳承和發展貢獻了自己的力量。萬卷樓圖書公司對文化事業的不懈追求和貢獻，是中華文化繁榮發展的重要推手，也是一種無私奉獻的精神。再次感謝萬卷樓對我的支持，我會倍加珍惜機會，繼續努力學習和撰寫專書，為中華文化的發展貢獻自己的力量。同時，我也要感謝萬卷樓圖書公司的所有工作人員，無論是提供資料、審校文字，還是給予寶貴的建議和指導，都是讓本書更加完整和精確的重要貢獻者。他們辛勤的付出和努力，為這本書的出版和推廣做出了重要的貢獻。

　　在本書的撰寫過程中，我盡力收集和整理了珠三角海洋漁俗文化的許多資料，但也許還有一些錯誤或者不足之處。因此，我誠摯地邀請海內外的學者、專家和讀者們，對本書提出寶貴的意見和建議，幫助我更好地理解和探索這一豐富多彩的文化。我期待您們的反饋，謝謝！

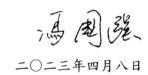

二〇二三年四月八日

參考文獻

外文資料

Chu, C.Y. (1960). "The Yellow Croaker Fishery of Hong Kong and Preliminary Notes on Biology of Pseudosciaena Crocea (Richardson)", *Hong Kong University Fisheries Journal.*

Hiroaki Kani. *A general survey of the boat people in Hong Kong,* Hong Kong: Southeast Asia Studies Section, New Asia Research Institute, Chinese University of Hong Kong.

Sapir, Edward, *Language: An Introduction to the Study of Speech* (New York: Harcout, Brace And Company, 1921).

一　古籍、史料

〔西漢〕桓　寬撰；王利器校注：《鹽鐵論校注》，天津：天津古籍出版社，1983年。

〔西漢〕劉　安等編著；高誘注：《淮南子》，上海：上海古籍出版社據浙江書局本影印，1989年。

〔東漢〕班　固撰；〔唐〕顏師古注；楊家駱主編：《漢書》，臺北：鼎文書局，1986年。

〔東漢〕許　慎著、〔宋〕徐鉉（西元916-991年）等奉敕校定：《說文解字》，北京：中華書局據平津館叢書本影印，1985年。

〔西晉〕郭　象注；〔唐〕成玄英疏；曹礎基、黃蘭發整理：《莊子注
　　　　疏》，北京：中華書局，2011年1月。

〔劉宋〕范　曄撰；〔唐〕李賢等注；〔晉〕司馬彪補志；周天游輯
　　　　注：《後漢書》，臺北：鼎文書局，1981年

〔唐〕何　超：《晉書音義》，臺北市：廸志文化出版社，2001年。

〔唐〕李延壽撰；楊家駱主編：《南史》，臺北：鼎文書局，1998年11
　　　　月。

〔唐〕劉　恂撰；商壁、潘博校補：《嶺表錄異校補》，南寧：廣西民
　　　　族出版社，1988年5月。

〔唐〕魏　徵等撰：《隋書》，臺北：藝文印書館據清乾隆武英殿刊本
　　　　景印，民國四十五年。

〔宋〕樂　史：《太平寰宇記》，乾隆五十八年化龍池刊本。

〔宋〕周去非：《嶺外代答》，《欽定四庫全書》，臺北：廸志文化出版
　　　　社，1999年文淵閣四庫全書電子版。

〔宋〕陳師道、朱彧撰；李偉國校點：《後山談叢　萍洲可談》，上
　　　　海：上海古籍出版社，1989年。

〔宋〕樂　史撰；王文楚等點校：《太平寰宇記》，北京：中華書局，
　　　　2007年。

〔南宋〕王象之：《輿地紀勝》，臺北：文海出版社，1962年初版，
　　　　1971年10月第二版。

〔明〕鄺　露：《赤雅》，北京：中華書局，1985年。

〔明〕田汝成、〔明〕高拱撰；王雲五主編：《炎徼紀聞　綏廣紀
　　　　事》，上海：商務印書館，民國25年6月。

〔明遺民〕屈大均：《廣東新語》，北京：北京愛如生數字化技術研究
　　　　中心據康熙庚辰三十九年水天閣刻本影印，2009年。

〔清〕允　祿撰：《欽定四庫全書　子部　協紀辨方書　上》，北京：
　　　　中醫古籍出版社，2012年2月。

〔清〕李調元輯:《南越筆記》,揚州市:廣陵出版社,2003年,據清
　　　光緒七年(1881)重刻本影印。

〔清〕李調元輯:《粵風》,北京:中華書局,1985年。

〔清〕郭慶藩撰;王孝魚點校:《莊子集釋》,北京:中華書局,2013
　　　年3月。

〔清〕鈕樹玉:《說文新附考》,北京:中華書局,1985年。

〔清〕顧炎武:《天下郡國利病書》,圖書集成局據光緒二十七年仲秋
　　　二林齋藏板鉛印)。

二　專書

《中國海洋文化》編委會編:《中國海洋文化　香港卷》,北京:海洋
　　　出版社,2016年。

《氣象知識》編寫組編著:《氣象知識》,上海:上海人民出版社,
　　　1974年12月。

上海中國航海博物館:《海帆遠影　中國古代航海知識讀本》,上海:
　　　上海書店出版社,2018年8月。

上海中國航海博物館編:《中國航海文化之地位與使命》,上海:上海
　　　書店出版社,2011年2月。

中山市坦洲鎮宣傳文化中心編:《坦洲鹹水歌》,缺出版資料,2009年
　　　9月。

尤世偉主編:《南通特色文化》,蘇州:蘇州大學出版社,2006年12月。

方友義、彭一萬主編;廈門市社科聯、廈門市閩南文化研究會編:
　　　《閩南文化研究論叢》,北京:文化藝術出版社,2006年12
　　　月,下冊。

方　奇著;中共廈門市委宣傳部、廈門市社會科學界聯合會合編:《閩

臺民間體育傳統習俗文化遺產資源調查》，廈門：廈門大學出
　　　版社，2014年5月。

王　　娟著：《社會語言基本理論問題審視及應用》，北京：中國商業出
　　　版社，2018年5月。

王　　霖主編：《地球揭秘之謎》，長春：吉林音像出版社；吉林大學出
　　　版社，2004年3月。

王　　鵬、陳積明、劉維編著：《海南主要水生生物》，北京：海洋出版
　　　社，2014年6月。

司徒尚紀：《中國南海海洋國土》，廣州：廣東經濟出版社，2007年4
　　　月。

伍漢霖等編著：《中國有毒魚類和藥用魚類》，上海：上海科學技術出
　　　版社，1978年4月。

曲金良主編：《中國海洋文化史長編‧典藏版》，青島：中國海洋大學
　　　出版社，2017年1月，上、中、下冊。

任　　騁著：《中國民間禁忌》，濟南：山東人民出版社，2012年11月。

何漢威：《本地華人傳統婚禮》，香港：香港市政局，1986年11月。

余耀東編寫：《民俗禁忌》，合肥：黃山書社，2012年7月。

吳水田：《話說疍民文化》，廣州：廣東經濟出版社，2013年7月。

吳　　平編：《對外漢語教學中的文化詞語》，北京：世界圖書北京出版
　　　公司，2012年10月。

吳　　娟：《漁歌》，廣州：華南理工大學出版社，2019年6月。

吳　　凱主編：《中國社會民俗史》，北京：中國古籍出版社，2010年8
　　　月，第3卷。

呂　　烈：《大嶼山》，香港：（香港）三聯書店公司，2006年3月。

宋業瑾、王韻松著：《吉祥語》，北京：新華出版社，1998年2月。

李如龍：《地名與語言學論集》，福州：福建省地圖出版社，1983年。

李　祝編著：《遼陽民俗》，瀋陽：遼寧民族出版社，2015年11月

李錦芳：《西南地區瀕危語言調查研究》，北京：中央民族大學出版社，2006年。

李繁華等編著：《山東近海水文狀況》，山東省地圖出版社，1989年8月。

杜道明著：《杜道明中國文化與美學文集》，北京：北京語言大學出版社，2018年6月，北語學人書系，第2輯。

汪小倩編著：《臺州非物質文化遺產通俗讀本》，杭州：浙江工商大學出版社，2016年12月。

辛慧穎主編：《家居環境布局宜忌手冊》，南昌：江西科學技術出版社，2014年1月。

那儼之、李銘五編寫：《常用漁具漁法問答》，北京：海洋出版社，1990年10月。

周大鳴主編；秦紅增副主編：《文化人類學概論》，廣州：中山大學出版社，2009年2月。

周　星主編：《民俗學的歷史、理論與方法》，北京：商務印書館，2006年3月，上冊。

周偉民、唐玲玲編著：《南海天書　海南漁民「更路簿」文化詮釋》，北京：昆侖出版社，2015年8月。

周震麟、金瑾著：《御窯金磚》，南京：江蘇鳳凰教育出版社，2016年9月。

孟穗東主編：《水韻蜑家》（缺出版資料、出版年分）（屬內部資料）。

林國武主編：《海洋》，福州：海潮攝影藝術出版社，2006年5月。

林　靜編著：《資源豐富的海洋》，北京：中國社會出版社，2012年3月。

邱漢添：《天后（媽祖）經》（未交代出版日期及地點）。

南沙區橫瀝鎮教育文化體育中心：《漁聲——橫瀝鹹水歌》，缺出版社
　　　資料，2011年12月。

姜　彬主編：《東海島嶼文化與民俗》，上海：上海文藝出版社，2005
　　　年6月。

施主佑著：《科技興漁》，廣州：中山大學出版社，1995年2月。

科大衛、陸鴻基、吳倫霓霞合編：《香港碑銘彙編》，香港：香港博物
　　　館編製、香港市政局出版，1986年3月，第三冊。

夏代雲著：《盧業發、吳淑茂、黃家禮：《更路簿》研究》，北京：海
　　　洋出版社，2016年10月。

姬明春主編：《開運姓名學》，北京：中國物資出版社，2007年10月。

殷文偉、季超編著：《舟山群島　漁船文化》，杭州：杭州出版社，
　　　2009年6月。

海洋開發試驗區、中國水產科學研究院南海水產研究所：《萬山海洋
　　　開發試驗區人工魚礁建設規劃　2001-2010年》，廣東省珠海
　　　萬山海洋開發試驗區、中國水產科學研究院南海水產研究
　　　所，2000年11月。

留　明編著：《怎樣觀測天氣》，呼和浩特：遠方出版社，2004年9
　　　月，上冊。

郝　瑞著：《解放海南島》，北京：解放軍出版社，2007年1月。

康家瓏編著：《語言的藝術》，北京：海潮出版社，2003年1月。

張美昭編著：《海洋漁業產業發展現狀與前景研究》，廣州：廣東經濟
　　　出版社，2018年7月。

張　振著；李輝審訂：《人類六萬年　基因中的人類歷史》，北京：文
　　　化發展出版社，2019年9月。

張壽祺：《蛋家人》，香港：（香港）中華書局公司，1991年11月。

張憲昌、梁玉磷、馬振坤編：《南海漁諺拾零》，北京：海洋出版社，
　　　1988年4月。

許兆濱編著：《世界海洋生物 魚類篇》，大連：大連海事大學出版社，2011年5月。

許自策、蔡人群編著：《中國的經濟特區》，廣州：廣東科技出版社，1990年7月。

許桂香編著；司徒尚紀主編：《中國海洋風俗文化》，廣州：廣東經濟出版社，2013年7月。

許馬爾、李龍編著：《桐江漁韻》，杭州：西泠印社出版社，2020年5月。

陳大剛編著：《黃渤海漁業生態學》，北京：海洋出版社，1991年2月。

陳立中著：《湖南方言與文化》，北京：中國國際廣播出版社，2014年9月。

陳再超、劉繼興編：《南海經濟魚類》，廣州：廣東科技出版社，1982年11月。

陳序經：《疍民的研究》，上海：商務印書館，1946年

陳望道：《修辭學發凡》，上海：上海教育出版社，1979年。

陳福保等著：《珠江水系漁具漁法》，北京：科學出版社，1994年。

陳錦昌：《中山鹹水歌》，廣州：廣東旅遊出版社，2015年1月。

畢旭玲著：《古代上海 海洋文學與海洋社會·古代上海海洋社會發展史研究》，上海：上海社會科學院出版社，2014年9月

傅寶榮主編：《坦洲鹹水歌集》，中山：中山市坦洲鎮宣傳文化中心，2009年9月。

揚州水利學校主編：《水文測驗》，北京：水利出版社，1980年6月。

曾昭璇：《廣州歷史地理》，廣州：廣東人民出版社，1991年5月。

曾昭璇：《嶺南史地與民俗》，廣州：廣東人民出版社，1994年12月。

曾昭璇著：《天後的奇跡》，北京：中華書局，1991年。

曾棗莊、劉琳主編：《全宋文》，上海：上海辭書出版社；合肥：安徽教育出版社，2006年。

溫友平著：《文化的力量　深圳寶安文化紀事》，深圳：海天出版社，
　　　2012年1月。

湯開建、馬明達主編：《中國古代史論集》，上海：上海古籍出版社，
　　　2006年6月，第2集。

覃鳳余、林亦：《壯語地名的語言與文化》，南寧：廣西人民出版社，
　　　2007年。

賀錫翔著：《中國吉祥語》，上海：上海書店出版社，1997年5月。

馮國強、何惠玲：《中山市沙田族群的方音承傳及其民俗變遷》，臺
　　　北：萬卷樓圖書公司，2018年8月。

馮國強：《兩廣海南海洋捕撈漁諺輯注與其語言特色和語彙變遷》，臺
　　　北：萬卷樓圖書公司，2020年12月。

馮國強：《珠三角水上族群的語言承傳和文化變遷》，臺北：萬卷樓圖
　　　書公司，2015年12月。

馮國強：《廣州黃埔區方音與漁農諺和鹹水歌口承民俗的變遷》，臺
　　　北：萬卷樓圖書公司，2021年8月。

黃兆輝、張菽暉編撰：《南海神廟碑刻集》，廣州：廣東人民出版社，
　　　2014年5月。

黃自良編：《走近科學》，呼和浩特：內蒙古大學出版社，2003年9月。

黃妙秋：《海韻飄謠——廣西北海鹹水歌研究》，北京市：大眾文藝出
　　　版社，2004年5月。

黃惠琼：《大澳水鄉的變遷——風土人情二三事》，香港：進一步多媒
　　　體有限公司，2000年。

黃惠琼：《澳水靈山》，大澳：大澳工作室，2004年11月。

黃新美：《珠江口水上居民（疍家）的研究》，廣州：中山大學出版社，
　　　1990年。

黃壽祺、張善文譯註：《周易譯註》，上海：上海古籍出版社，2016年
　　　7月。

黃德俊主編：《桂西文史錄》，南寧：廣西人民出版社，1995年12月，
　　　第6卷。

黃　濤：《語言民俗與中國文化》，北京：人民出版社，2002年。

廈門水產學院、江仁主編：《氣象學》，北京：農業出版社，1980年9
　　　月。

楊　吝、張旭豐、張鵬等著：《南海區海洋小型漁具漁法》，廣州：廣
　　　東科技出版社，2007年。

楊　湛等編：《嶺南風情畫》，北京：中國輕工業出版社，2007年。

楊錦峰主編：《遼寧地域文化通覽・大連卷》，大連：大連出版社，
　　　2017年12月。

葉賜光：《香港西貢及其鄰近地區歌謠》，香港：香港中文大學音樂系
　　　中國音樂資料館，2012年。

葉賜光：《香港漁民原聲歌樂文化》，將由衛奕信勳爵文物信託安排於
　　　2023年出版。

董邘著：《南海「更路簿」非物質文化遺產的傳承與保護》，北京：中
　　　國紡織出版社，2018年12月。

虞積耀、王正國主編；錢陽明、賴西南、陳伯華副主編：《海戰外科
　　　學》，北京：人民軍醫出版社，2013年1月。

賈艷紅、馬新、李浩著：《中國古代民間信仰　遠古──隋唐五代》，
　　　上海市：上海人民出版社，2010年12月。

賈艷紅、馬新：《兼容並包　中國傳統信仰》，濟南：山東大學出版
　　　社，2018年8月。

賈艷紅著：《漢代民間信仰與地方政治研究》，濟南：山東大學出版
　　　社，2011年10月。

廖廸生、胡詩銘編著；黎帶金嘆唱：《水上嘆歌》，香港：香港科技大
　　　學華南研究中心，2018年3月。

廖迪生、張兆和：《大澳》，香港：（香港）三聯書店公司，2006年1月。

廖迪生：《香港天后崇拜》，香港：（香港）三聯書店公司，2000年9月。

廖虹雷著：《深圳民間熟語》，深圳：深圳報業集團出版社，2013年4月。

齊　銳、萬昊宜著：《漫步中國星空》，北京：科學普及出版社，2014年4月。

劉元林主編：《人與魚類》，濟南：山東科學技術出版社，2013年10月。

劉冬雲主編：《廣福鄉粹》，上海：文匯出版社，2018年12月。

劉居上：《香山婚俗》，廣州：廣東人民出版社，2016年。

劉義傑著：《中國古代海上絲綢之路》，深圳：海天出版社，2019年12月。

廣東省水產學校主編：《氣象與海洋》，北京：農業出版社，1983年5月。

廣東省水產廳技術站、漁汛站編印：《廣東省海洋漁業技術資料彙編第2輯》，廣東省水產廳技術站、漁汛站編印，1965年。

廣東省民族研究所編：《廣東疍民社會調查》，廣州：中山大學出版社，2001年8月。

廣東省地理學會科普組主編：《廣東農諺》，北京：科學普及出版社；廣州分社，1983年2月。

廣東海上絲綢之路博物館：《陽江木船傳統建造技術與風俗》，廣州：廣東科技出版社，2018年11月。

歐陽發主編：《安徽民俗》，蘭州：甘肅人民出版社，2004年5月。

鄧佑玲：《民族文化傳承的危機與挑戰　土家語瀕危現象研究》，北京：民族出版社，2006年7月。

鄧景耀、趙傳絪等著：《海洋漁業生物學》，北京：農業出版社，1991年10月。

遼寧省地名委員會：《遼寧省海域地名錄》（內部資料），瀋陽：欠出
　　　版社資料，1987年。

羅香林：《百越源流考與文化》，臺北：國立編譯館中華叢書編審委員
　　　會印行，中華民國67年2月增補再版。

譚汝為主編；董淑慧等編寫：《民俗文化語匯通論》，天津：天津古籍
　　　出版社，2004年8月。

蘇龍編著：《捕魷魚》，福州：福建科學技術出版社，1989年7月。

饒玖才：《十九及二十世紀的香港漁農業傳承與轉變》，香港：天地圖
　　　書公司，2015年4月，上冊。

饒玖才：《香港地名探索》，香港：天地圖書公司，1998年。

三　方志

〔西晉〕張　華撰；范寧校證：《博物志校證》，北京：中華書局，
　　　1980年1月。

〔唐〕李吉甫：《元和郡縣志》，廣州：廣雅書局據武英殿聚珍版書刊
　　　刻。

〔宋〕范成大撰：《桂海虞衡志》，《欽定四庫全書》，臺北市：廸志文
　　　化出版社，1999年文淵閣四庫全書電子版。

〔明〕鄧　遷纂、黃佐纂：《香山縣志》，日本國會圖書館藏明嘉靖二
　　　七年刻本影印本，日本藏中國罕見地方志叢刊。

〔清〕田明曜修、陳灃纂：《香山縣志》，上海：上海書店出版社，
　　　2013年。

〔清〕李福泰修、史澄等纂：《番禺縣志》，據同治十年冬廣州月光霽
　　　堂刊刻本影印，臺北：成文出版社，1967年12月。

〔清〕陸次雲：《峒溪纖志》（叢書集成本），上海：商務印書館據問
　　　影樓影本排印，1939年。

〔清〕舒懋官修、王崇熙等纂:《新安縣志》,廣州:嶺南美術出版社,
　　　　2009年,據廣東省立中山圖書館鳳岡書院刻本藏本影印)。

《西貢風貌》編輯委員會編:《西貢風貌》,香港:西貢區議會編印,
　　　　1996年2月。

《東莞市厚街鎮志》編纂委員會編:《東莞市厚街鎮志》,廣州:廣東
　　　　人民出版社,2015年1月。

《美麗宜昌》編審委員會編:《美麗宜昌叢書　宜昌風物》,武漢:武
　　　　漢出版社,2015年10月。

《廣東省志》編纂委員會編:《廣東省志　1979-2009　農業卷》,北
　　　　京:方志出版社,2014年8月。

山東省地方史志編纂委員會編:《山東省志　民俗志　1840-2005》,濟
　　　　南:山東人民出版社,2016年12月,下冊。

赤溪鎮修志辦公室:《赤溪鎮志》,台山:赤溪鎮修志辦公室,2005年
　　　　9月。

東莞市中堂鎮潢涌村志編篡委員會編:《東莞市中堂鎮　潢涌村志》,
　　　　廣州:嶺南美術出版社,2010年1月。

武漢地方志編纂委員會主編:《武漢市志　社會志》,武漢:武漢大學
　　　　出版社,1997年8月。

帥立國等主編;北海市地方志編纂委員會編:《北海市志》,南寧:廣
　　　　西人民出版社,2002年6月。

海豐縣地方志編纂委員會:《海豐縣志》,廣州:廣東人民出版社,2005
　　　　年8月,上冊。

馬木池、張兆和、黃永豪、廖廸生、劉義章、蔡志祥:《西貢歷史與
　　　　風物》,香港:西貢區議會,2003年9月。

張守富等總纂;山東省地方史志編纂委員會編;陳光林(卷)主編:
　　　　《山東省志　80　民俗志》,濟南:山東人民出版社,1996
　　　　年7月。

梁炳華：《南區風物志》，香港：南區區議會，1996年。

深圳市地方志編纂委員會編：《深圳市志　第一二產業卷》，北京：方志出版社，2008年11月。

黃小紅主編：《肇慶市端州區志》，北京：方志出版社，2012年1月。

黃劍雲主編：《台山下川島志》，廣州：廣東人民出版社，1997年9月。

廖虹雷著：《深圳風物志　民間美味卷》，深圳：海天出版社，2016年11月。

福建省地名委員會辦公室、福建省地名學研究會編：《福建省海域地名志》，廣州：廣東省地圖出版社，1991年。

蒙城縣地方志編纂委員會編：《蒙城縣志》，合肥：黃山書社，1994年12月。

齊　濤主編：《生產志》，濟南：山東教育出版社，2007年12月，上冊。

廣州市南沙區檔案局、廣州市南沙區地方志辦公室編：《南沙大全》，廣州：嶺南美術出版社，2011年9月。

廣西壯族自治區地名委員會辦公室編：《廣西海域地名志》，南寧市：廣西民族出版社，1992年。

廣東省地方史志編纂委員會編：《廣東省志　地理志》，廣州：廣東人民出版社，1999年12月。

廣東省地名委員會辦公室編纂：《廣東省海域地名志》，廣州市：廣東省地圖出版社，1989）。

賴水涵主編；廣東省地方史志編纂委員會編：《廣東省志　水產志》，廣州：廣東人民出版社，2004年9月。

四　學報

王永偉：〈族譜中的移民　淺析清中前期客家人在新界的分布〉：《惠州學院學報》（社會科學版）第四期，2018年8月。

伍銳麟：〈沙南疍民調查報告〉，《嶺南學報》第三卷第一期，廣州：
　　　嶺南大學，1934年。

何格恩：〈唐代的蜑蠻〉，《嶺南學報》第五卷第二期，廣州：嶺南大
　　　學，1936年8月

張振江：〈試論早期香港華人族群語言的競爭與選擇〉，《中山大學報》
　　　（社會科學版）第二期，廣州：中山大學編輯部，2008年。

潘家懿、羅黎麗：〈海陸豐沿海的疍家人和疍家話〉，《韓山師範學院
　　　學報》第二期，潮2013年8月。

五　研討會論文集

文　豪：〈陽江地區疍民的婚俗〉收入林有能、吳志良、龍家玘主
　　　編：《疍民文化研究（二）──第二屆疍民文化研討會論文
　　　集》，香港：香港出版社，2014年。

林沐衍：〈人類學視野下的民間信仰研究探討〉收入西南民族大學、
　　　人類學高級論壇秘書處編：《第六屆人類學高級論壇論文
　　　集》，缺部分出版資料，2007年10月。

何　旭、林紅：〈漁俗文化淺論──兼論「中國開漁節」對漁俗文化
　　　的傳承與創新〉收入：《中國漁文化研討會論文集》，寧波：
　　　寧波出版社，2005年5月。

李　輝：〈百越遺傳結構的一元二分跡象〉收入：《2002年紹興越文化
　　　國際學術研討會論文》，杭州：浙江古籍出版社，2006年。

李曉明：〈廣西賀州族群生態多樣性述略〉收入第十一屆人類學高級
　　　論壇編：《多樣性　人文與生態──第十一屆人類學高級論
　　　壇文集》，缺出版資料，2012年10月。

徐贊源、胡國年：〈澳門漁民婚嫁禮俗〉收入林有能、吳志良、胡波

主編：《疍民文化研究——疍民文化學術研討會論文集》，香港：香港出版社，2012年。

雷汝霞、吳水田：〈淺析陽江閘坡疍民婚俗的傳承與保護〉收入林有能、胡波、陳光良主編：《疍民文化研究（三）——疍民文化學術研討會論文集》，廣州：中山大學出版社，2018年8月。

劉月蓮、黃曉峰編：《1995年澳門媽祖信俗歷史文化研討會論文集》收入澳門海事博物館，澳門文化研究會，1998年。

嚴元浩：〈在華人社會的雙語立法：香港的經驗〉論文發表「於同化與差異——非西方背景下的西方法律研討會」，澳門主辦，1996年2月7日至10日，（論文稿）頁5。

六　期刊

中國人民政治協商會議大安縣委員會文史辦公室編：《大安文史資料》第三輯，缺出版資料，1986年12月。

中國人民政治協商會議汕尾市委員會文史資料工作委員會：《汕尾文史》第一輯（缺出版資料）。

石　林：〈侗語地名的得名、結構和漢譯〉，《貴州民族研究》第二期，貴陽：貴州民族研究編輯部，1966年。

何格恩：〈蜑族之研究〉：《東方文化》第五卷第一及二期抽印本，香港：香港大學，1959-1960年。

吳永章：〈古代鄂川湘黔邊區蜒人與嶺南蜒人之比較研究〉，《廣西民族研究》第二期，南寧：廣西人民出版社1987年。

李　輝：〈東亞人的遺傳系統初識〉，《國立國父紀念館館刊》第十期，臺北：國立國父紀念館，2002年。

李邏通撰：《中山文史　中山風土人情雜談　第41輯　水鄉風情》，政協廣東省中山市委員會中山文史編輯部，1997年12月。

政協江西省余干縣委員會文史資料研究委員會：《余干縣文史資料
　　　　第12輯　交通專輯》，缺出版資料。

政協廣東省中山市委員會文史資料委員會主編：《中山文史　第52輯
　　　　阜峰歧水》，澳門：國際港澳出版社出版，2003年2月。

曾昭璇：〈從人類地理學看海南島歷史上的幾個問題〉，《廣東民族研
　　　　究論叢　第4輯》，廣州：廣東人民出版社，1988年12月。

馮建章：〈疍家鹹水歌稱謂與曲調類型辨析〉，《中國音樂學》第二
　　　　期，2019年4月。

楊　　豪、楊耀林：：〈廣東高要縣茅崗水上木構建築遺址〉，《文物》
　　　　第十二期，1983年12月。

張元生：〈壯族人民的文化遺產——方塊壯字〉，《中國民族古字研
　　　　究》，北京：中國社會科學院出版社，1980年。

楊　　豪：〈茅崗遺址遠古居民族屬考〉，《文物》第十二期，1983年12
　　　　月。

詹堅固：〈試說疍名變遷與疍民族屬〉，《民族研究》第一期，北京：
　　　　中國社會科學院民族學與人類學研究所，2012年。

劉南威：〈現行南海諸島地名中的漁民習用地名〉，《中國地名》第四
　　　　期，瀋陽：中國地名編輯部，1996年。

羅香林：〈唐代蜑族考上篇〉，《國立中山大學文史研究所月刊》第二
　　　　卷第三四期合刊，廣州：國立中山大學文史學研究所、中山
　　　　大學文史學研究所月刊社，1934）。

羅香林：〈蛋家〉，《民俗》（蛋戶專號）第七十六期，1929年。

七　報告

何格恩：〈番禺縣第三區南蒲村調查報告〉，《蜑民調查報告》，香港：
　　　　東亞研究所廣東事務，1944年。

李兆鈞：《香港白話疍民民俗的承傳》，2002年5月（未刊報告）。

徐　川：《石排灣的漁業》，2001年5月（未刊報告）。

陳曉彬、馬宏希、趙靖賢、徐川：《香港珍寶王國的歷史承傳》，2005
　　　年5月（未刊報告）。

陳贊康、何錦培、陳曉杉：《香港四行人命名文化》，2002年5月（未
　　　刊報告）。

傅尚郁等編：《廣東省海洋漁具漁法調查報告》，缺出版資料。

八　畢業論文

丁新豹：《香港早期之華人社會　1841-1870》，香港：香港大學博士
　　　論文，1988年。

吳穎欣：《綜論大澳水上方言的地域性特徵》，香港：香港樹仁大學學
　　　位論文，2007年。

梁靜文：〈試析中山鹹水歌的風格因素——以鹹水歌〈對花〉為例〉，
　　　廣州：廣州大學音樂舞蹈學院音樂系畢業論文，2014年。

郭淑華：《澳門水上人居民話調查報告》，廣州：暨南大學碩士論文，
　　　2002年。

黃妙秋：《兩廣白話疍民音樂文化研究》，北京：中央音樂學院音樂學
　　　系博士學位論文，2009年4月。

萬小紅：《從香港漁民姓名的特色看漁民文化》，香港：香港理工大學
　　　中文及雙語學系碩士論文，1996年。

葉賜光：《香港西貢及其鄰近地區歌謠研究》，香港：香港中文大學音
　　　樂系碩士畢業論文，1989年6月。

九　百科全書

中國農業百科全書編輯部：《中國農業百科全書　水產業卷》，北京：
　　　農業出版社，1994年12月，上冊。

十　辭典

王長工編著：《實用釣魚辭典》，上海：上海辭書出版社，2011年6月。

十一　特刊

元朗十八鄉編：《十八鄉慶祝天后寶誕乙亥年會景巡遊大會特刊》，香
　　　港，1995年。
香港漁民互助社編：《香港漁民互助社五十周年會慶特刊》，香港：香
　　　港漁民互助社，1997年。

十二　帳簿

《漢會眾兄弟宣道行為：耶穌一千八百五十一年六月一號，咸豐元年
　　　五月初一》，香港：香港大學圖書館影印本，2012年。

十三　音像

中山市非物質文化遺產保護中心編：《中山原生態民歌民謠精選集》，
　　　廣州：廣州音像教材出版社，2011年。

十四 法例

一九七四年第一〇號條例，載於《香港法例活頁版》第五章。

十五 報刊

申佳仁：〈出海行船歌〉，《新界鄉俗縱橫談》，香港華僑日報，1993年
　　　8月1日。

十六 網際網路

《地方──香港島嶼》網址：http://www.hk-place.com/view.php?id=138，
　　　發布日期：2000年4月1日，瀏覽日期：2012年2月1日。
《香港魚網》，網址：http://www.hk-fish.net/，發布日期：2001年尾到
　　　2002年初（香港漁農自然護理署回覆），瀏覽於2013年3月8
　　　日。

語言文字叢書 1000021

珠三角海洋漁俗文化探微

作　　者	馮國強
責任編輯	林以邠
特約校稿	林秋芬

發 行 人	林慶彰
總 經 理	梁錦興
總 編 輯	張晏瑞
編 輯 所	萬卷樓圖書股份有限公司
地址	臺北市羅斯福路二段 41 號 6 樓之 3
電話	(02)23216565
傳真	(02)23218698

發　　行	萬卷樓圖書股份有限公司
地址	臺北市羅斯福路二段 41 號 6 樓之 3
電話	(02)23216565
傳真	(02)23218698
電郵	SERVICE@WANJUAN.COM.TW
香港經銷	香港聯合書刊物流有限公司
電話	(852)21502100
傳真	(852)23560735

ISBN 978-986-478-849-1

2023 年 6 月初版一刷

定價：新臺幣 420 元

如何購買本書：

1. 劃撥購書，請透過以下郵政劃撥帳號：

　　帳號：15624015

　　戶名：萬卷樓圖書股份有限公司

2. 轉帳購書，請透過以下帳戶

　　合作金庫銀行　古亭分行

　　戶名：萬卷樓圖書股份有限公司

　　帳號：0877717092596

3. 網路購書，請透過萬卷樓網站

　　網址　WWW.WANJUAN.COM.TW

大量購書，請直接聯繫我們，將有專人為您
服務。客服：(02)23216565 分機 610

如有缺頁、破損或裝訂錯誤，請寄回更換

版權所有・翻印必究

Copyright©2023 by WanJuanLou Books CO., Ltd.

All Rights Reserved　　　　Printed in Taiwan

國家圖書館出版品預行編目資料

珠三角海洋漁俗文化探微 / 馮國強著. -- 初
版. -- 臺北市：萬卷樓圖書股份有限公司,
2023.06

　面；　公分. -- (語言文字叢書；1000021)

ISBN 978-986-478-849-1(平裝)

1.CST: 漁村 2.CST: 民俗 3.CST: 文化研究

4.CST: 珠江三角洲

538.82　　　　　　　　　　　112008788